人力资源管理

王　垒　主编

北京大学出版社
北　　京

图书在版编目(CIP)数据

人力资源管理/王垒主编. —北京：北京大学出版社，2001.11
ISBN 978-7-301-05298-3

Ⅰ.人…　Ⅱ.王…　Ⅲ.劳动力资源-资源管理-高等学校-教材　Ⅳ.F241

中国版本图书馆 CIP 数据核字（2001）第 076913 号

书　　名:人力资源管理
著作责任者：王　垒　主编
责 任 编 辑：陈小红
标 准 书 号：ISBN 978-7-301-05298-3/F・0458
出 版 发 行：北京大学出版社
地　　址：北京市海淀区成府路 205 号　100871
网　　址：http://www.pup.cn
电　　话：邮购部 62752015　发行部 62750672　编辑部 62752021
出版部 62754962
电 子 邮 箱：zpup@pup.pku.edu.cn
印　刷　者：河北滦县鑫华书刊印刷厂
经　销　者：新华书店
850 毫米×1168 毫米　32 开本　11.625 印张　305 千字
2001 年 11 月第 1 版　2018 年 5 月第 16 次印刷
定　　价：36.00 元

前　言

人文精神、产业革命、新经济形态彻底改变了对人的观念，在人力资源管理与开发中掀起了变革。在新经济时代，组织中的人不再是“劳力”，而是宝贵的优势资源，人终于在企业组织中赢回了自己的尊严，人本管理思想成为潮流。这种变化不仅在国际上蔚然成风，也与中国改革开发的大潮相交汇，加之中国加入 WTO 在即，“人力资源热”现象也就不足为奇。越来越多的人，包括学生和学者、经理人和员工、咨询专家，关心和涉猎人力资源管理与开发，有关的研究和实践应用越来越流行，课程越来越受欢迎，培训越来越看好。

但是，得到一部关于人力资源管理与开发的好书，并不容易。所谓好书，至少可以有这样一些方面的理解：恰如其分地反映这个领域的发展、现状和未来，阐述这个领域的关键知识和重要理论，介绍具体实用的实践技术技巧，说明西方化的概念和方法如何适用于我国的管理（这一点是最重要却又最缺乏的），更不用说还要深入浅出、图文并茂、通俗易懂……这些要求足以让著者望而却步。我们之所以还要写这本书，一来是应北京大学心理学系人力资源管理与开发课程的教学需要，尤其是这个课程已被列入北京市高等教育自学考试课程。二来，是因为这本书不是写出来的，而是作者这些年教学与管理咨询实践积累起来的。我们在教学实践和管理咨询实践中不断使用它、修改它、完善它，所以到这时已是自然而然地瓜熟蒂落。回想这些年我的学生、同行和我共同工作的往事，他们在这本书里倾注心血的情景仍历历在目。

本书在构造上采取了减法原则，一来因为篇幅所限，二来因为不想让拖泥带水的繁冗细节消耗读者宝贵的时间，甚至使读者不得要领。我们注意到，现今一些人力资源管理的书籍有相当篇幅介绍一些在中国不可能适用的东西，或者是早已过时的东西。所以我们采用精简的结构，在绪论中以小篇幅介绍人力资源管理与开发的概要后，直接切入人力资源实务，分八章介绍人力资源规划、职务分析、人员招聘、人员评估、考核管理、薪酬设定、培训开发、组织激励。这也就是经典的人力资源实务的八大职能。最后，我们用一个短小的章节分析了进入 21 世纪特别是中国在新经济时代即将加入 WTO 后的人力资源管理与开发的趋势。这样，我们把本书的篇幅限制在一个不太庞大的范围内，相信不会让读者感到太多的阅读负担。

从功能上说，本书的写作考虑到了各种读者的需求。对于在校的本科生、MBA 学生或自学考试学员，本书的系统性强，脉络清晰，易于把握；对于各类组织中从事人力资源实务的人士，本书是一部实用的操作手册，它没有华而不实的修饰和作料，而是能帮助实施实际操作的工具书。我们说它实用，不是在于用庞杂的案例篇幅，而是安排了大量工具性资料如表格、调查表、分析工具等，读者甚至可以直接将它们运用于自己的工作。为了便于学习，读者可登陆 www.cjol.com.cn/info/这个网站，这是一个人力资源管理与咨询网站，我们在这里为读者提供了可自由阅读的相关知识和案例等实务资料。

需要注意的是，本书在第一至第八章中介绍的人力资源实务的八大方面，是过去几十年这一领域研究与实践的经典内容。之所以说是经典，是因为它们已成为传统性的模块，代表了这个领域的主体知识和应用。然而，世界是变化的，没有一成不变、永恒有效的管理诀窍。近年来，人力资源实务已经出现了变化，新的趋势日渐形成。这就是为什么要撰写第九章，并把所有那些经典的方面重新剖析一遍，目的在于不要沉迷于过去的经验，要注意发展趋势，特别是在中国国情下的发展趋势。简而言之，人力资源实务必须注意时代性和本地性，因为它针对的是人，而人是生活在具体文化、习俗和价值时空中的。不了解这一点,就不可能科学地领悟和成功地运作人力资源实务。

本书各章主要执笔人依次是:绪论为王垒,第一章为廖芳怡(盖洛普咨询公司),第二章为张岩(国泰君安证券),第三章为姚宏(大唐电信),第四章为肖敏(联想神州数码)和王垒,第五、六章为李林(北京大学心理学系),第七章为廖芳怡,第八章为李林,第九章为王垒。全书由王垒修改、定稿。

由于作者学识和经验的局限,书中难免纰漏,欢迎广大读者不吝赐教。

最后,谨向对本书的出版提供了重要支持的北京大学出版社及编辑陈小红同志表示衷心感谢,他们对出版本教材的热情支持令人感动。还要感谢我的学生张佩、傅俊清、施俊琦,他们及时而无私地为出版工作提供了许多辅助性的工作。

王　垒

2001年10月29日

于北京大学

目　录

绪　论 ………………………………………………………… (1)

第一章　人力资源规划 ……………………………………… (29)

第一节　人力资源规划的定义、意义与目标………… (29)

第二节　人力资源规划的动态性 ………………… (30)

第三节　人力资源规划的运作 …………………… (31)

第四节　人力资源规划与其他规划的协调 ……… (54)

附　录 ………………………………………………… (54)

第二章　职务分析 ……………………………………… (59)

第一节　职务分析的定义 ………………………… (59)

第二节　职务分析的作用 ………………………… (61)

第三节　职务分析的实施 ………………………… (62)

第四节　工作信息的收集方法 …………………… (81)

附　录 ………………………………………………… (89)

第三章　人员招聘 ……………………………………… (99)

第一节　建立人员招聘系统的意义、原则与技术准则 ………………………………………………… (99)

第二节　人员招聘与录用的程序………………… (101)

附　录………………………………………………… (115)

第四章　人员评估……………………………………… (129)

第一节　人员评估概要…………………………… (129)

第二节　考核内容及工具………………………… (131)

第三节　结构化面试的技术规范………………… (144)

第四节　人员评估一般采用的其他形式…………………（151）
第五节　测验结果的报告……………………………………（156）
第六节　针对不同对象、需要的人员评估…………………（161）
附　录……………………………………………………………（163）
第五章　考核管理…………………………………………（169）
第一节　绩效考核的步骤……………………………………（169）
第二节　绩效考核的原因……………………………………（170）
第三节　有效的考核体系的特点……………………………（172）
第四节　明确界定员工的工作………………………………（173）
第五节　绩效考核的方法……………………………………（174）
第六节　360 度的反馈体系…………………………………（193）
第七节　绩效考核中的问题…………………………………（197）
第八节　考核者和被考核者的培训…………………………（200）
第九节　绩效考核的会谈……………………………………（203）
第十节　绩效考核效果的评估………………………………（208）
附　录……………………………………………………………（212）
第六章　薪酬设定…………………………………………（222）
第一节　薪酬设定概论………………………………………（222）
第二节　薪酬调查……………………………………………（225）
第三节　薪酬设定步骤概述…………………………………（229）
第四节　薪酬额的调整………………………………………（233）
第五节　职务薪酬制…………………………………………（240）
第六节　职能薪酬制…………………………………………（254）
第七节　海氏薪酬制…………………………………………（264）
第八节　技能工资制…………………………………………（267）
第九节　管理者的薪酬和专业人员的薪酬…………………（272）
第十节　综合薪酬体系………………………………………（273）
第七章　培训与开发………………………………………（276）
第一节　培训与开发的内涵与目的…………………………（276）

第二节　企业培训的突出特性……………………… (279)
第三节　培训工作的组织管理……………………… (281)
第四节　培训的种类和方法………………………… (283)
第五节　培训开发的操作程序和要素……………… (291)
第六节　培训与开发实务举例……………………… (304)
第七节　职业生涯管理……………………………… (310)
第八章　激励………………………………………… (326)
第一节　激励的概念………………………………… (326)
第二节　激励的理论………………………………… (327)
第三节　激励理论的应用…………………………… (332)
第四节　激励因素的分类…………………………… (338)
第五节　激励的模型………………………………… (343)
第六节　激励的实施………………………………… (348)
附　录……………………………………………… (350)
第九章　加入 WTO 后的人力资源管理 ……………… (354)
主要参考文献………………………………………… (361)

绪　论

一、基本概念

1. 什么是人力资源

人力资源在今天已经是一个家喻户晓的术语,但究竟如何定义它,并没有确切的文字规定。在相当一些人力资源的教科书中,虽然大谈特谈人力资源管理与开发,但都没有给出一个确切的定义。其实这反映了两种情况:其一,人们并没有统一的共识,对它的内涵和意义说法不一。其二,人们似乎也并不专注于拿出一个精确而被广泛接受的定义。之所以有这种现象,并不奇怪,因为人力资源这个概念本身被提出和使用并不太久,在不太长的实践中大多数人还没有顾得上对理论整理给予足够的注意和努力。不过,在进入 21 世纪的今天,在人力资源管理与开发愈发重要的今天,对人力资源给出一个明确的定义,对理论和实践都是有益的。

人力资源是指储存在人体内的、能按一定要求(质量、速度、消耗)完成一定工作(即可通过使用而产生价值)的体能和智能资源。这些体能和智能由人的感知、气质、性格、兴趣、动机、态度、能力等个人素质和知识、技能而综合构成,它们通过先天遗传和环境教育过程而形成,也包括由人构成团队乃至整个组织时所产生的整体特性和效力,它们构成完成特定工作或活动所需要的基础,决定了完成工作或活动的质量和速度。这是一个从行为学角度给出的操作性定义,也就是说,这个定义确切说明了人力资源的各种特性,根据这个定义,可以对人力资源进行具体的量化的客观测量和评价。

首先,这个定义具体说明了人力资源的物质性,它是以人为载体的。同时,由于它需要通过人的努力才实现价值,也表现为能动性。

其次,人力资源有其内涵结构特性。定义说明了作为一种资源,它的载体是什么,产生的来源是什么,怎么产生的,依据什么而具备价值。从定义可以看出,人力资源的载体毋庸置疑是人(这也反映出人力资源的物质性),是来源于人所具有的各种素质、知识、技能,当人们通过先天遗传和后天环境作用特别是教育和实践获得各种素质、知识、技能时,这种资源就不断形成了。当这些资源被用于各种生产活动,并通过一定的速度和质量而取得活动效果时,资源的价值就表现出来。

再次,这个定义说明了人力资源的功能意义,即它的价值特性。从前面不难看出,人力资源影响了活动效果,这是因为人力资源本身有不同的结构、强弱、大小之分,人的素质、知识、技能是不尽相同的,因此同一个人从事不同活动的效果不同,不同的人从事同一个活动的效果也不同。

其四,定义说明了人力资源的时效特性。人力资源是通过各种素质、知识、技能体现出来的,而这些内容在相当程度上受到环境特别是教育的作用,它们有一定的时效性,其可用性是有一定的限度的。一方面人力资源可以创造物质财富,具有生产性,另一方面它本身保持与维持也需要消耗一定的物质财富,具有消耗性。这也就要求开发是持续不断的,而不是一蹴而就的。尤其是在知识爆炸、脑力劳动越来越占主导成分、知识经济逐渐形成的时代,知识的更新日益加快,旧有资源的使用价值可能很快衰减,持续性开发成为永恒的主题。

最后,这个定义说明了人力资源的整合性,即人力资源是一个统合的概念。一方面，人力资源是人所具备的所有素质、知识、技能的综合体现，而不是限定于局部的特征；另一方面，它既是存在于具体的个体，也会体现出由个体组成的群体而产生的整体资源价值，这是因为在群体中存在人际互动，各种心理、行为特征相互作用而整合，形成综合的、为每一个体本身可能不具备的资源。群体心理学中一个著名的论断“整体大于部分之和”，说的就是这种现象。

2. 什么是人力资源管理

人力资源管理包括宏观管理和微观管理。

宏观管理指国家在全社会范围内进行的，对人力资源的计划、组织、控制，目的在于调整和改善人力资源状况适应生产力发展的要求，促进社会经济的良性运行和健康发展。

微观管理也是一般意义上所指的组织的人力资源管理(如无特殊说明，本书讨论的均为这类管理)，指通过对人和事的管理，促成人际协调、人事匹配，充分发挥人的潜能，计划、组织、指挥和控制人的各种工作活动，实现组织目标。

人力资源管理的对象是人。虽然管理的一般目标是要通过对资源的有效使用而实现生产的效果，但由于人力这种资源的特殊性，即人是有思想、有感情、有动机、有欲望的人，对这种管理对象的管理方法有别于其他各种资源，必须运用相应的心理科学、行为科学的原理。简单地说，要管理人，首先必须懂得人，了解人。必须依据心理与行为规律可靠地激发人内心的工作动机，才能使蕴藏于人内部的资源发挥功效。否则，人力资源的价值就不可能体现出来，像人心涣散、人浮于事、“小和尚念经有口无心”等状况就会充斥于组织，无法实现高生产率。或者也可能因为人力资源没有及时开发而过时，知识陈旧、老化，无法适应时代要求和环境压力，“未老先衰”，失去在劳动力市场上的竞争力。或者也会因为内耗而不能表现出整体的资源优势，同事不协调、班子不搭配、“三个和尚没水喝”等现象遍及组织，反而是资源浪费，整体反而小于部分之和。

人力资源管理与开发的基本任务是吸引、保留、开发、激励组织所需要的人力资源，其目的在于维系和提高生产力，促成组织目标的实现，使组织得以生存和发展。更具体地说，人力资源管理与开发要执行下列功能：

● 促使员工将组织的成功当做自己的义务，进而提高员工个人和组织整体的业绩。

● 确保各种人事政策和制度与组织绩效密切联系，维护人事政策和制度的适当的连续性。

● 确保各种人事政策与组织经营目标的统一。

● 支持合理的组织文化，改善组织文化中不合理的地方。

● 创造理想的组织氛围，鼓励创造性，培养员工积极向上的作风，并为合作、创新和全面质量管理的完善提供支持。

● 创造灵活的组织体系，确保组织反应的灵敏性和适应性，从而协助组织实现竞争环境下的具体目标。

● 确保并提高组织结构和工作分工的合理性、灵活性。

● 提供必要的支持使员工充分发挥潜力。

● 维护并改造员工队伍的素质，维护并完善组织的产品和服务。

3. 现代人力资源管理与传统人事管理的区别

人力资源管理与传统的人事管理有很大的区别，这是由人力资源这个概念本身、它的特殊历史起源决定的。传统的人事管理是和大机器生产方式相适应的，它基本上是以管理机器的理念和方法来管理人：按照机器运转的需要配备人员，按照工作的要求选拔人员，按照产销的波动增减人员，按照流水线或各种工作岗位上的产出检测人员，按照生产的效果和市场的行情支付报酬……实际上，人更像是机器（或广义地说，工作）的附庸。在机器（工作）与人的关系中，人是从属性的，是找来放到指定的位置按照指定的方式生产指定的东西的。一般来说，传统人事管理是传统工业时代的产物，它是按照把人配置到相应工作上去的方式来管理人的，一切管理服从于机器生产的需要。至少，这种管理思路支配了整个大机器生产时代的大部分时期。

现代人力资源管理则有根本的不同，主要表现在它的资源的观点、以人为本的观点、整体的或系统的观点、权变的观点。

（1）资源的观点

承认人是一种资源，一种特殊的和重要的资源，而且在现代市场经济与竞争中是决定性的资源。这种观点认为，技术、财务、特殊市场壁垒或准入政策等构成组织主导竞争力的时代已经过去，在现代组织竞争中，人才是最关键的资源，是决定性的。正因为如此，人力资源被提升到组织战略的高度。

（2）以人为本的观点

现代人力资源管理一反传统的人—物关系，是以人为中心来设计的，其宗旨是“以人为本”，管理首先是服务于人而不是工作，因为根据前述理念，只有当人被服务好后，才能在工作中充分发挥效能。而既然人是关键要素，那么首先服务好人，自然就容易管理好工作。

（3）系统的观点

现代人力资源管理被当做是组织的整体性功能，而不是一种局部性的工作。由于人在组织的整个运作中具有如此重要的地位，那么在任何一个地方、任何一个过程中，都突出以人为本的理念和方式。因此，人力资源管理是涉及组织所有地方、所有人的事。任何部门、任何管理者都肩负有人力资源管理的使命，而不只是原来意义上的人事部门人员的事。任何一位管理者如果不能选好、用好、培养好其下属，就不是称职的管理者。

（4）权变的观点

现代人力资源管理强调因人而异、因地制宜的权变思想。不同的人不一样，同一个人在不同情境下也不一样，应采取不同的管理方式。比如，根据人的工作任务的风险和结果分布特征可以把工作分为明星型、护卫型、步兵型。明星型(star)工作指那些产生坏的绩效的影响并不太坏,而产生一个好的绩效却会给组织带来巨大利益的工作,如那些涉及知识或创新成果的工作。对于这种工作的人员选拔很精细,考核期长,对于成果给予重奖而对失误不处罚或很少处罚。护卫型(guardian)工作指一个坏的绩效意味着一场灾难,而好绩效却只比公司的平均绩效好不太多的那些工作,如民航飞行员、产品检验员,特别是那些工作技术中包含复杂的、相互依赖的生产系统,并且整体绩效在较大程度上取决于最差员工所做贡献的工作。对于这种工作往往要严厉处罚失误。步兵型(foot-soldier)工作是指绩效范围接近于平均绩效的工作,如一般办事员、清洁工等,他们的工作往往既不会对组织绩效有特别巨大的贡献,也不至于产生灾难性失误。对于这种工作一般奖惩均衡且都不太强。

比较而言,传统的人事管理更像是人事出纳:按照工作要求选出人员,记录相关的人口统计学数字,如年龄、性别、教育程度、工龄等,登记薪水起点,填写定期考核表,核发工资;如果人员被解雇,同样填写一些表格,清算发扣工资,消除或冻结有关档案……所有的工作都是机械性的,就像大机器生产本身的运转。

简而言之,现代人力资源管理与传统人事管理的根本区别就在于如何看待人,人被置于什么地位,是附属的还是主导的,人是生产机器的附庸,还是生产的主人。概括来说,这是关乎对工作中人性的看法的问题,因此是管理哲学的问题。也就是说,人力资源管理的转变,是和管理哲学的变迁相关系的。

二、现代人力资源概念的产生

现代人力资源管理与开发是怎样产生的?为什么会发生这样的变革?它的原因与动力是什么?现代人力资源的概念最早的起源可追溯于20世纪20、30年代,但真正的开端是在20世纪70年代，而到了20世纪末，它已成为一种普遍的热潮。概括来说，它的起源涉及到社会文化、产业变革、经济形态等一系列因素的影响。

1. 社会文化与人文精神

20世纪20年代以前，工业管理中普遍流行的看法是，人是先天喜欢享乐而逃避责任的；人不喜欢工作，而追求金钱。按照这种假设，对人的管理就应该是"胡萝卜加大棒"的方法，也就是说，听话好好干活就给饭吃，否则就打棍子。这就是当年风靡一时的泰勒经济人管理思想的主要内容之一。

然而，经济人的假设并不是对人的本性的真实描述。20年代末，美国霍桑的一个电子元器件厂进行了一项长达数年的现场实验研究，发现工人的行为并不像以往所描述的那样，一味追求金钱、贪欲而逃避责任。比如，无论待遇是否改变、是否上升或下降，工人都有可能保持很高的生产绩效。研究发现，除了经济利益之外，人们在一定条件下会更看重社会归属感，看重某些特殊社会性需求的满足。人们宁愿为维系某些人际关系、群体利益而放弃个人的经济收益。后来参与并指导霍桑实验的学者梅约指出，人其实是社会的人，人会自觉追求获得并维系特殊的人群关系，人可以为群体而放弃个人利益。

到了20世纪六七十年代，人本主义心理学形成并产生了广泛的影响，其主要创始者之一、著名心理学家马斯洛指出，人不是先天不喜欢工作，相反，人喜欢工作，就像喜欢一种娱乐，恰好人还能由此而获得经济收益。马斯洛提出了著名的人的需求的层次理论，认为人最基本的需求是满足生存的生理需求，上一个层次是安全和工作保障，再上一个层次是爱、被爱、社会归属的需求。这三个需求被马斯洛称为基本需求，因为它们都要靠外部条件来满足，因此也成为"缺失性需求"。第四个层次是自尊的需求，最后一个层次是自我实现的需求。这两个层次又称为"成长需求"，因为它们都要靠个人自己的自觉努力而获得满足。其中自我实现的需求是指人有向善的愿望，希望自己的能力得到不断开发、发挥而取得个人的最高成就，并造福社会。这一理论改造了人性观，在工业社会中引起了普遍的反响，使得管理阶层重新考虑如何管理和激励员工。

此后不久，著名动机心理学家麦克利兰又提出了人的工作动机的三重需要理论，认为人之所以乐于工作是因为从工作可以得到三种满足：人际亲和关系的满足，个人成就的实现，权力的获取和运用。同样，在这里看不到经济目标的影子，而是强调人性中精神化的一面。

随着人本主义思潮在西方社会的传播和深入人心，加之员工白领化程度扩大、工会化程度提高，重新认识工作中的人，重新构造人与工作的关系，重新审视和塑造人在工作社会中的角色、地位、价值，成为必然。过去那种只顾工作生产，不考虑员工心态、感受甚至死活的做法，逐渐被唾弃。重视组织中人的因素，成为新的时尚。各类组织都不再也不可能再只追求经济利益最大化，而是逐渐也注重关心员工感受，强调不断提高员工的工作满意感。管理由原来的抓工作（效益）的单一目标，转变为既重生产也重员工关系的双重目标。

2. 产业变革

除了社会人文精神的变化外，产业内部本身的变革也是重要的动力因素。二战结束后，世界经济逐渐恢复，计算机诞生，机器智能化不断提高，产业对体力的依赖越来越低，对脑力的依赖越来越高。这种劳动力结构的变化是推动管理变革的一个极其重要的因素。面对高度依赖脑力工作的员工，管理者必须改变管理方法，管卡压一套不再有效，因为脑力劳动和体力劳动不同，后者靠直接诉诸体力获得生产效果，而前者必须首先靠脑智的激发而间接获得生产效果，但脑智的激发必须是在其主体即人处在良好的心理状态、有基本的衣食温饱、心情舒畅、乐于努力并认为从中可实现个人理想的境界状态下，才有可能。因此必须改变对员工的态度，特别是改变与员工的关系，使员工的地位由原来的被管理的地位转为主人的地位，管理者则从高高在上的指挥者变为员工的朋友、支持者、服务者。管理是通过把组织建设成员工施展才华的舞台、实现他们的最大成就而获得组织效益。

此后的所有制变革如员工持股、公众持股，以及新兴产业的发展壮大，如服务业特别是咨询业、高新技术产业的兴盛，都极大支持了管理"人文化"的变革。当员工参股、公众持股时，大众成了组织的所有者，他们有权力参与和决定对组织的管理，管理不再是管制人的大山或大棒。而新兴产业中，由于所有关键生产力都蕴藏于人的脑智之中，尊重人、关心人、服务人的管理意识成为必然的风气。

三、现代人力资源管理的学科基础

1. 心理学

心理学研究人的内隐、外显的行为特征，它们的原因、表现方式及规律，它探索人为什么会有各种各样的行为，受哪些动力因素的影响，说明人的各种心理活动如感知、注意、学习、言语、思维、情感、动机、兴趣和欲望以及由此所表现出的个性特征和价值取向，如何影响人的工作行为，因此它是探索组织中人的因素的第一位的学科。可以说，不了解人，就无法用好人、管理好人，就不可能通过人而产生最大的工作绩效，而心理学无疑是帮助了解人的重要知识。

2. 经济学

经济因素在雇佣关系中无疑具有重要的作用。无论从了解经济因素对人的行为的影响，还是寻求最佳的雇佣效率，经济学都是很有帮助的。在进行诸如劳动力市场分析、经济性刺激对行为的激励作用、人力资源投入产出分析等关键性的人力资源作业时，经济学知识是必要的基础。

3. 社会学与人类学

雇佣关系不仅仅只是劳动力服务与薪水之间的交换,不仅是经济关系,也是一种有力的社会和心理关系。比如,薪酬本身显然不能惟一决定员工的工作行为,实际上,薪酬政策和发放方式,例如奖惩条例,员工薪酬拉开或压缩的程度,相对社会劳动力市场的水平等,都极大地影响员工的行为。员工会在整个组织乃至更大的社会范围内比较工作努力与收益。社会学、人类学对于考查说明这种比较有很大帮助。

社会学研究人在社会系统中的角色及相互关系,特别是各种社会动因对人的行为的影响,对于了解团体行为、团体之间的行为尤其有帮助。人类学研究人类和人类的行为,有助于我们在更大的社会范围了解不同文化、环境中人的价值观、态度和行为。

4. 法律

无论国家还是地方政府,都对雇佣及相关方面有一系列法律法规。除了强制性的规定,往往还有许多指导性政策。人力资源管理必须了解所处的法律环境,例如,了解雇佣双方的责权利,包括哪些是组织的法定义务?员工个人以及集体享有哪些权利?哪些类别的雇佣措施是法律允许的?在员工中间必须执行哪些法定的区分(例如对孕产期妇女的待遇规定)?哪些区分又是不被许可的?了解掌握当地的有关法律法规,加强法律意识,按照法律处理有关事务,无疑对建立健康的人力资源政策和管理具有重要意义。

四、人力资源与组织战略

1. 特有的竞争优势

在全球经济一体化、竞争日益加剧、知识经济逐渐显现的今天,人已经成为组织获得竞争优势的关键。这已经成为全球性的共识。依靠技术、财力、特殊融资渠道、市场准入政策、规模等因素取得竞争优势的时代已成为过去。在今天,人力资源是组织获得优势竞争力的关键。有研究显示,在市场份额、资本密集度、资产规模、有效管理员工的能力四个因素中,第四个因素对公司财务成功的贡献是前三个因素总和的三倍。事实上,优秀的人力资源以及成功的管理和开发,也是组织文化、组织特色的核心内容,由此构成的组织竞争力具有不可效仿的特性,使组织的优势更加持久、牢固、难以被竞争对手模仿和超越。

2. 战略支持

由于人力资源及其管理与开发越来越与组织的核心竞争力、特色优势相关,也就日益具有对组织的战略重要性。尤其是到了21世纪,组织的效率及成功越来越多地依靠人力资源,依靠人力资源的效率及其管理与开发的成功,各类组织已逐渐认识到人力资源的战略意义,逐渐提升人力资源管理与开发在组织管理中的地位,相当一些组织直接由最高管理层派人负责监督、管理人力资源事务。实际上,在现代市场经济中,人力资源对组织的管理策略和市场战略具有重要的支撑作用,是获得管理效率和经营成功的必要的和重要的基础条件,因此许多组织把它提升到相当的战略高度给予重视,对人力资源管理与开发给予很大的优先考虑和投入力度,赋予很大的权限。当然,这一切也都和现代人力资源管理与开发从传统的人事管理中脱胎出来,扮演新的角色和功能,有根本的关系。

五、人力资源管理与开发的内容框架

虽然人力资源管理与开发内容广泛,但一般来说,它有一些经典性的框架,并得到共识,无论哪类组织,大多按照这一框架开展业务。具体来说,这个框架主要有八个方面。

1. 规划

人力资源规划是指使企业稳定地拥有一定质量和必要数量的人力,以实现包括个人利益在内的该组织目标而拟订的一套措施,从而求得人员需求量和人员拥有量之间在企业未来发展过程中的相互匹配。包括三方面的含义:

- 从组织的目标与任务出发,要求企业人力资源的质量、数量和结构符合其特定的生产资料和生产技术条件的要求。
- 在实现组织目标的同时,也要满足个人的利益。
- 保证人力资源与未来组织发展各阶段的动态适应。

人力资源规划的意义在于:人力资源规划是一种战略规划,着眼于为未来的企业生产经营活动预先准备人力,持续和系统地分析企业在不断变化的条件下对人力资源的需求,并开发制订出与企业组织长期效益相适应的人事政策的过程。它是企业整体规划和财政预算的有机组成部分,因为对人力资源的投入和预测与企业长期规划之间的影响是相互的。

人力资源规划所考虑的不是某个具体的人,而是一组人员。个别人员的发展规划寓于整组人员的发展规划之中。因此,人力资源规划实质上是一种人事政策,它的制订为工商企业人事管理活动提供指导。

人力资源规划是为了确保组织实现下列目标:

- 得到和保持一定数量具备特定技能、知识结构和能力的人员;充分利用现有人力资源;
- 能够预测组织中潜在的人员过剩或人力不足;
- 建设一支训练有素、运作灵活的劳动力队伍,增强组织适应未知环境的能力;
- 减少组织在关键技术环节对外部招聘的依赖性。

2. 职务分析

职务分析包括工作分析和工作评价两部分内容。工作分析，是借助于一定的分析手段，确定工作的性质、结构、要求等基本因素的活动。工作评价，是依据工作分析的结果，按照一定标准，对工作的性质、强度、责任、复杂性及所需资格条件等因素的程度差异，进行综合评价的活动。

寻求解决工作的职责是什么、权限是什么、对任职者的要求是什么等的活动，一般被看做工作分析；而寻求解决工作职责大小、工作的重要程度如何等问题的活动，一般被看做工作评价。这两部分活动是彼此密切相关联的，工作分析活动中有工作评价，工作评价活动之中少不了工作分析。职务分析作为这两部分的整体，是采用科学方法收集工作信息、分析工作信息，再按工作的性质、繁简、难易和所需资格条件，分别予以分类与评定的过程。

职务分析对于企业具有十分重要的意义，它为组织的人力资源管理与开发、组织的系统管理提供了重要的信息，作用涉及企业中各个职务的规范化，工作描述，工作比较及薪酬设定，人员甄选录用，制订培训计划，工作绩效评价，人力资源开发，进行组织内部分析，等等。总之，建立有效的职务分析系统可以提高人事管理工作的效率，并且为建立一套适合组织现状及未来发展的人力资源管理体系奠定坚实的基础。

3. 薪酬管理

薪酬设定是指根据员工对企业目标实现的贡献的大小，结合薪酬调查，给予员工相应的物质、经济报酬。

薪酬设定的内容涉及：结合企业的竞争位置、文化和组织结构决定相应的薪酬政策，结合企业的具体条件和目的确定企业的薪酬体系，结合每一职位和每一员工的工作制订每个员工的薪酬，结合考核管理和人力资源测评为每一个员工设计最佳的薪酬升迁路线，根据市场和绩效动态调整员工的薪酬，根据企业的效益状况保持企业人力资源成本的平衡，以及对薪酬体系实施有效的管理。

薪酬设定的意义在于吸引企业所需要的人才，保留企业现有的人力资源，激励企业所需的人力资源。

4. 招聘甄选

招聘是能够及时地、足够多地吸引具备资格的个人并鼓励他们申请一个组织中的职位的过程。

现代组织中人事管理工作的首要任务，就是建立一个开放、有效而又健全的人力资源管理系统。当人力资源需要系统地扩大和补充时，组织必须建立起某种招聘制度，按人力资源需求经常性地进行增加、维持和调整总劳动力的活动，保持人力资源需求的动态平衡，维持组织的生存和发展。

对于一个组织来说，以最小的投入去提高生产力的重要途径之一，就是建立完善的人员招聘录用系统。一个有效的人员招聘录用系统具有如下功能：

- 为组织不断补充新生力量，实现组织内部人力资源的合理配置，为组织扩大经营规模和调整结构提供人力资源上的可靠保证。
- 减少人员流动，提高组织队伍的稳定性，因为合理的招聘录用能使人才恰当地胜任工作并从工作中获得高度满足感。
- 减少人员培训与开发的开支，或者提高培训的效率。
- 使管理活动更多地投入于如何使好员工变得更好，而不是花在改造不称职的员工上，提高管理的效率。

人员录用决策是根据对来自各方面的有关求职者信息的评价而做出的。这些信息源可能包括简历筛选、心理测试、结构化面谈、评价中心等等。对这些信息源的综合和有序化，以及从信息源中获得所需数据的方法，一起构成适合于某种特定职位的招聘录用方案。

5. 评估

在招聘过程中,面对众多的应聘人员,负责人员招聘的管理人员往往会遇到诸如客观、公正、科学、合理、有效等一系列问题,这些问题以传统的招聘考评形式很难得到妥当的解决。在这时往往需要借助客观、科学的人员评估方式,并辅以恰当的心理测量手段。在有一定规模的大型组织里,其人员评估量较大,一般都有标准化的人员评估程序。

在科技高度发达的现代社会,企业间的竞争实际上就是人才的竞争。当今,很多企业都提出要普遍提高企业中人员的素质水平。提高人员素质水平的前提条件是:进入企业的人员是可塑之材。所以,在招聘时进行素质把关是十分重要的,这也就进一步地说明了展开科学、标准、客观的人员评估程序的重要性。

评估对于企业内部人员的管理来说,具有重要意义。必须使所有员工人尽其才、量材施用,对人力资源进行合理配置,才能创造企业利益最大化。并且,人人都做适合他的工作、感兴趣的工作,可以激发员工的工作热情,达到较高的员工工作满意度水平。所有这些都依赖于公正、客观、科学的人事评估。

6. 考核管理

绩效考核是收集、评估并传递员工在其职位上的工作行为和工作成果信息的过程,是对员工工作表现的一种系统的描述和评价。

绩效管理的目的在于:帮助员工认识自己的潜力,并在实际工作中发挥这些能力,为人力资源策略的制订提供依据,改进招聘、培训、激励等诸多人力资源管理方面的策略。

考核的作用在于它既是对员工进行评价和比较的依据,也是激励和发展员工的重要手段。考核的结果直接反应了企业人力资源的现状和潜在的隐患。考核管理是企业人力资源管理走向制度化、科学化的关键环节。考核管理,尤其是对管理人员的考核管理可以理顺企业的体制关系,成为管理者行使权力的方式。具体来说,考核管理的作用包括决定员工的薪金和提升,有效地诊断不达标的工作表现,激励员工,有效地挖掘企业的人力资源的潜力,决定员工的反馈和培训,促进员工和上级之间的交流。

一般情况下,企业的绩效考核有三个基本步骤:建立绩效标准,根据绩效标准对员工的工作表现进行评价,给予员工反馈,促使员工改善工作表现或达到更高的标准。

7. 培训开发

作为资本和财富的转换形态的人的知识和能力是社会进步的决定因素,但它的取得不是无代价的,需要通过投资才能形成。人力资源的价值获得是有代价的,而且人力资源本身有时效性,没有持续性的开发也会逐渐失去效用。因此,培训作为一种投资,也是组织生存和发展的重要环节。

组织的发展总是处于一定的社会经济环境之中,适应环境变化的能力是组织具有生命力与否的重要标志。只有在人力资源能否与各种发展需求相配套时,组织的发展、技术的提高、产品的开发等才会成为可能。要提高组织的应变能力就需要不断地提高人员素质,使组织及其成员能够在发展中适应外界的变化,并为新的发展创造条件。因此,人力资源必须要靠不断的培训、开发,才能与时俱进。现代组织的管理注重人力资源的合理使用和培养,从而使培训与开发成为人力资源管理所必须的手段和方法。

培训与开发是指:组织通过学习、训导的手段提高员工的工作能力、知识水平和潜能发挥,最大限度地使员工的个人素质与工作需求相匹配,进而促进员工现在和将来的工作绩效的提高,使其适应新的不断更新的要求,更能胜任现职工作及将来能担任更重要的职务,适应新技术革命所带来的知识结构、技术结构、管理结构等方面的深刻变化。

培训与开发是一系统化的行为改变过程，这个行为改变过程的最终目的就是通过工作能力、知识水平的提高以及个人潜能的发挥，明显地表现出工作上的绩效特征。工作行为的有效提高是培训与开发的关键所在。

8. 激励

员工的能力和天赋并不能惟一直接决定他对组织的价值，其能力和天赋的发挥很大程度上取决于动机水平的高低。而激励员工的工作动机，则成为组织管理者要从事的首要任务之一。可以说，几乎组织的所有努力，都需要最后通过人的努力而实现，因此激励员工提高其工作努力的程度就成为组织生产力能否提高的关键因素之一。

动机是指人们从事某种活动、为某一目标付出努力的意愿。激励动机就是通过满足员工的需要而使其努力工作、从而实现组织目标的过程。也即是说激励员工动机就是要设法使他们看到自己的需要与组织目标之间的联系，使他们处于一种驱动状态，他们在这种状态的驱策下所付出的努力不仅满足其个人需要，同时也通过达成一定的工作绩效而实现组织目标。

激励的手段有很多种方式，包括经济的和非经济的，解释其作用原理的理论也有许多。而复杂性是在于人本身的多样性，即对于不同的人以及同样的人在不同条件下的激励方法可能很不一样。这就要求系统、科学地设计组织激励的方法，从而有效地促进生产效率。

六、人力资源管理与开发的职能部门与行业

1. 人力资源部

执行组织人力资源管理与开发事务的直接功能部门，是人力

资源部。它是由过去组织中的人事部转变过来的，而且今天大多数组织尤其是企业都已经实施了这种转变。正如前面所说明的，这种转变不只是名称上的转变，而是职能、工作任务性质的转变。它已不再是过去那种“人事出纳”性的工作，而是肩负起从整体规划到员工激励、开发，从组织文化评价、建设到员工职业生涯规划，从人力资源组织到支持组织整体战略的系统性功能。这种转变是战略性的，是质的飞跃。

人力资源部的从业人员大多可划分为两类：人力资源多面手和人力资源专才。所谓多面手是那些能负责处理人力资源管理与开发各方面事务的人员，而专才则是那些只在人力资源管理或开发某一个具体领域具有非常精深的知识和技能，而对其他领域并不必然涉足的人员。这种区分实际上常常和组织实际的人力资源部的格局相匹配。在一些规模不大的组织中，人力资源部常常和行政管理部合并，或者虽然有独立的人力资源部，也只有一两个职员。在这种情况下，人力资源部的职员必须熟悉、掌握人力资源管理与开发的所有方面，成为通才性人员。而在一些较大规模的组织中，人力资源管理与开发事务的工作激增，往往采用功能分割的方式，即由不同的人员负责不同方面的人力资源管理与开发的事务，例如，大公司往往由专人负责人力资源规划、招聘业务，另一些人负责薪酬和福利，还有一些人专门负责培训与开发。这种组织的人力资源部往往比较庞大，功能齐全，但也有可能因为过于庞大或功能分割而降低效率或助长官僚风气。

从规模上说，一个组织的人力资源部的大小有一些不成文的规律。一般地，员工人数小于100人的组织，其人力资源部人数为总员工人数的1%，或者与行政事务部合并，由同一组人承担。员工人数在100—1000人的组织，人力资源部的规模往往为总员工人数的1%，或者在必要时将部分功能外包。员工人数大于1000人的组织，人力资源部的人数往往小于总员工人数的1%，并且要将部分功能外包。当然，这种规律只是从过去人力资源管理与开发的传统作业方法中呈现出来的。在现代组织管理中，由于一方面人力资源管理与开发的战略地位的提升，一方面一些琐碎事务因其重要性较低而外包，人力资源部的实际规模往往呈现很复杂的变化，不可一概而论。

2. 人力资源咨询业

不仅在大多数组织内部有人力资源管理与开发的从业人员，在职业社会中也有一些独立的专业人员和独立的专业机构提供有偿或无偿的人力资源专业服务。这也形成了人力资源管理与开发的专业咨询服务行业。之所以形成这个特殊的咨询服务行业，有来自业界内部的原因。一方面，一些小规模企业由于不配置全建制的人力资源部，既没有足够的人手承担所有人力资源管理与开发的事务，也没有充分的技术应付各种可能的事务，往往会寻求外部的帮助。它们甚至可能会采取将人力资源管理与开发的部分功能外包出去，委托第三方机构代为处理这些事务。另一方面，一些大型组织虽然有庞大的机构承担人力资源管理与开发的事务，但一来大型组织的人力资源管理与开发事务往往异乎寻常的复杂，二来它的事务量也十分巨大，一般的估计认为，组织的员工数呈算术级数增长时，人力资源的事务量几乎以几何级数增长，这样，即使已经很庞大的人力资源部也难以应付，因此也往往会外包，寻求第三方服务。

就该行业的具体构成成分来说，一般分通用型和专一型。通用型服务机构主要是一些咨询公司，它们能针对人力资源管理与开发的各个功能提供咨询。专一型的服务机构包括猎头公司、测验公司、评价中心、培训中心（公司），以及一些自由咨询师、培训师或评估师，他（它）们一般只就人力资源管理与开发领域某一个或若干方面提供专业服务。

● 猎头公司。顾名思义，这是那种专门猎取高级管理首脑的服务机构。这些机构通过掌握业界各类人才库，为客户举荐、猎取人才而收取佣金。一般来说,它们的猎取对象是中高级人才,收取的佣金一般是这些人才被客户组织录用年薪的25%—30%。

● 测验公司。这类机构专门提供专业的人事评价服务,对各类人才的各种素质、技能或客户所需要诊断的其他人力资源特征进行测量评估。这类服务一般是按每人每项测验/评价收费。这类机构的业务的重要基础是拥有一个由多种多样测验评价工具组成的工具库,从而能够根据不同客户的各种各样的需求进行有的放矢的客观测量评价,对各种人的各个方面进行诊断。在西方发达国家,好的测验公司都有几十乃至上百种工具。

● 评价中心。实际上这是一种基于情境模拟考查方法的"测验"机构。它主要不是用纸笔的方式测验被考查者,而是用模拟真实情境的方法考查各种素质尤其是实际技能。常用的情境模拟评价技术有文件筐测验,角色扮演测验,工作样本测验等。评价中心考查人一般时间较长,三五天是很常见的。由于耗时长、评价方法复杂,它的收费也很高。当然,这种通过模拟情境考查对象所得到的信息,预测效度也相对高一些。

七、现代理念

人力资源管理的概念流行不过二三十年,但在这不长的时间里,已经形成了一些重要特征,成为当今组织管理的重要特色。

1. 以人为本,双重目标

今天的管理,突出强调以人为本的思想。今天的组织反省其存在的意义,从更大的社会系统考虑自身价值,认为服务好人,让人充分发挥自己的才干创造社会财富,是组织的重要使命,而在这一过程中自然可以推动组织生产力。这样,即使是赢利性组织也不再只是"惟利是图",而是兼而考虑员工的福利。这就构成现代企业组织的双重目标:既要追求利润最大化,也要不断提升员工满意度。

2. 普遍性职能

在现代组织中，人力资源管理与开发已不再只是人力资源部的职责，所有管理人员都肩负有管理和开发人力资源的责任。在组织中人无处不在，每一个地方的每一个员工都是组织人力资源的一部分，都需要有管理者去关心和支持。现代管理者的职责已由过去单一性地抓工作生产，转变为也要负责员工的发展和成长。

3. 开发为主

在一些书籍中，常常用人力资源管理作为统称，将开发包括于其中。但在更多的地方，人力资源管理和开发是被区分开来的，这更有利于强调它们的差异，突出开发的重要性。在现代组织管理中，开发占有很重要的地位，因为今天的组织是为了明天的成功而存在的，而开发正是更针对未来，它通过挖掘潜力，为明天准备人力资源，奠定了组织未来成功的基础。另一方面，现代组织中人的自律意识和能力越来越强，约束性管理、指导的意义越来越小，管理者服务于人、开发人的功能定位越来越突出。

4. 系统观念

现代人力资源管理与开发强调系统的观念，包括对人和组织采取系统的观念。对人采取系统观念是要强调人是整体的人，人的各种特征、属性是相关联的，人过去、现在、未来是相关联的，人与他所处的环境是相关联的。亨利·福特当年所说的“我只要员工一双手，为什么给一个人”，只想让员工埋头干活，不顾员工思想感受的时代一去不复返了。

对组织采取系统观点是要强调组织是一个整体的社会系统，各个部门是相关联的，各个功能是相整合的，组织中的各个因素都会以此种彼种方式影响到组织中的人，因此都必须给予相关的考量。

5. 功能的战略转移

今天的人力资源管理与开发，由于其重要性地位的提升，越来越强调与组织整体战略相配合，其工作的内容和性质也发生重大变化，由原来琐碎的事务性工作，转向定位于高层次的战略性的职能。这也产生人力资源管理与开发职能的分化，一些低层次的技术的事务，或者外包给第三方机构，或者交由组织中其他一些部门(可能是行政部门或者专门成立的员工事务部)料理，从而使人力资源部能专注于一些高层次的战略性的职能，这样做既有利于人力资源部顺利履行职责，也无形中提高了人力资源部在组织中的地位。

八、影响人力资源实务的因素

有五大类因素会影响到人力资源实务，它们是：外部环境，组织的劳动力，组织的文化，组织的战略，生产技术。

1. 外部环境

组织所处的外部环境包括社会、政治、法律、经济等方面。应当注意的是，这些因素影响力之间的界限并不是非常分明的，是相互影响着的。这些外部环境直接影响着企业人力资源策略的内容和实施方式，也直接影响着企业的人力资源战略。特别是在海外大量雇佣当地劳动力的跨国企业，外部环境因素尤为重要。除了社会、政治、法律、经济以外，其他的外部环境因素(比如气候等物理环境)也会对企业的人力资源策略产生影响。例如，有的地区，“游牧文化”和恶劣的气候使得人们不愿意在一家企业里长期工作，这种状况就使得实行长期雇佣策略的企业无法收回其对雇员的培训投资，从而面临巨大的成本压力。

2. 劳动力

组织的劳动力因素主要涉及人口统计学方面的状况，包括组织现有劳动力的年龄状况、受教育程度、劳动力的同质性或异质性。这些因素对组织的人力资源策略的影响表现在如下四个方面：

- 劳动力的人口统计状况直接影响组织的雇佣政策。例如，如果组织所聘用的中层管理人员都已进入中老年，那么这种年龄状况将会削弱终生雇佣制的效果。
- 劳动力的人口统计状况直接影响组织的技术变革以及相应的人力资源策略。例如，员工平均受教育程度较低的企业就很难通过大规模的深度技术改造来提高其生产效率。
- 组织所拥有的劳动力在各个方面的异质性程度(例如，在年龄、性别、受教育程度、职业化程度等方面的差异)，将直接影响组织在其人事措施上的差异。这里的人事措施指的是组织在招聘、绩效评估、薪酬管理、津贴管理等传统人事管理方面的措施。
- 劳动力的同质性(或异质性)直接影响到组织的激励系统。例如，当劳动力具有较高的社会同质性时，利用团队奖励或者同事之间的相互影响作用作为激励途径和控制手段，可以获得较好的效果。

3. 组织文化

组织文化对人力资源策略也具有重要的影响，主要体现在如下四方面：

- 导向的作用。组织文化能够将组织的员工引导到组织所确定的方向和目标上来，在组织处于稳定的状态(即组织并未进行变革)时，人力资源策略的制订必须遵循组织文化所指导的内容和目标。
- 协调的作用。组织文化能够有效地促进组织内部信息的沟通、感情的交流以及关系的协调，或者能够有效地约束员工的行为。人力资源策略的实施需要组织文化的协调支持。

● 影响人力资源实务的一致性。组织文化的不同类型、层次结构以及文化的变迁,都影响着相应人力资源政策和措施在员工个体、员工之间以及时间上的一致性水平。

● 影响着人力资源策略的效力。例如,在强调行为(甚至是服装)上的统一这种组织文化中,如果实行的是在不同等级间差异很大的奖酬体系,就无法激发员工的创造力。

4. 组织战略

许多方面的组织战略都影响到人力资源实务,例如营销战略、财务战略、经营战略。

● 营销战略与人力资源策略

组织采取的营销战略影响着有关的人力资源政策和措施。例如,一家营销战略设定为追求客户服务质量的商贸企业,与以追求低成本为营销战略核心的商贸企业相比,雇佣关系可能会有很大区别。前者注重的可能是企业与客户之间良好的关系,这影响着企业去采用相应的招聘、培训、薪酬、工作设计等系统,以及其他人力资源策略。比如,这种企业招收受教育程度较高的、与其客户具有较高社会同质性的员工;不断地培训员工,使其能够为客户提供足够的建议;为员工提供长期的发展,尽量保持人员的稳定性,等等。

而以降低成本为营销战略核心的商贸企业,则可能将员工视为巨大的成本负担。这些企业倾向于确保实现规模经济,而不是拥有一批高激励水平的销售人员。因此,在人力资源策略方面,企业更多地依赖严格的纪律、严密的监督,并且会尽量压低薪酬,减少培训开支,等等。

● 财务战略与人力资源策略

组织的财务政策与人力资源系统具有重要的相互影响作用。例如,日本企业比较注重对员工采取长期雇佣策略,并将员工视为企业的战略资源,这种观念使得日本企业能够与其他组织建立长期合作关系，从而获得稳定的、低风险的融资渠道。而由于融资渠道的稳定，使得企业较少地受到短期金融市场的影响，从而能够维持稳定的员工群体，采用终生雇佣制。同样，采用长期雇佣策略的美国企业也是类似的。这些企业比较注重与客户或者代理商建立长期的关系，并由此推及到与雇员建立长期关系，以作为战略竞争资源，而不是将雇员视为成本负担。

● 经营战略与人力资源策略

组织所选取的经营战略不同，人力资源策略也会不同。例如，组织是否采用多元化经营战略，对人力资源管理具有很大的影响，这些影响包括：(1)对工作和职业生涯设计的影响，例如有关的设计应当具有多大的多样性；(2)对绩效评估的影响，包括应当采用何种方式，并且如何加以管理；(3)对薪酬制度的影响，例如薪酬在系统内应当具有多大的一致性。反之，组织的人力资源政策和实务也会制约组织对其经营战略的选择。

5. 生产技术

这里的生产技术指的是使劳动投入转化为产出的条件和因素。它是广义上的技术，而不单单指工作中所使用的工具。

这种广义的生产技术包括如下几方面：(1)物理布局：一个组织在空间上如何分布，是高度集中在同一个地点，还是跨地区甚至跨国家，相应的人力资源实务有所不同。(2)技术要求：包括技术的内容，获得技术的方式，技术的可转移程度。例如，员工使用的技术是很容易在社会中广泛获得的通用性技术，与那种非通用性的组织专有的技术相比，人才开发培训的策略会有所不同。(3)监控系统：监控是指衡量和纠正员工的各种行为及结果，使其符合组织的要求和目标。相应的制度和政策会影响到组织如何衡量员工整体努力程度、工作质量、工作过程中的时间安排以及细心程度。(4)工作任务的模糊性：即工作任务的内容以及工作方法的不确定性。当工作内容被设定为一个标准的操作程序时，工作任务的模糊性比较低。而许多工作的模糊性是较高的，例如医生、高级科研人员、高层管理者。任务模糊性不同，人力资源政策也有所不同。(5)员工间相互依赖的程度：这是指某一员工付出努力的结果，在多大程度上受到其他员工努力与否的影响。有的工作高度独立，有的工作先后衔接，有的工作高度渗透、相互依赖。依赖程度不同，考核、薪酬、激励的策略都会不同。(6)工作成果的分布：往往受到工作本身的特性及可控性的影响。前面提到的明星型、护卫型、步兵型工作就是典型的例子。显然，对于这些不同的工作，人员甄选、考核、奖惩的策略、措施都是不同的。

九、人力资源实务一致性

1. 人力资源实务一致性的含义

人力资源实务是指组织人力资源管理的各项政策和措施。人力资源实务应当与组织的环境相适应，而且还应当具有一定的内部一致性。

人力资源实务的一致性包括三个方面：个体员工的一致性；员工之间的一致性；时间一致性。

个体员工的一致性是指，组织中人力资源体系不同元素(如薪酬、招聘、绩效评估体系)间的一致性。也就是说，人力资源系统中与员工个人有关的各项职能——招聘、薪酬、绩效考核、晋升、培训等体系——必须是一致的或者是相互补充的。例如，一个组织重视对员工进行广泛的培训，而这些培训费用又是比较巨大的，那么组织就必须有相应的薪酬、晋升以及招聘政策相配合，从而缩减培训周期并设法把被培训的人员留在组织中。

员工之间的一致性是指，在相似的情况下实施于组织内不同员工的人力资源政策的一致性。也就是说，组织应当确保在一定的范围之内，不同的员工所受到的待遇是一致的。比如，如果员工甲获得的是特定规格的待遇，那么与甲情况相似的其他员工也必须得到相似的待遇。

时间一致性是指组织的人力资源理念跨时间的一致性。当然，时间的一致性是有一定范围的，取决于一系列的因素，而并不仅仅取决于组织环境的变化。但是，总的来看，除非大规模变革的需要，同一个员工在一段时间内所面对的人力资源政策不应当随意变动。

2. 人力资源实务一致性的益处

保持人力资源实务的一致性，会给组织带来多方面的益处。

● 具有一些明显的人力资源管理技术上的优势，并可以有效地促进激励的效果。例如，如果一家企业对其员工的筛选是严格的，而且重视员工培训，并为此投入大量资源，以此降低员工的流动率，那么这些相互补充和一致的人力资源政策将会给企业带来巨大的收益。又比如，一家企业鼓励的是对员工进行非正式培训，即希望有更多的资深老员工对资历较浅的员工进行培训，那么如果企业采用的是以资历为基础的奖励体系，就会有效地保障老员工的利益，即老员工不会因为将自己的技术传给年轻的员工而使自己遭受损失。此外，时间一致性和员工之间的一致性还可以降低人力资源管理的费用。

● 有助于员工个人在组织中的学习过程。这里的学习过程主要指的是，员工个人对组织期望从他这里得到什么以及他可以从组织中得到什么等各方面的认识。一般来说，员工对于组织要求有一种基本认识，一旦形成会指导他的行为。但如果组织要求变化，就会增加员工的学习负担乃至困惑，员工掌握组织要求和期望的过程就会受到严重干扰。

● 有助于员工群体的学习过程。当组织的人力资源实务与组织所处环境中的社会规范等相一致时，组织可以有效地对员工群体的价值观和期望等进行影响。例如，日本企业强调家庭文化，所以当日本企业在美国投资建厂的时候，常常选择小城镇或郊区。这是因为，在美国乡村或小城镇与大城市相比，在文化上要更强调家庭意识，所以日本企业在这些地方设厂就能够更有效地影响美国员工在工作中追求群体意识和家庭气氛。

● 可以提高招聘和录用的效率。组织中各个员工之间并不是完全一样的，在特定的组织中，员工工作绩效的好坏，在很大程度上取决于他们对组织特性的适应程度。由于人员更换的成本较高，所以一般情况下，组织都力图提高招聘和录用的效率，即实现更有效率的人与事的配合，从而避免出现员工对组织的不适反应和辞职行为。另外，即使感到不适的员工不辞职，那么由于工作不合兴趣，员工也会产生不满情绪，生产率可能会随之下降。

● 有助于消除不公平的社会比较和分配不公的感觉。所谓社会比较，是指个体通过与他人对比来评价自己的心理过程。社会比较是个体进行自我评价时的一条重要途径。人们经常选择与自己情况相近的人进行比较。当某人的待遇明显地低于与自己相似的人，而这一待遇上的差异又没有明显的、充足的理由时，就很可能会产生不满情绪。较好的待遇能够换取员工的好感，但是由于人们非常关注自己所面临的不公平，所以那些没有获得相似待遇的人就会产生不满，进而影响其工作效率。而一致的人力资源实务则可以有效地消除这些对组织不利的社会比较的心理过程。

第一章　人力资源规划

第一节　人力资源规划的定义、意义与目标

人力资源规划是指使企业稳定地拥有一定质量和必要数量的人力，为实现包括个人利益在内的组织目标而拟订的一套措施，从而求得在企业未来发展过程中人员需求量和人员拥有量之间的相互匹配。它包括三方面的含义：

- 从组织的目标与任务出发，要求企业人力资源的质量、数量和结构符合其特定的生产资料和技术条件的要求。
- 在实现组织目标的同时，也要满足个人的利益。
- 保证人力资源与未来组织发展各阶段的动态适应。

人力资源规划是一种战略规划，着眼于企业未来的生产经营活动，预先准备人力，持续和系统地分析企业在不断变化的条件下对人力资源的需求，并开发制订出与企业长期效益相适应的人事政策的过程。它是企业整体规划和财政预算的有机组成部分，因为对人力资源的投入和预测与企业长期规划之间的影响是相互的。

人力资源规划所考虑的不是某个具体的人，而是一组人员。个别人员的发展规划寓于整组人员的发展规划之中。因此，人力资源规划实质上是一种人事政策，它的制订为工商企业人事管理提供指导。

目标人力资源规划是为了确保组织实现下列目标：

- 得到和保持一定数量具备特定技能、知识结构和能力的人员；充分利用现有人力资源。

● 能够预测企业组织中潜在的人员过剩或人力不足。

● 建设一支训练有素、运作灵活的劳动力队伍，增强企业适应未知环境的能力。

● 减少企业在关键技术环节对外部招聘的依赖性。

为达到以上目标，人力资源规划需要关注的焦点如下：

● 需要多少人。

● 员工应具备怎样的知识、技术和能力。

● 现有的人力资源能否满足已知的需要。

● 对员工进一步的培训开发是否必要。

● 何时需要新员工，是否需要进行招聘。

● 培训或招聘何时开始。

● 如果为了减少开支或由于经营状况不佳而必须裁员，应采取怎样的应对措施。

● 除了积极性、责任心外是否还有其他的人员因素可以开发利用。

第二节　人力资源规划的动态性

适时、适地、适量地提供人力资源以满足组织和工作的要求，是最经济使用人力资源的本质要求。人力资源规划的制订乃是指导如何支配运用人力资源以达成目标的方法与手段。规划是分析事物的因果关系，探求适应未来的发展途径，以作为目前的决策依据，即预先决定做什么、何时做、谁来做。规划犹如一座桥梁，它连接着企业目前的状况与未来的发展。任何成功的规划都是理性地运用事物自身的力量达到目的，规划不是设计未来的发展趋势，而是顺应与尊重现实以及未来的发展趋势。

在人力资源开发与管理中往往缺乏动态的人力资源规划和开发的观念，而是把人力资源规划理解为静态的信息收集和相关的人事政策设定，无论在观念上还是实践上都有一劳永逸的思想。这种静态观念与动态的市场需求和人才自身发展的需求是极不适应的,造成人力资源得不到合理的利用,甚至严重地影响了人力资源的稳定性,造成企业人才的流失。

因此,企业的人力资源管理必须强调人力资源规划的动态性。体现在:

- 参考信息的动态性。
- 依据企业内外情境的动态变化,制订和调整人力资源全局规划和具体规划的经常性。
- 执行规划、具体措施的灵活性和动态性。
- 对规划操作的动态监控。

第三节　人力资源规划的运作

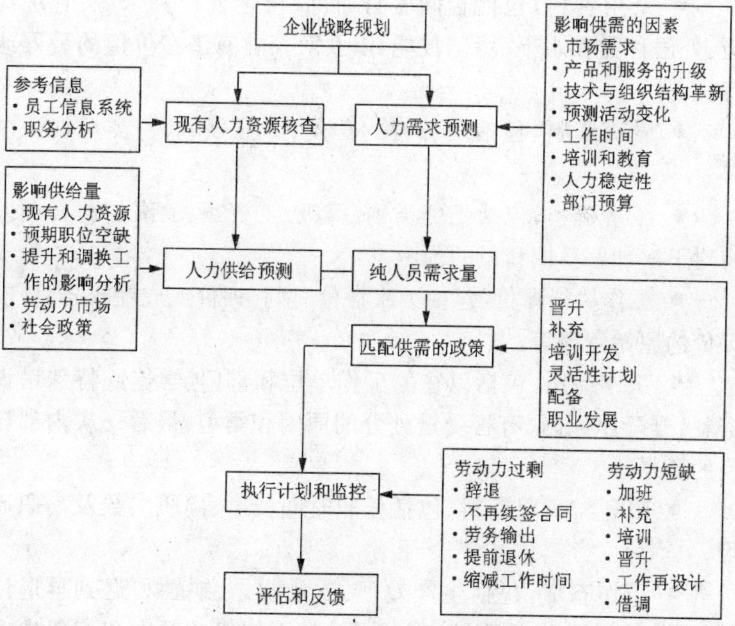

图 1-1　人力资源规划程序模型

一、核查现有人力资源

这一阶段是后面各阶段的基础，对整个工作影响很大，必须高度重视。

核查现有人力资源关键在于人力资源的数量、质量、结构及分布状况。这一部分工作需要结合人力资源管理信息系统和职务分析的有关信息来进行。如果企业尚未建立人力资源管理信息系统，这步工作宜与建立该信息系统同时进行。一个良好的人事管理信息系统，应尽量输入与员工个人和工作情况相关的资料，以备管理分析使用。人力资源信息应包括以下几个方面：

● 个人自然情况，如姓名、性别、出生日期、身体自然状况和健康状况、婚姻、民族和所参加的党派等。

● 录用资料，包括合同签订时间、候选人征募来源、管理经历、外语种类和水平、特殊技能，以及对企业有潜在价值的爱好或特长。

● 教育资料，包括受教育的程度、专业领域、各类培训证书等。

● 工资资料，包括工资类别、等级、工资额、上次加薪日期以及对下次加薪日期和量的预测。

● 工作执行评价，包括上次评价时间、评价或成绩报告、历次评价的原始资料等。

● 工作经历，包括以往的工作单位和部门、学徒或特殊培训资料、升降职原因、有否受过处分的原因和类型、最后一次内部转换的资料等。

● 服务与离职资料，包括任职时间长度、离职次数及离职原因。

● 工作态度，包括生产效率、质量状态、缺勤和迟到早退记录、有否建议及建议数量和采纳数，有否抱怨及频率和抱怨内容等。

● 安全与事故资料，包括因工受伤和非因工受伤、伤害程度、事故次数类型及原因等。

● 工作或职务情况。

● 工作环境情况。

● 工作或职务的历史资料等。

利用计算机进行管理的企业和组织可以十分方便地存储和利用这些信息。

这一阶段必须获取和参考的另一项重要的信息，是职务分析的有关信息情况。职务分析是企业人力资源管理5大要素(获取、整合、保持与激励、控制与调整、开发)中起核心作用的要素，是下一步工作的基础。职务分析明确地指出了每个职位应有的职务、责任、权力，以及履行这些职、责、权所需的资格条件，这些条件就是对员工的质上的水平要求。

二、人力需求预测

这一步工作与人力资源核查可同时进行，主要是根据企业的发展战略规划和本企业的内外部条件选择预测技术，然后对人力需求的结构和数量、质量进行预测。

1. 预测因素

在预测人员需求时，应充分考虑以下因素对人员需求的数量上和质量上以及构成上的影响：

● 市场需求、产品或服务质量升级或决定进入新的市场。

● 产品和服务的要求。

● 人力稳定性，如计划内更替(辞职和辞退的结果)、人员流失(跳槽)。

● 培训和教育(与公司变化的需求相关)。

- 为提高生产率而进行的技术和组织管理革新。
- 工作时间。
- 预测活动的变化。
- 各部门可用的财务预算。

在预测过程中,预测者的管理判断能力与预测的准确与否关系重大。一般来说,商业因素是影响员工需要类型、数量的重要变量,预测者通过分析这些因素,并且收集历史资料作为预测的基础。从逻辑上讲,人力资源需求明显是产量、销量、税收等的函数,但对不同的企业,每一因素的影响大小并不相同。

2. 资料准备

为了获得既实事求是又有远见的预测结果,必须广泛收集影响预测目标的各种有关资料,包括可控与不可控的、内部和外部的相关资料:

- 国内外社会、经济、科技发展趋势的资料。
- 本地区人力资源资料。
- 本行业发展水平及发展趋势的资料。
- 本企业业务发展资料。
- 本企业人力资源管理的各种资料。

收集资料的方法可考虑使用文献调查、询问调查、个人面谈、专家咨询等方法。对调查的资料要加以整理、分析,删除由于偶然因素造成的不能确认准确性的材料。

3. 人力需求预测的程序和技术方法

(1) 人力需求预测程序

在实践应用中采用自上而下的预测程序,具体程序为:

① 预测企业未来生产经营状况

从根本上说,企业未来生产经营状况决定着人员需求量。一般说来,未来生产经营状况的预测,可直接从企业发展战略规划中分离出来而无需预测。企业未来生产经营状态，可由各种具体职能活动的水平和分类计划表示。如各职能的增减及职能领域的扩大或缩小、产品结构的改变、目标市场的变化和市场占有率的增减、新技术的引进或采用、销售额的变化、生产率水平的变化等。为了能准确地预测人力需求，上述各种活动和指标要定量描述，否则无法转换为具体的各类人员需求量。

② 估算各职能工作活动的总量

未来生产经营目标的实现，是由各职能活动来支撑的，因而必须估算各职能活动的总量及其在不同活动层次的活动总量分布。例如对销售职能活动总量的估算，可根据以往销售活动资料的统计分析和未来目标销售额来估算。根据以往销售活动资料的统计分析，我们得到每销售千元货物需 0.3 人/小时，若在未来第五年预计销售额为 2100 万元，则可得到 7 万人/小时的销售活动总量。此时，若不考虑其他因素的影响，则可估算出销售人员需求量为 29 人（按每年 300 个工作日计算）。

但是，仅有各职能未来活动总量的估算还是不够的，因为这些活动是不同质量或等级的。因此，在总量确定以后，还要将其分配到该职能的不同层次上。还以上例为准，我们可以把销售活动总量分配到市场推销、市场研究、宣传广告、销售管理等不同层次上，从而为确定各类销售人员需求量预测提供基础。

③ 确定各职能及各职能内不同层次类别人员的工作负荷

由于生产技术基础的改善，工作的效率是不断提高的，因而必须充分考虑各因素变化对工作效率的影响，在此之下确定各职能及各职能内不同层次类别人员的工作负荷。工作效率与工作负荷在不同条件下相关性是不同的。在生产环节，新技术的采用或人员积极性的高度发挥，会使工作效率提高，而工作负荷可以不变或减少。但在销售环节，随市场竞争的激烈，尽管提高了工作效率，而推销单位价值货物的活动量却会增加，导致工作负荷增加。因此，在确定各类人员工作负荷时，要充分考虑各种变量的影响，不能仅从主观愿望出发进行推测。

④ 确定各职能活动及不同层次类别人员的要求量

如若上两步预测工作的结果相当可靠,则这步工作就相当简单,只需进行简单的转换即可。有一点需要注意的是,要留有充分的余地,以防不测。

(2) 人力需求的预测技术方法

预测方法直接关系到人力资源预测目标的精度。预测方法有很多,每一种预测方法都有一定的适用范围,对于不同对象所采用的预测方法也应有所不同。但是对预测方法的选择要求必须服从预测目的、占有资料的量、可靠程度和精度的要求,要顾及预测费用的预算。对历史数据较全并且预测力量较强的组织和部门,可以采用不同的数学模型和模拟模型进行预测;而在那些历史数据不全且力量薄弱的组织和部门,则宜采用传统方法进行预测。一般可采用两种或两种以上的具体预测方法。以下分别简要介绍有关的技术方法:

① 直觉预测法——定性预测

上级估算法　这是组织各级领导根据自己的经验和直觉,自下而上确定未来所需人员的方法。具体做法是,先由企业各职能部门的基层领导根据自己部门在未来各时期业务的增减情况,提出本部门各类人员的需求量,再由上一层领导估算平衡,最后在最高领导层进行决策。

这是一种很粗的人力需求预测方法,主要适用于短期预测,若用于中、长期预测,则相当不准确。但组织规模较小、结构简单和发展均衡稳定时,也可用于预测中、长期需求。

德尔菲(Delphi)法　又称专家会议预测法,是一种主观预测方法。它以书面形式背对背地分轮征求和汇总专家意见,通过中间人或协调员把第一轮预测过程中专家们各自提出的意见集中起来加以归纳后反馈给他们。然后重复这一循环,使专家们有机会修改预测并说明原因。一般重复3～5次,使专家的意见趋于一致为止。

专家的选择根据他们对影响组织的内部因素的了解程度而定，选择组织内部的专家和外请专家均可。例如，可选出公司的计划、人事、市场、生产和销售等部门经理作专家来预测劳动力需求。具体实施步骤为：第一，提出要求。明确预测目标，提供有关情况和资料，征求专家意见及补充资料。第二，提出预测问题。由专家对调查表所列问题进行评价并阐明理由，然后由协调组对专家意见进行统计。第三，修改预测。要求每位专家根据反馈的第二轮统计资料再次进行判断，并要求持异议的专家充分陈述理由。第四，进行最终预测。请专家提出他们最终的意见及依据，预测结果由此产生。在实施中遵循以下原则：

第一，采取匿名形式进行咨询，使参与预测咨询的专家互不通气，消除心理因素的影响，获取尽可能多的意见。分几轮反复发函咨询，每一轮的统计结果都寄回给专家，作为反馈供下轮咨询参考。第二，给专家提供已收集的历史资料及有关统计分析结果。第三，不要求精确，允许专家使用估计数字，并让他们说明估计数字的肯定程度。第四，使用统一的表述，保证所有专家能从同样的角度去理解定义、概念、分类等。第五，向高层领导决策层说明预测的益处，特别说明预测对生产率和经济收益的影响，争取他们的支持。第六，问题尽量简化，问题应该是被问者能够回答的问题。

此法一般适用于总额预测。

岗位分析法　对具体岗位的工作内容和职责范围进行引申，分析从事该岗位工作应具备的基本条件，得出工作量、用人数目等预测意见。实施步骤为：第一，确定所要预测部门的类别和层次。第二，选择典型单位和岗位。第三，进行岗位调查和分析。第四，进行预测，由工作量计算出岗位的用人数，据此汇总得出典型单位预测目标年度的专门人才需求量。第五，进行全面覆盖预测，用典型单位的预测结果来推算本系统其他单位、部门的专门人才需求量。

替换单法　是通过职位空缺来预测人力需求的方法，而职位空缺的产生主要是因离职、辞退、晋升或业务扩大产生的。替换单法可用于企业短期乃至中长期的人力需求预测。通过替换单，我们可以得到由职位空缺表示的人员需求量，也可得到由在职者年龄和晋升可能要产生的职位空缺，以便采取录用或提升的方式弥补。（参看图 1-2）

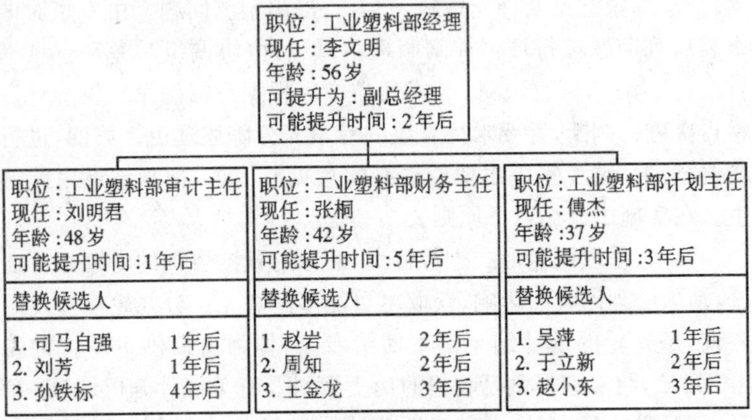

图 1-2 替换单法（样例）

② 数学预测法——定量预测

时间序列分析法　根据准确、及时、系统、全面的历史统计资料，将过去的趋势延伸到未来，运用一定的数学模型，预测人力资源的发展；常用于短期和中期的预测，在长期预测中不用。常有的方法有以下几种：第一，简单平均外推法：将最近几个时期的人力资源水平指标进行简单平均，预测未来发展水平。此法适用于在各个时期的人力资源变动有增有减，属于随机波动现象的类型。第二，加权平均外推法：在计算平均数时，对不同时期的人力资源水平指标分配不同的权重数，再计算加权平均数。距预测期近的，权数大；反之，权数小。当考虑近期的人力资源发展水平对未来的影响时，此法较为适用。第三，平均增长量外推法：预测人力资源数＝基期人力资源数＋平均增长量×时期数。当人力资源发展较为平均时，使用此法。第四，直线模型预测法：将人力资源按时件期限整理成时间数列，并分成时间期限（年数）相等的两段，分别计算每段的平均数。按 $\hat{Y}_t = a + b\overline{X}$ 直线方程来计算预测年度人力资源指标。其中，

$$a = \frac{\overline{Y}'\overline{X}' - \overline{Y}''\overline{X}''}{\overline{X}' - \overline{X}''},\ b = \frac{\overline{Y}'' - \overline{Y}'}{\overline{X}' - \overline{X}''}$$

$\hat{Y}_t$——预测年度人力资源数

$\overline{X}$——时间期限（以年数表示）

$\overline{X}'$——前段年次平均值

$\overline{X}''$——后段年次平均值

$\overline{Y}'$——前段中点年人力资源趋势值

$\overline{Y}''$——后段中点年人力资源趋势值

如果时间数列的年数不是偶数时，一般先将中间一数省去，所余数列一分为二。当人力资源的变化逐期等量增加或减少，其图形近似直线趋势时可用此法。

回归分析　方法适用于各变量之间的关系非常复杂的情况。变量之间存在着某种相互依赖关系，同时受着一定随机因素的影响，如果人力资源的变化与某些变量之间有上述关系存在，可用回归分析法。有关回归分析公式将在本章附录中进行介绍。

三、人力供给预测

人力供给预测也称为人员拥有量预测，是人力预测的又一个关键环节，只有进行人员拥有量预测并把它与人员需求量相对比之后，才能制订各种具体的规划。人力供给预测包括两部分：一是内部拥有量预测，即是根据现有人力资源及其未来变动情况，预测出规划各时间点上的人员拥有量；另一部分是对外部人力资源供给量进行预测，确定在规划各时间点上的各类人员的可供量。

1. 内部拥有量预测

在这一阶段要达到对内部人员有用性的了解，对可提升的人

员的鉴别以及做出个人发展培训计划。通过确认全体人员的合格性,对不合格的要进行培训,大才小用、小才大用都要进行调整。对人员空缺的职位,在清查了内部人员之后就可以明确哪些可以从组织内部填充,哪些需要从外部招聘。为达到以上目的,需做如下分析:(1) 分析现有人力资源;(2) 对雇员跳槽和人力损耗的分析;(3) 对提升和调换工作所带来的影响的分析;(4) 对环境变化和旷工的评估和原因分析。

分析内部人力资源供给首先从现有员工着手。为了避免人力流失或损耗,管理者需对造成职工损耗的因素加以分析。导致员工损耗的因素可分为组织外部因素和组织内部因素。更高的收入和更好的发展机会、员工心理问题、职工已届退休年龄、已婚妇女怀孕或因结婚而不外出工作等,都是导致劳动力损耗的外部因素。此外,由于企业欠周详的人力资源规划,造成的人事政策不稳,裁减职工等行为;由于缺勤多,流失多造成人手不足,因此造成现职员工压力更大,造成自动辞职率增加;人际关系的冲突易造成职工的不满而流失;工作性质的改变,或工作标准的改变,也可使某些职工失去兴趣或无法适应而辞职,以上均属组织内部因素。常用的技术如下:

(1) 人员核查法

如前所述,人员核查法是对现有企业内人力资源质量、数量、结构和在各职位上的分布状态进行核查,以便确切掌握人力拥有量。在企业规模不大时,核查是相当容易的。若企业规模较大,组织结构复杂时,人员核查应建立人力资源的信息系统。这种方法是静态的,它不能反映人力拥有量未来的变化,因而多用于短期人力拥有量预测。虽然在中、长期预测中使用此法也较普遍,但终究受企业规模的限制。

(2) 替换单法

对管理人员供给的预测用替换单法。替换单法是人力拥有预测较早的一种方法,前面已有叙述。这种方法的具体应用实例见图1-2。

(3) 马尔科夫模型

马尔科夫预测模型是用来预测具有等时间隔(如一年)的时刻点上各类人员的分布状况。模型规定:在给定时期内从低一级向高一级或从一职位转移到另一职位的转移人数是起始时刻该类总人数的一个固定比例,即转移率。若各类人员起始人数、转移率和未来补充人数已给定,则各类人员的未来数(即未来人员分布状况)就可以预测出来。马尔科夫模型有简单型和复杂型,可用计算机进行大规模处理,因而具有相当的发展前途。

该方法的基本思想是:找出过去人事变动的规律,以此来推测未来的人事变动趋势。以一个会计公司人事变动为例来说明分析的方法。分析的第一步是作一个人员变动矩阵表(见表 1-1),表中的每一个元素表示从一个时期到另一个时期(如从某一年到下一年)在两个工作之间调动的雇员数量的历年平均百分比(以小数表示)。一般以 5～10 年为周期来估算年平均百分比。周期越长,根据过去人员变动所推测的未来人员变动就越准确。

表 1-1　某公司人力资源供给情况的马尔科夫分析

(A)

职位层次	人员调动概率				
	H	L	S	A	离职
高层管理人(H)	0.80				0.20
基层管理人(L)	0.10	0.70			0.20
高级会计师(S)		0.05	0.80	0.05	0.10
会计员(A)			0.15	0.65	0.20

(B)

职位层次	初期人员数量	H	L	S	A	离职
高层管理人(H)	40	32				8
基层管理人(L)	80	8	56			16
高级会计师(S)	120		6	36	6	12
会计员(A)	160			24	104	32
预计的人员供应量		40	62	120	110	68

表1-1(A)表明，在任何一年里，平均80%的高层领导人仍在该组织内，而有20%的退出。在任何一年里约有65%的会计留在原工作岗位，15%被提升为高级会计师，20%离职。用这些历年的数据来代表每一种工作中人员变动的概率，就可以推测出未来的人员变动(供给量)的情况。将计划初期每一种工作的人员数量与每一种工作的人员变动概率相乘，然后纵向相加，即得到组织内部未来劳动力的净供给量，见表1-1(B)。

如果下一年与上一年相同，可以预计下一年将有同样数目的高层领导人(40人)，以及同样数目的高级会计师(120人)，但基层领导人将减少18人，会计员将减少50人。这些人员变动的数据，与正常的人员扩大、缩减或维持不变的计划相结合，用于决策怎样使预计的劳动力供给与需求相匹配。

(4) 计算机模拟

目前有许多基于计算机技术的预测模拟模型，以充分考虑各种变量对未来人员需求供给的影响，解决大规模或人力无法进行的预测问题。在人力供给预测方面，利用计算机技术可预测下列因素对供给的影响：① 工资变化、晋升率和录用等人事政策。② 劳动市场。③ 工作适应性、工作态度、作业努力程度和辞职等个人属性。运用这种技术，预测者可以变换人事政策以判定这种变化对未来人员供给的影响，从而获得一系列与各种不同人事政策相对应的人力供应状况。因此，这是一种具有相当发展前途的预测技术。

2. 外部人力资源供给预测

(1) 地方劳动力市场

- 公司所能及范围内的人口密度。
- 现在或将来来自其他企业对雇员的竞争。
- 当地的失业水平。
- 当地传统的雇佣模式以及获得具备所要求资格技能员工的可能性。

- 当地教育系统和培训机构的人才输出状况。
- 该地区人口的移入迁出模式。
- 该地区作为生活居住地的吸引力程度。
- 获得非全日制员工的难易程度。
- 当地的住房、购物及交通设施状况。

(2) 全国性的劳动力市场

- 离校学生人数和劳动力规模的统计学趋向。
- 全国对特殊类别雇员的需求,如研究生、专业人员、技师、熟练工人等。
- 高等院校、职业技校,以及其他的教育培训机构的人才输出状况。
- 不断变化的教育模式所带来的影响。
- 大众培训热潮的影响。
- 政府雇佣调节规定所带来的影响。
- 本地区、本行业的规模和成熟度。

可通过各地劳动行政主管部门建立的劳动力市场和劳动力中介机构,以及这些机构向社会发布的劳动力供求情况来获取这些必要的外部信息。

例如:某沿海城市劳动管理部门就 1997 年的劳动力供求情况公布如下:历年累计城镇待业人员 3 万人,新增各类中职、技校、中学毕业生 1.3 万人,大中专毕业生 5400 人,复转军人 600 人,农转非人员 1.2 万,经过改组、破产、兼并的国有企业分离人员 9 万人,共计 15 万人。从需求方面看,全市企事业单位对大中专毕业生的需求约 3500 人,新开工工业项目和三资企业用工需求为 8 万人,主要是技术工人和营销人员,由此可见,大中专毕业生供大于求,企业在招聘时可适当提高标准;而技术工人相对短缺,招聘时可采取灵活方法,吸引成熟的技术工人,如:适当放宽年龄限制,招收国企下岗的技术工人。

四、起草计划匹配供需

1. 确定纯人员需求量

这步主要是把预测到的各规划时间点上的供给与需求进行比较，确定人员在质量、数量、结构及分布不一致之处，从而得到纯人员需求量。

2. 制订匹配政策以确保需求与供给的一致

这步实际是制订各种具体的规划和行动方案，保证需求与供给在规划各时间点上的匹配。主要包括：晋升规划、补充规划、培训开发规划、配备规划等。

(1) 晋升规划

晋升规划的实质是根据企业的人员分布状况和层级结构，拟定人员的提升政策。对企业来说把有能力的人提升到适合其能力发挥的岗位上，不仅体现了注重能力的思想，而且改善了劳动投入产出的经济性。对员工个人来说，创造并提供了使其充分发挥能力的机会，可满足员工的多种需要。晋升不仅意味着个人利益的实现，也意味着工作挑战性、尊重与自尊的增加。当更大的责任、更高的自我实现相结合时，员工会产生巨大的工作动机，使组织获得更大效益。

晋升规划由晋升比率、平均年资、晋升时间等指标表达，例如，某一级别的晋升规划可以表示如下：

某级别的年资：	1	2	3	4	5	6	7	8	9	10	11	≥ 12
晋升百分比：	0	0	0	0	0	0	0	35	56	65	0	0

这说明向上一级晋升的年资为 8 年，且 8 年的晋升率为 35%，9 年的晋升率为 56%，10 年的晋升率为 65%，而其他年资不可能有获得晋升的机会。

晋升规划是分类制订的，并影响到每一成员，但并非每个人的晋升规划都可以用指标清楚地表示出来。各指标的调整会使晋升规划发生改变，对人员心理产生不同程度的影响。如向上一级的年资延长，意味着人员将在目前所在级别上呆更长时间。

(2) 补充规划

即拟定补充的政策，使企业能够合理地、有目标地在中、长期内把所需数量、质量、结构的人员填补在可能产生的职位空缺上。补充规划可以改变企业内人力资源结构不合理状态，这种规划需要与其他规划配合才能达到最经济。如在劳动力市场供大于求或企业吸收能力与辞退员工受限制的情况下，人员补充规划是很重要的。

补充规划和晋升规划密切相关，因为晋升也是一种补充。晋升表现为企业内低职位向高职位的补充运动，结果是使职位空缺逐级向下推移，直至最低职位空缺产生。这时，内部补充才转化为外部补充。补充规划和培训开发规划和配备规划也有类似的关系。

(3) 培训开发规划

培训开发规划的目的是为企业中长期发展所需的一些职位准备人才，是围绕着改善配合关系而制订的。例如，可对逐级推荐的有发展前途的人员分别制订培训计划，根据可能的职位空缺和出现时间分阶段有目的地培训，当职位空缺产生时，人员已培训好了。培训规划与晋升规划和配备规划以及个人发展规划有密切联系。

(4) 配备规划

配备规划表示中、长期内处于不同职务或工作类型的人员分布状态，当组织要保持一定强度的人员流动水平时，配备规划非常重要。

配备规划需解决下列问题：

① 当从事某种职务人员需同时具备其他类型职务的经验和知识时，就要进行有计划的水平流动。这意味着未来职务对人员质

量要求高，若流动量小，缺乏足够的实践经验和见识，则满足不了对人员的要求。

② 当上层职位较少而待提升人员较多时，则通过配备规划增加流动。这样，不仅可以减少人员的不满，又可产生上层职位空缺的出现。

③ 在超员情况下，通过配备规划可改变工作的分配方式，从而减少负担过重的职位数量，解决工作负荷不均的问题。

(5) 职业生涯规划

职业生涯规划是职业发展的子系统，是规划一个人的职业生涯的人事程序。通过职业规划，把个人发展与组织发展结合起来，从而使个人的利益在组织发展中得到实现。对于有发展前途的人，企业要设法留住他们，把他们视为宝贵的财富。为防止这部分人流失，就要设法使他们在工作中得到成长，并在此过程中满足其需要。通过职业生涯规划，可以把满足个人成长发展的需要与组织的发展对人才的需要结合起来，保证共同利益的实现。

(6) 继任规划

继任规划指公司指定的用来填补最重要的管理决策职位的计划。在实践中由一系列相当复杂的步骤构成。例如：最高管理层的继任者从几个关键的分公司或部门的最高负责人中找出，并且继任者接受一系列的培训和发展程序。从广义上说，继任规划是确保继任者能够胜任当前和将来关于经营战略的高级或关键工作。因此，同时也规划了个人的职业生涯，并且试图将组织的需求和个人的期望相结合。

继任规划要求对组织的高层管理需要与候选人的潜能和职业期望进行平衡，包括以下活动：

● 从公司水平、肩负职责和必需的技能等方面分析对管理者的要求和职业化程度。

● 审核现有管理职位和可能的未来职位的内部和外部的人员供给。

● 基于对未来需求的客观评价,规划个人生涯发展,并依据可靠的绩效考核和潜力评估选取候选人。

● 接受关于对公司的未来需求以及个体自身的现实状态的职业咨询。

● 加速提升,指向于未来需要的培养和发展。

● 关于绩效的培训和发展,为个人达到未来的角色做准备。

● 计划内策略性招募,不仅满足短期需要,而且可通过培训来达到将来需要的人才水平。

3. 具体行动方案

由于在快速变化的时代,对人力资源需求做非常准确的预测是不现实的,规划的具体方案必须是短期的和灵活的。

(1) 全局整体规划

● 提高对组织所需求的人员甄别的技术。

● 与高校建立联系,赢得人才对本组织的兴趣。

● 发展职业生涯规划方案和培训体系,吸引人才。

● 扩展招募网络,比如招募更多的女性或再就业人员。

● 寻找开发利用可胜任人员的灵活方式,如:聘用兼职员工。

● 调整工作时间和安排满足新员工和有家庭责任的员工的需要。

● 提供更具吸引力的福利项目,例如建立托儿机构。

● 开发人员潜力,更好地利用现有职工。

● 给现有的员工和新员工提供再培训,帮助他们掌握新的技能。

(2) 人力资源发展计划

● 需要接受培训的人员的数量,招募和培训他们的方案。

● 现存人员中需要培训或再培训的数量以及培训方案。

● 开发新的学习项目或革新现有的方案和课程。

● 如何保持可提升的管理人员的必要流量。

(3) 招聘计划

招聘计划要考虑受训人员和再培训人员的流量，着手以下内容的规划：

- 需要补充的任何空缺职位所要求的人员的数量和类型。
- 招募的可能来源。
- 吸引优秀的候选人的方法：这将包括培训和发展方案，有吸引力的高薪和福利待遇、灵活的工作安排、丰厚的调动补贴、托儿设施和不断上升的公司形象。
- 应付在新人员供给中出现的任何特定问题。

(4) 人才保留计划

人才保留计划是基于人才为什么留在公司的原因而制订的。离职前的面谈只能提供一些信息，但并不可靠。因为员工不可能把他们离职的全部原因都告诉你。更好的方法是做定期的态度调查。保留计划应关注每一个员工忠诚度较低或可能引起不满的领域。以下列出了可考虑采取的行动。

工资　对于缺乏竞争性、不对等或不公平的薪酬系统所引起的问题，可采取的措施有：

- 依据市场调查资料重新评定薪酬水平。
- 引入工作评价技术，或者改善现有的工资制度来提供对等的工资级别。
- 使雇员了解其工作绩效和薪酬回报的关系。
- 重新评定绩效工资来确保操作的公正性。
- 采用基于利润结果的薪酬系统，确保高效能的员工在薪酬上不受损害。
- 依据个人的需要和偏好采用贴切的福利措施。
- 让员工参与对工作评价和绩效薪酬系统的开发和操作。

工作　如果工作本身没有回报是引起不满的原因之一，工作应该设计成最大可能地利用各种技能，突出工作的重要性、自主性，并得到反馈，同时应给员工提供学习和发展的机会。

工作表现　如果员工不清楚他们的工作责任或规范，不知道他们做的怎样，或感到受到不公平的评价，他们的工作动机会受挫。可采取如下行动：

● 根据有难度但可达到的目标来表达组织对工作绩效水平的要求。

● 使雇员和管理者对目标和实现目标所需要的步骤达成共识。

● 鼓励管理者对雇员的良好工作表现进行表扬，但也要求给予员工定期的、非正式的和容易理解的反馈信息——当出现问题时应与员工讨论，及时做出纠正。

● 培训经理回顾咨询方面所采用的技术；利用绩效管理系统摘要报告员工情况，获得反馈以制订应对措施。

培训　如果人员没有得到适当的培训，或者感到如果没有得到适当的培训就不能合理地期望可达到对他们提出的要求，辞职或更替就会增加。如果新员工在加入公司之前没有得到充分的职前培训，可能经历一种“就职危机”。应当开发学习程序和培训规划如下：

● 给予员工达到期望的绩效标准的能力和信心。

● 加强已有的技巧和能力。

● 帮助人们获得新的技巧和知识以便能够更充分地运用能力，承担更大的责任、更多样的任务，同时依据技能工资计划挣更多的钱。

● 保证新雇员能很快地获得和学习基本的技能和知识作为工作的良好开始。

职业发展　对职业前景的不满是跳槽的主要原因。越来越多的人意识到他们需要不断进步和移动以开发他们的职业生涯，而雇主能够做的很少，特别是在平面型的组织中，提升的前景是相当受限制的。有一些寻求技术投资的个体可能在职业生涯中有意几次改变职业方向。在一定程度上，公司方面是欢迎这种趋势的。提供“从摇篮到坟墓”的职业生涯的思想不再与今天变化越来越大的工作市场相适应。自我规划式的、多技术的程序能提供给可以利用的、更多的合格人员。但在大多数组织中为了维持稳定的员工队伍，公司应规划提供如下的职业生涯发展机会：

- 给员工提供积累更广泛经验的机会。
- 引进更为系统的程序用于确认员工的潜力，比如建立评估或开发中心。
- 鼓励内部提拔。
- 开发更公平的晋升程序。
- 提供职业生涯发展路径方面的建议和指导。

对公司的忠诚度　忠诚度可能因为如下原因而增强：

- 解释组织的任务、价值观和战略并鼓励雇员参与讨论和提出批评。
- 与雇员进行及时、坦诚的沟通，强调面对面的沟通。
- 给员工提供机会，促成他们改善工作系统的建议得以实现。
- 在咨询和讨论之后，进行组织和工作的革新。

团队凝聚力　如果雇员不能成为一个有凝聚力的团队的一分子，或如果他们苦于混乱的权力政策，会感到孤立和不快。可采取如下步骤来处理这个问题：

- 团队合作，建立自我管理或自治的工作组或项目组。
- 团队建设，强调团队合作作为关键性的价值追求的重要性，对团队成员的高效率的工作表现予以奖励，并培养团队合作技巧。

上下级之间的关系　辞职的一个普遍的原因是员工感到高层管理者或个别经理、特别是团队领导者没有表现出应有的领导艺术，或对待下属不公正或恐吓下属（并非在特殊情境下）。这样的问题可由如下办法补救：

- 选拔具有良好领导品质的管理者和团队领导者。

● 对管理者进行领导技巧培训,学习解决冲突和应付抱怨的正确方法。

● 引入更好的处理委屈、抱怨和原则问题的程序,教会每个人如何使用这一程序。

招聘、选拔和提升　快速的跳槽会导致拙劣的选拔或晋升决策。重要的是确保选拔和晋升程序使个人的能力与所要做的工作的要求相匹配。如果员工形成的职业生涯发展机会、适合的培训方案和工作的多样性或有趣性的期望与事实不相符,会直接导致不满和辞职。应当小心慎重,不要过分吹嘘公司对雇员的发展政策。

(5) 灵活性规划

灵活性规划的目的在于以下几方面:

● 提供更大的操作灵活性。

● 充分利用员工的技能。

● 减少雇佣成本。

● 促进人员精简计划的顺利进行。

● 提高生产效率。

在规划中,引入更为灵活的工作模式的可能性将加大。在制订灵活性规划时可考虑如下步骤:

● 以崭新的眼光看待传统的雇佣模式,采用其他形式的劳动力取代全日制、终身制员工。

● 新的灵活的工时制度。

● 新的加班制度。

● 新的轮班制度。

在规划过程中,由于内部的劳动力市场对人力资源规划的影响更直接,公司应优先考虑为自己的员工提供提升、工作调动和培训等其他职业改善机会。公司可在组织内部实行公开招聘,任何人均可应聘,内部广告招聘在向外广告招聘之前,这样的优惠使员工增强对企业的认同感并提高他们的积极性。在对人员评估中可采用评价中心技术,实现对人才素质和潜力的客观评价。

五、执行规划和实施监控

人力资源规划不仅应包括预测、目标和标准设置，同时也应承担执行和控制的责任，并建立一整套报告程序来保证对规划的监控。可以只报告全公司的雇佣总数量（确认那些在岗的和正在上岗前期的）和为达到招聘目标而进行的招聘的人员数量。同时应报告与预算相比雇佣费用情况如何，损耗量和雇佣量的比率变化趋势如何。

1. 执行确定的行动计划

在各分类规划的指导下，确定企业如何具体实施规划，是这一步的主要内容。一般来说，在技术上或操作上没有什么困难。

2. 实施监控

实施监控的目的在于为总体规划和具体规划的修订或调整提供可靠信息，强调监控的重要性。在预测中，由于不可控因素很多，常会发生令人意想不到的变化或问题，如若不对规划进行动态的监控、调整，人力规划最后就可能成为一纸空文，失去了指导意义。因此，执行监控是非常重要的一个环节。此外，监控还有加强执行控制的作用。

六、评估人力资源规划

虽然人力需求的结果只有过了预测期限才能得到最终检验，但为了给企业人力规划提供正确决策的可靠依据，有必要事先对预测结果进行初步评估。由专家、用户及有关部门主管人员组成评估组来完成评估工作。

评估者应考虑以下具体问题：

● 预测所依据的信息的质量，广泛性和详尽性，可靠性，信息的误差及原因。

● 预测所选择的主要因素的影响与人力需求的相关度，预测方法在使用的时间、范围、对象的特点与数据类型等方面的适用性程度。

● 人力资源规划者熟悉人事问题的程度以及对他们的重视程度。

● 他们与提供数据和使用人力资源规划的人事、财务部门以及各业务部门经理之间的工作关系如何。

● 在有关部门之间信息交流的难易程度（如人力资源规划者去各部门经理处询问情况是否方便）。

● 决策者对人力资源规划中提出的预测结果、行动方案和建议的利用程度。

● 人力资源规划在决策者心目中的价值如何。

● 规划实施的可行性。评估预测结果是否符合社会、环境条件的许可，能否取得达到预测成果所必需的人、财、物、信息、时间等条件。

为了提高人力资源预测的可靠性，有必要使评估连续化，除了上述因素可以对一项人力资源规划评价时提供重要参考外，还要对如下几个因素进行比较：

● 实际招聘人数与预测的人员需求量比较。

● 劳动生产率的实际水平与预测水平比较。

● 实际的与预测的人员流动率的比较。

● 实际执行的行动方案与规划的行动方案比较。

● 实施行动方案后的实际结果与预测结果比较。

● 劳动力与行动方案的成本与预算额的比较。

● 行动方案的收益与成本的比较。

评估要客观、公正和准确；同时要进行成本-效益分析以及审核规划的有效性；在评估时一定要征求部门经理和基层领导人的意见,因为他们是规划的直接受益者,最有发言权。

第四节 人力资源规划与其他规划的协调

企业经营管理和正常运作中的其他规划往往制约着人力资源规划,例如各个部门的活动直接影响人员需要的种类、数目、技能及工资水平等,人力资源规划的目的也是为其他规划服务的,只有和其他规划相协调一致才会取得好的成效。人力资源规划和其他规划的关系简单可表述成图 1-3。

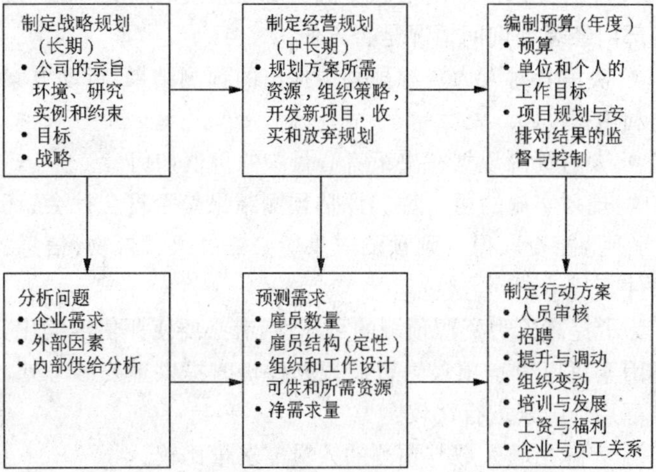

图 1-3 三个层次的企业规划和人力资源规划的关系

附 录

一、回归分析公式

(1) 一元线性回归法

设 x,y 为相关关系的两个变量，对他们进行 n 次观测，得到 n 对观测值：$(X_1,Y_1)(X_2,Y_2),\cdots,(X_n,Y_n)$。例如宾馆的客容量和所需职员成正比关系，根据过去的记录或收集其他类似星级宾馆的情况，得到附表 1-1：

附表 1-1　宾馆床位数与职员数的记录

床位(X)	职员人数(Y)
200	250(实际)
300	270(实际)
400	450(实际)
500	490(实际)
600	640(实际)
650	670(预测)
700	720(预测)

从上表可见，床位数越大，职员总数越多，所以用直线方程 $y=a+bx$ 近似描述 X,Y 的关系，a,b 为回归系数。

用最小二乘法，找到一条最接近实际数值的直线方程：

$$\hat{a}=\sum_{i=1}^{n}Y_i/n-b\times\sum_{i=1}^{n}X_i/n$$

$$\hat{b}=\frac{n\times\left(\sum_{i=1}^{n}X_iY_I\right)-\sum_{i=1}^{n}X_i\sum_{i=1}^{n}Y_I}{n\times\sum_{i=1}^{n}(X_i)^2-\left(\sum_{i=1}^{n}X_i\right)^2}$$

根据上表求得 $\hat{b}=3.858$

$$\hat{a}=-1123.2$$

得到直线回归方程：$Y=-1123.2+3.858X$

做相关性检验，判断 Y 与 X 是否真有近似的线性关系。求相关系数 r：

$$r=\frac{n\times\sum_{i=1}^{n}X_iY_i-\sum_{i=1}^{n}X_i\sum_{i=1}^{n}Y_i}{\sqrt{\left[n\times\sum_{i=1}^{n}(X_i)^2-\left(\sum_{i=1}^{n}X_i\right)^2\right]\times\left[n\times\sum_{i=1}^{n}(Y_i)^2-\left(\sum_{i=1}^{n}Y_i\right)^2\right]}}$$

可以证明：$|r|\leqslant 1$，当$|r|$越接近于 1 时，说明 Y 与 X 的关系越接近；当$|r|$越接近于 0 时，说明 Y 与 X 的关系无法用线性关系来描述。

$|r|$的最小临界值(α)可以通过查阅相关系数表得到。α 为显著性水平，通常取为 0.05，f 为自由度(等于数据点的个数减 2)，在表中查 $f-\alpha$ 所对应的 $r\alpha$。当$|r|\geqslant r\alpha$ 时，求出的回归方程才有效。

(2) 多元线性回归

在实际问题中，具体情况相当复杂，影响因素很多常需进行多因素回归分析即多元回归分析；其基本原理和步骤与一元线性回归法相同，只是计算复杂得多，要依靠计算机来分析，在此不做详细说明。

基本的思路是：用公式表示人力需求量和假定决定人力需求量的多变量之间的定量关系。若人员需求量由 q 个取决于时间的变量所决定，则有：

$$\hat{Y}_t=a_0+a_1\times X_{1t}+a_2\times X_{2t}+\cdots+a_q\times X_{qt}$$

其中：$a_1,a_2,\cdots,a_q$ 是常数项和各自变量的相应系数，根据历史数据可求得。

二、人力资源预测指标体系

- 人力拥有量指标：用来反映企业在预测目标年度内人力的拥有量。
- 人力需求量指标：根据国内外经济科技等发展的趋势和企业的发展战略，预测某一年度内需要的人力数量。

- 人力补充指标：用来反映企业在预测目标年度内可能达到的需要补充的人员数量。
- 人力减少量指标：用来反映企业在预测目标年度内由于调出交流、离职、死亡等各种原因而减少的人力数量。
- 人力专业比：用来反映企业内各专业人力占人力总数的比例。
- 人力学历比：用来反映企业内各学历层次占总人力的比例。
- 人力职称比：用来反映企业内各职称层次占总人力的比例。
- 人力密度：这里专指外商投资企业范围内中外双方人力各自与企业职工总人力的比值。

三、关于人力资源信息管理系统

人力资源信息系统是有关人及人的工作方面的信息收集、保存、分析和报告的数据库及管理体系。信息系统可以是人工的，也可以是计算机化的，小型组织（少于 250 人）中使用人工的档案管理和索引卡片系统是可行的。在大型组织中，最好用计算机管理人力资源信息。

建立人力资源信息系统必须具体考虑四个方面：

首先是对系统要进行规划。包括使全体人员充分理解人力资源信息系统的概念，考虑人事资料设计和处理的方案，做好系统发展的时间进度安排，建立起各种责任制和规章制度等。

其次是系统的设计与发展。其中包括：分析现有记录、报告和表格，以确定对人力资源信息系统中数据的要求；确定最终的数据库内容和编码结构，说明用于产生和更新数据的文件保存和计算过程；规定人事报告的要求和格式；决定人力资源信息系统技术档案的结构、形式和内容；确定上计算机的员工工资福利表的格式及内容等要求；确定工资和其他系统与人力资源信息系统的接口要求。

再次是系统的实施。包括：考查目前及以后系统的使用环境以找出潜在问题；检测计算机硬件结构、所用语言和影响系统设计的软件约束条件；确定输入-输出的条件要求、运行次数和处理量；提供有关实际处理量、对操作过程的要求、使用者的教育情况以及所需设施的资料；设计数据输入文件、事务处理程序和对人力资源信息系统的输入控制。

最后是系统的评价。这包括：估算改进人事管理的成本；确定关键管理部门人员对信息资料有何特殊要求；确定人们对补充特殊信息的要求；对与人力资源信息系统有关的组织问题提出建议；提出保证机密资料安全的建议。

人力资源信息系统用途有：

● 为人力资源规划建立人事档案。人事档案既可以用来估算目前劳动力的知识、技术、能力、经验和职业抱负，又可用来对未来的人力资源需要进行预测，两种信息必须相互补充。

● 通过人事档案对一些概念进行说明。如晋升人选的确定、对特殊项目的工作分配、工作调动、培训；肯定性行为规划和报告、工资奖励计划、职业生涯计划和组织结构分析。这些工作的完成都必须借助于人力资源信息系统。

● 为领导决策提供各种报告。如用于日常管理的工作性报告：包括岗位空缺情况、新职工招聘情况、辞职情况、退休情况、提升情况和工资情况等。还可以向政府机构和一些指定单位提供规定性的报告和用于组织内部研究的分析性报告，以表明劳动力在各个部门或各管理层次上的性别、民族和年龄分布，按消费水平划分的雇员福利情况，也可表明录用新职工的测验分数与工作绩效考核分数之间的统计关系的有效性研究等等。

第二章 职务分析

第一节 职务分析的定义

一、职务分析的定义

职务分析包括工作分析和工作评价两部分内容。工作分析，是借助于一定的分析手段，确定工作的性质、结构、要求等基本因素的活动。工作评价，是依据工作分析的结果，按照一定标准，对工作的性质、强度、责任、复杂性及所需资格条件等因素的程度差异，进行综合评价的活动。

类似寻求解决工作的职责是什么、权限是什么、对任职者的要求是什么等的活动，一般被看做工作分析，而类似寻求解决工作职责大小程度如何、工作的重要程度如何等问题的活动，一般被看做工作评价。这两部分活动是彼此密切相关联的，工作分析活动中有工作评价，工作评价活动之中少不了工作分析。

职务分析作为这两部分的整体，它是采用科学方法收集工作信息，分析工作信息，再按工作的性质、繁简、难易和所需资格条件，分别予以分类与评定的过程。在这一过程中，工作信息收集是基础，工作分析是中介，工作评价是目的。

二、职务分析的基本术语

整个职务分析活动的操作，实际可以从不同个体的职业生涯与职业活动的调查入手，依此分析工作的职务、职位、职责、工作任务与工作要素，最后从不同层次上确定工作的性质、繁简、难易与承担的资格条件，即确定工作的职系、职组、职门、职等与职级。以上出现的若干专门术语是职务分析操作过程中经常出现的，也是在进行职务分析之前应当明确理解的。

- 要素：指工作活动中不便再继续分解的最小单位。例如速记人员速记时，能正确书写各种速记符号；锯木工锯木头前，从工具箱中拿出一把锯子。

- 任务：为了不同的目的所担负完成的不同的工作活动，即工作活动中达到某一工作目的的要素集合。例如，管理一项计算机项目、打字，从卡车上卸货等等，都是不同的任务。

- 职责：指某人担负的一项或多项相互关联的任务集合。例如，人事管理人员的职责之一是进行工资调查。这一职责由下列任务所组成：设计调查问卷，把问卷发给调查对象，将结果表格化并加以解释，把调查结果反馈给调查对象等四个任务。

- 职位：指某一时间内某一主体所担负的一项或数项相互联系的职责集合。例如，办公室主任，同时担负单位人事调配、文书管理、日常行政事务处理等三项职责。在同一时间内，职位数量与员工数量相等。

- 职务：指主要职责在重要性与数量上相当的一组职位的集合或统称。例如，秘书就是一个职务。职务实际上与工作是同义的。

- 职业：指不同时间、不同组织中，工作要求相似或职责平行（相近、相当）的职位集合。例如，会计、工程师等。

- 职系：由两个或两个以上的工作组成，是职责繁简难易、轻重大小及所需资格条件不同，但工作性质充分相似的所有职位集合。例如人事行政、社会行政、财税行政、保险行政等均属于不同职系，销售工作和财会工作也是不同职系。职系与工作族同义。

- 职组：指若干工作性质相近的所有职系的集合。例如，人事行政与社会行政可并入普通行政组，而财税行政与保险行政可并入专业行政组。职组并非职务分析中的必要因素。
- 职门：指若干工作性质大致相近的所有职系的集合。
- 职级：同一职系中职责繁简、难易、轻重及任职条件充分相似的所有职位集合。
- 职等：指不同职系之间，职责的繁简、难易、轻重及任职条件要求充分相似的所有职位的集合。
- 职业生涯：指一个人在某工作生活中所经历的一系列职位、工作或职业。

第二节　职务分析的作用

职务分析是人事管理中一项重要的常规性技术，可以说是整个人事管理工作的基础。职务分析为管理活动提供各种有关工作方面的信息，这些信息概括起来就是提供每一工作的 7W：

- 用谁(Who)
- 做什么(What)
- 何时(When)
- 在哪(Where)
- 如何(How)
- 为什么(Why)
- 为谁(For Whom)

职务分析获得的信息有多种多样的用处，其中一些主要方面如表 2-1 所示。全面而深入地分析这些信息，可以使组织充分了解由具体人从事的工作及对工作人员的行为要求，为人事决策奠定坚实的基础。组织由各种各样的角色构成,我们通过职务分析从整体上协调这些角色的关系。我们可以通过职务分析详细说明各种角色,从而奠定组织结构和组织设计的基础。通过职务分析,我们也可以详细说明各级人员的职责,从而避免工作重叠、劳动重复,提高个人和部门的工作效率及和谐性。在人事管理及开发的各个阶段,职务分析是一种有效的手段;实际上,它是人力资源管理部门的必备工具。

表 2-1 职务分析信息的用处

组织设计	人事管理	工作和设备设计	其他用处
组织人力资源计划 角色设定	工作分析 招聘 选择 安置 定向训练和人员开发 绩效鉴定 晋升和调动 工作发展计划 劳工关系	工程设计 工作设计 改进方法 安全	业务指导 恢复就业 资格咨询 工作说明书 人力资源研究

第三节 职务分析的实施

职务分析的实施要解决好两方面的问题:一是职务分析的操作程序,二是这些操作程序与人力资源管理及开发的关系。这两方面问题贯穿于职务分析的各方面工作中。

一、程序内容及主要解决的问题

职务分析的实施包容了六方面工作,每一方面的工作都有其应当注意解决的问题,图 2-1 反映了上述几方面工作的关系。

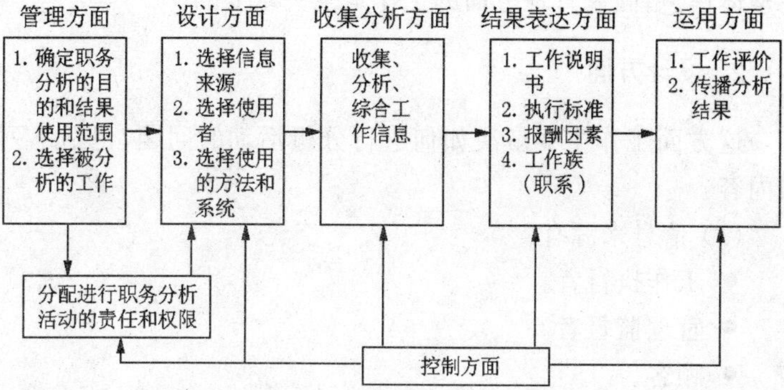

图 2-1　职务分析各方面工作的关系

1. 管理方面

对于这一方面的工作，应主要解决以下几个问题：

- 确认职务分析的目的。即确定所取得的工作资料到底用来干什么，解决什么管理问题。确定职务分析的目的对于选择分析方法、分析组织规模、信息收集的范围等有重要意义。
- 限定所要收集的信息类别和收集方法，以节约时间、精力和费用。
- 选择被分析的工作。为了保证分析结果的质量，应选择有代表性、典型性的工作。
- 建立职务分析小组。分配进行分析活动的责任和权限，以保证分析活动的协调。
- 制订职务分析规范，包括的内容有：规范用语、活动的进度与层次、经费等。对于大规模的职务分析活动，这些工作应分批分期有阶段地进行。
- 做好必要的心理准备。通过宣讲职务分析活动的目的，求得职务信息提供者的合作，以获得真实、可靠的信息。

现代组织的职务分析活动量是很大的，一般要提供有关工作的整体信息，因此管理方面的工作是至关重要的。

2. 设计方面

这方面工作主要解决如何进行分析活动的问题，包括下列几项内容：

(1) 信息来源有

- 工作执行者。
- 管理监督者。
- 顾客。
- 职务分析人员。
- “相似工作分析汇编”。
- “职业名称辞典”。
- 其他信息文件。

(2) 选择信息来源应注意

- 不同层次的信息提供者提供的信息存在差别。
- 职务分析人员站在公正的角度听取不同信息，不要事先存有偏见。
- 使用各种职业信息文件时，要结合实际不可照抄照搬。

(3) 选择职务分析人员

职务分析人员应具有一定的经验和学历，同时应保持分析人员进行活动的独立性。

(4) 选择收集信息的方法和系统

信息收集的方法和分析信息适用的系统由职务分析的目的决定，具体的方法见后面有关内容。

3. 收集分析方面

工作信息的收集、分析、综合工作是职务分析的核心内容。包括以下三个相关活动：第一，按选定的方法、系统和程序收集信息。第二，研究各种工作因素的分析活动，主要包括信息描述、信息分类和信息评价。第三，综合活动：把所获得的分类信息进行解释、转换和组织，使之成为可供使用的条文。具体讲，对工作信息的分析包括以下内容：

(1) 工作名称分析

名称分析目的是使工作名称标准化，以求通过名称就能使人了解工作的性质和内容。它的要求是命名准确，名称应美化，切忌粗俗。

(2) 工作规范分析

规范分析目的是全面认识工作整体。其内容包括以下几方面：

● 工作任务分析。明确规定工作行为，如工作的中心任务、工作内容、工作的独立性和多样化程度、完成工作的方法和步骤、使用的设备和材料。

● 工作责任分析。目的是通过对工作相对重要性的了解来配备相应权限，保证责任和权力对应。尽量用定量的方式确定责任和权力，如财务审批的权限和金额数、准假天数的权限等。

● 工作关系分析。目的在于了解工作的协作关系，包括：该工作制约哪些工作；受哪些工作制约；相关工作的协作关系；在哪些工作范围内升迁或调换。

● 劳动强度分析。目的在于确定工作的标准活动量。劳动强度可用本工作活动中劳动强度指数最高的几项操作来表示。如果劳动强度指数不易确定或代表性不强时，可用标准工作量来表示。如劳动的定额、工作折算基准、超差率、不合格率、原材料消耗及正常允许波动范围、工作循环周期。

(3) 工作环境分析

● 工作的物理环境。

● 工作安全环境。

● 社会环境。

(4) 工作执行人员必备条件分析

旨在确认工作执行人员履行工作职责时应具备的最低资格条

件，它包括：

① 必备知识分析，包括：

● 学历的最低要求。

● 对使用的机器设备、材料性能、工艺过程、操作规程及操作方法、工具的选择和使用、安全技术、企业管理知识等有关技术理论的最低要求。

● 管理人员应具备的政策、法令、工作准则及对有关规定或文件的通晓程度。

② 必备经验分析。指各工作对执行人员为完成工作任务所必须的操作能力和实际经验的分析，包括：

● 执行人员过去从事同类工作的工龄及成绩。

● 接受的专门训练及程度。

● 应具备的有关工艺规程、操作规程、工作完成方法等活动所要求的实际能力。

③ 必备操作能力分析。根据前两项提出的要求，通过典型操作来规定出从事该项工作所需的决策能力、创造能力、组织能力、适应性、注意力、判断力、智力以及操作熟练程度。

④ 必备的心理素质分析。即根据工作的特点确定工作执行人员的职业性向，包括：

● 体能性向：即执行人员应具备的行走、跑步、爬高、跳跃、站立、旋转、平衡、弯腰、下蹲、跪卧、举重、携重、推力、拉力、握力、耐力、手眼配合等方面的能力等。

● 认知性向：听觉、视力等感知能力，注意力、记忆力、言语能力、思维能力等。

● 人格特征：即执行人员应具备的耐心、细心、沉着、勤奋、诚实、主动性、责任感、支配性、掩饰性、情绪稳定性等。

以上是工作信息分析的几项内容，分析项目可以根据职务分析的目的加以调整，下面是美国劳动部规定的 16 项基本分析项目：工作内容、工作职责、有关工作的知识、精神方面的机能、灵巧正确的程度、经验、年龄、所需体制、教育、技能培养、见习制度、和其他工作的联系、身体动作、作业环境、作业对身体的影响、身体毛病。

4. 结果表达方面

对于这一方面的工作，主要解决如何用书面文件的形式表达分析结果的问题。分析结果的表达形式主要是职务说明书，它综合了工作描述和任职说明两部分内容，顾及工作性质和人员特性两个方面。职务说明书的编制见后面有关内容。

5. 运用方面

这方面的工作实际上是利用职务分析的结果进行职务评价。有关职务评价的方法及实施详见后面有关部分。

6. 控制方面

职务分析中的控制活动是贯穿于全部职务分析过程的不断调整的活动。组织的生产经营活动是不断变化的，这些变化会直接或间接地引起组织分工协作体制的调整。在调整过程中，一些原有的工作会消失，一些新的工作会产生，而且原有工作的性质、内涵、外延也会发生变化。因此，及时地对职务分析文件进行调整和修订是十分必要的。另一方面，职务分析文件的适用性只有通过反馈才能得到确认，并根据反馈修改其中不适应的部分。所以，控制活动是职务分析中的一项长期的重要活动。

二、职务分析的实施

职务分析一般由以下四个要素组成：

- 明确的分析方法：

i. 对各种工作信息的提取方法；

ii. 对信息的详细分析处理方法；

iii. 对各职务分析要素的确切界定；

iv. 对职务分析过程中各种表格的设计方法。

- 职务分析所要分析评价的职务。
- 可以清晰描述整个职务分析过程的操作程序。
- 有效的沟通体系。

职务分析实际上是通过以上四要素对各个职务（工作）的描述、分析及评价的过程。这一过程的实施是由若干步骤组成的，图2-2反映了职务分析实施的这几个步骤。

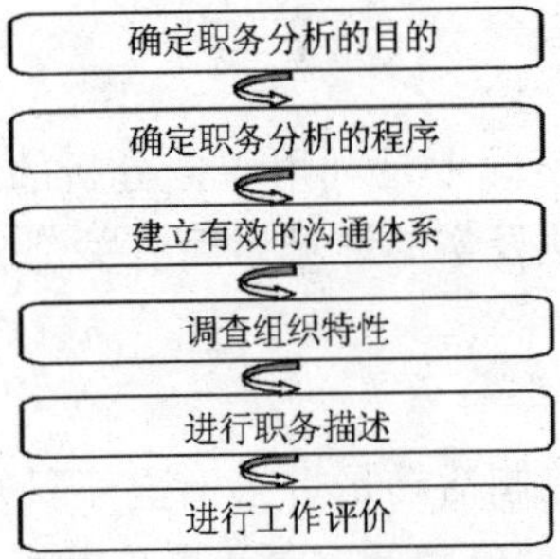

图2-2 职务分析的步骤

1. 确定职务分析的目的

这一步骤是前面所提到的职务分析管理方面的工作中十分重要的一项内容。它的重要性也在前面的内容中指出了，这里不再赘述。具体来说职务分析一般有如下几种目的：

- 工作描述。
- 工作设计和再设计。
- 工作比较及薪酬设定。这是职务分析的主要目的之一。大多数薪酬系统都是基于工作权重体系的，而职务分析正是用来分析、表达这一权重体系。
- 人员甄选录用。组织进行职务分析以获取有关职务的任职资格信息:所需知识技能、社会交往能力等。这些信息是组织进行人员甄选录用所依据的基本标准。

● 制订培训计划。通过职务分析确定工作要求,以建立适当的指导与培训内容。这样培训所涉及的工作内容和责任才能准确地反映实际的工作要求,使员工在培训中学到的知识技能与未来的工作实际应用相一致,从而大大降低人力资源培训与发展费用。

● 工作绩效评价。职务分析所得到的职务说明书可以明确表达组织对其人员的绩效要求。通过职务说明书,工作者能明确了解自己工作的职责、内容、目的、合格的标准等信息,同时这些信息也是组织进行绩效考核的重要标准。

● 人力资源开发。工作者往往会注重自我工作能力的培养与发展,职务分析得到的有关信息正是组织中个人发展的目标及检验标准。职务分析是职业咨询与人事计划的基础。

● 进行组织内部分析。职务分析所得结果可以说明组织中各个职务的权责关系、信息流动方向等,这些信息是我们分析、解决组织内部问题的第一手资料。

在确定职务分析的目的这一阶段,应当注意的是职务分析的目的与职务分析过程中所要调查、收集的信息内容是密切相关的,表 2-2 大致反映了它们两者之间的相对关系。

表 2-2　职务分析目的与调查项目的关系

调查项目／目的	工作目标活动内容	工作责任	工作复杂性	工作时间	劳动强度	工作危险性
工作描述	√	√		√	√	√
工作设计和再设计	√	√	√	√	√	√
工作比较和薪酬设定	√	√	√	√	√	√
人员甄选录用	√	√	√			
制订培训计划	√		√			√
工作绩效评价	√	√	√			
人力资源开发	√		√			
组织内部分析	√	√				

2. 确定职务分析的程序

一般的职务分析程序包括以下几方面内容：

● 职务分析活动开展前的决策。这方面内容涵盖了前面提到的职务分析的管理方面和设计方面的大部分工作。它包括：(1) 建立职务分析小组；(2) 选择被分析的工作；(3) 确定信息收集的方法及类别；(4) 选择信息来源。

● 确定职务分析的调查问卷和问题。职务分析人员要根据前一步的有关决策制订出职务分析的各种调查表格，如调查问卷、结构化面谈提纲、任务清单等。

● 与工作者进行面谈。在这方面应当注意：(1) 面谈的目的是使职务分析人员与工作者对于相应的工作具有相同的认识，这样才能确保职务说明书内容的客观与准确；(2) 如果有许多人从事同一种工作，那么参加面谈的工作者应当是这些人中的典型代表。

● 分析信息并编写职务说明书。对职务信息的分析见前面的有关内容。

● 职务说明书的反馈。职务分析人员编写的职务说明书必须要得到工作者及其上级主管的认可。一般情况下，职务说明书终稿的确定还应当征求其他部门主管的意见。

● 进行职务评价。

● 对职务分析的成果进行反馈。

3. 建立有效的沟通体系

适当有效的沟通体系对职务分析的实施是非常重要的。沟通体系通常包括如下几项活动：

● 向参加职务分析的有关人员解释职务分析的目的。

● 职务分析人员之间对职务分析方法的讨论。

● 讨论如何进行工作描述、工作信息的收集及分析。

● 规范职务说明书。

- 向组织中有关部门及人员介绍职务分析的过程。
- 对职务说明书进行反馈、检验。
- 建立专门的监督委员会(职务分析工作小组)或反馈监督机制。

有时,职务分析人员可以使用"盲表"来与有关工作者进行沟通。这种调查表并没有对有关职务分析信息的调查内容,而是询问有关工作者如何对其工作进行分析、评价。

通过沟通,职务分析人员应当力求解决的问题是:

- 确定职务分析的操作程序。
- 确定监督委员会(职务分析小组)的责任和目标。
- 使工作者能充分地理解调查问题的具体含义。
- 明确职务分析的调查对工作描述(工作说明书)的相应的功能。
- 完善职务分析采用的方法。

整个沟通涉及的人员包括:

- 人事部门有关人员。
- 有关部门主管。
- 有关部门的员工代表。
- 职务分析的员工对象,即相应的工作者。
- 职务分析工作小组成员(职务分析专家)。

4. 调查组织特性

职务分析所涉及的各个职务是组织的重要组成部分,所以在进行职务分析时必须充分考虑各自的特性。只有这样,职务分析所涉及的各个职务才能有机地联系起来,从而确保了职务分析结果的客观性和实用性。

对组织特性调查所需了解的信息涉及三方面内容:组织的状况、目标和方向。

要调查组织的特性,就必须得到组织人事部门及其他有关部门的帮助。通过这些部门提供的有关信息，职务分析人员可以了解到组织相应的特性，并编写出组织特性说明。

组织特性调查的具体内容包括：

- 组织历史。这是对组织所经历的重要发展阶段的简短概括说明。
- 主要活动。这部分是对组织所从事的活动组织宗旨的描述及概括。
- 组织结构。这部分要列出的是组织的结构图及各个部门的职责和任务，通过组织结构图，职务分析人员可以了解如下信息：每一个管理工作的名称、已经建立了何种部门或单位、每一个单位由谁负责、每一个单位或个人应对谁负责、组织的"命令链"、各工作的名称和在组织中的位置。
- 主要产品和市场。这部分内容包括：组织的主要产品或服务、生产线的介绍、采用技术的介绍、目前及未来的市场份额、主要顾客、预期的增长率、主要竞争者及其他外部环境因素。
- 生产过程。系统地描述组织生产经营活动的流水过程。
- 组织的战略。对组织目前的战略计划进行总结。
- 组织的预算。列出组织及各个部门目前和未来的预算水平。这方面内容有助于职务分析人员了解组织的优势和劣势、机遇和威胁。
- 组织中各部门的目标。通过这部分内容，职务分析人员可以了解各部门存在的合理性，以及部门对整个组织经营活动的影响。
- 各部门的组织结构。这部分内容包括部门内的组织结构图、各部门的职能及每一职能相应的工作人数。
- 各部门所进行的活动及应达到的绩效、预算数字。
- 其他特殊信息。

这些调查内容可通过问卷调查的方式实现。调查结果可以编写成组织特性说明，这个说明对职务分析的实施有着很重要的参考价值。

5. 收集分析工作信息进行职务描述、编写职务说明书

职务分析中所要收集的工作信息的项目是依职务分析的目的而定的，它们两者的关系见表 2-2。关于工作信息的大致内容，请见后面职务调查表的基本调查项目。在一个具体的职务分析实施中，所要收集的工作信息应该由职务分析小组针对组织的具体情况来确定。而对这些信息的综合、分析是整个职务分析活动中最艰巨的一项工作。关于对工作信息的分析见前面职务分析的收集分析方面工作的有关内容。

上述信息分析的结果是要用职务说明书来表达的。职务说明书是用文件形式来表达职务分析的结果，主要内容是工作描述和任职说明。工作描述一般用来表达工作内容、任务、职责、环境等，而任职者说明则用来表达任职者所需的资格要求，如技能、学历、训练、经验、体能等。

(1) 职务说明书的内容

职务说明书的基本内容主要由以下几个方面构成：

● 基本资料。包括：职务名称、直接上级职位、所属部门、工资等级、所辖人员、定员人数、工作性质。同时应列出职务分析人员姓名、人数和职务分析结果的批准人栏目。

● 工作描述。包括：工作概要、工作内容（包括：逐项说明工作内容；说明各内容占工作时间的百分比；各内容的权限；各内容的执行依据等）、工作职责、工作结果、工作关系（描述包括：此工作受谁监督；此工作监督谁；此工作可晋升的职位，可转换的职位，以及可升迁至此的职位；与哪些职位发生关系）、工作人员运用设备说明。

● 任职资格说明。它包括：所需最低学历、需要培训的时间和科目、从事本职工作和其他相关工作的年限和经验、一般能力、兴趣爱好、个性特征、职位所需的性别、年龄特征、体能需求。

● 工作环境。它包括:工作场所、工作环境的危险、职业病、说明工作时间特征、说明工作的均衡性、工作环境的舒适程度。

(2) 职务说明书编制的注意事项

● 职务说明书的内容可依据职务分析的目的加以调整,内容可简可繁。

● 职务说明书可以用表格形式表示,也可以采用叙述型。

● 职务说明书中,如有需个人填写的部分,应运用规范用语,字迹要清晰。

● 使用浅显易懂的文字,用语要明确,不要模棱两可。

● 职务说明书应运用统一的格式书写。

● 职务说明书的编写最好由组织高层主管、典型任职者、人力资源部门代表、职务分析人员共同组成工作小组,协同工作,共同完成。

职务说明书的范例见本章附录第一部分内容。

6. 进行工作评价

工作评价是依据职务分析的结果(职务说明书),按照一定标准,对工作的性质、强度、责任、复杂性及所需资格条件等因素的程度差异,进行综合评估的活动。工作评价的主要功能主要有以下三方面:

● 在一个组织内建立一般的工资标准,使之与邻近组织保持同等待遇,并使其具有预期的相对性,从而符合所在地区的平均水准。

● 在一个组织内建立工作间的正确差距及相对价值。

● 使新增的机构能与原有的工作保持适当的相对性。

工作评价的方法有很多,比较常用的方法有以下几种:

(1) 经验排序法

所谓经验排序法,是指评价人员依据个体的经验判断,把所有待评的工作依序排列,由此确定每种工作的价值。实施这种方法时，应当采取的措施是：① 评价人员要依据职务说明书进行判断，充分把握每种评价工作的性质与要求。② 精心挑选评价人员，并组成一个评价委员会，进行群体评价。细分起来，经验排序法又可分为排队法和配对比较法。

A. 排队法

这种方法是将每种职务填入一份职务说明书或职务内容大纲的卡片，然后将这些职务说明书或大纲卡片进行排序，其中价值最高的职务排在最前边，价值最低的职务排在最后边，然后再从剩下的职务中选出价值最高和最低者，如此排列直到所有职务排序完毕。另外一种做法是在排出最高价值职务和最低价值职务后，再在中间价值的职务中选出一有代表性者，剩下的职务则依价值大小插排入其间，最后将全部职务依顺序排列并依此划定各职务的等级，划定时，有时可能一个职务属于一个等级，有时是相邻的两个或几个职务构成一个等级。

B. 配对比较法

这种方法是指将所有要进行评价的职务列在一起，两两配对比较，其价值较高者可得 1 分，最后将各职务所得分数相加，其中分数最高者即等级最高者，按分数高低顺序进行排列，即可划分职务等级。由于两种职务的困难性对比不是十分容易，所以在评价时要格外小心。这种方法可用表 2-3 来表示。

表 2-3　配对比较法范例

被比较职务 比较职务	A	B	C	D	E	F	G	得分合计
A		1	1	0	1	1	1	5
B	0		0	0	1	0	1	2
C	0	1		0	1	1	1	4
D	1	1	1		1	1	1	6
E	0	0	0	0		0	0	0
F	0	1	0	0	1		1	3
G	0	0	0	0	1	0		1

对于配对比较法，可以通过适当的调整技术来最终得出职务的价值顺序。具体做法是将每位评价人员的评定结果加以汇总，将各职务所得序号分别相加，然后再分别用各职务所得序号之和除以对本职务做出评定的人数，得到每一职务的平均序数，最后按各自所得平均序数大小，由小到大评定出各职务的相对价值次序。举例如表 2-4 所示。

表 2-4 配对比较法职务评价结果的权衡

职　务	A	B	C	D	E	F	G
甲评定结果	1	3	4	2	5	6	7
乙评定结果	2	1	4	3	—	5	—
丙评定结果	1	—	2	3	6	4	5
评判序数和	4	4	10	8	11	15	12
评定本职务的总人数	3	2	3	3	2	3	2
平均序数	1.3	2	3.3	2.67	5.5	5	6
职务相对坐标排序	1	2	4	3	6	5	7

(2) 职位分类法

职位分类法是以职位为对象、以事为中心的人事分类方法，它是在工作分析的基础上对每个职位的性质、任务、要求及完成该工作的人员所需条件进行系统地研究。运用职位分类法进行工作评价可以保证人力资源管理中人与事更好地结合，从而为选用、考核、奖惩、培训、调配等各个环节奠定良好的基础。

职位分类法的基础是职位设置，所以在用职位分类法进行工作评价之前，分析人员应当按以下几个原则考查组织现有职位的合理性：

A. 系统原则

系统原则是职务设置的最基本原则。所谓系统是由若干既有区别又有联系的要素组成的有机综合体。职位与职位设置都是一个系统，而每个职位设置是否合理，就需把它放在该职位依附的组织机构系统中去进行考查，凡对组织的存在和发展有利的就是合理职位，否则，便应取消该职位。

B. 整体优化原则

根据结构-功能优化原理，职位设置时仅考虑单个职位的功效是不够的，尚需重视群体职位结构的综合功效，以组织的整体发展战略为主线，进行总目标、子目标的层层分解落实。这样设置的职位才是比较合理的。

C. 最低职位数量原则

组织的职位数量应在实现优化配置的前提下，以有效完成任务为准绳，尽量压到最低水平。

D. 能级原则

能级是物理学中的概念。这里借用来研究组织系统中职位的功能等级。一般来说，正常的职位功能等级是由所任职务的性质、任务大小、繁简难易、责任轻重所决定的。功能大的职位，能级就高；反之，则低。组织中的各个职位应能体现其所应具有的能级特性，否则职位将缺乏合理性。

应用职位分析法进行工作分析，就应根据职位的相同性和差异性进行分析综合、划分职位类别。这里，对职位的分类主要有两方面的要求：

- 质的要求。通过职位分类首先要区分职位的不同性质，为工作中所需人力配置的管理提供可靠的客观标准。
- 量的要求。职位工作不仅有质的差异且有程度、水平和层次上的差异，职位分类的主要目的便是要清晰地揭示这些方面的差异，以便全面地贯彻因事择人、适才适位等用人原则和满足人力资源管理各环节的要求。

(3) 职位分类法步骤

应用职位分类法进行工作评价是一项系统性、技术性较强的有序工作，其程序主要有以下几个步骤：

① 收集职务描述的结果

职务描述的成果是职务说明书。职务说明书上的有关内容是进行职位分类的基本依据。

② 职位横向分类

原则和依据

● 单一性原则。即一个职位只能划归于一个职系。

● 程度原则。当一个职位的工作性质分别和两个以上的职系有关时，以归属程度高的那一系为准来确定。

● 时间原则。当一个职位的工作性质分别和两个以上职系有关、且归属程度又相当时，以占时间较多的职系为准。

● 选择原则。当一个职位的工作性质分别和两个以上职系有关、归属程度相当且时间也相等时，则以主管领导机关的认定为准。

步骤

● 对混乱的职位按业务工作相近的职位划分为科学类、行政类、行业类的职门系列。

● 将职门内的职位根据业务工作性质基本相同的标准职位划分为职组系列。

● 将职组内的职务再根据业务工作性质相同的标准划分为职系系列。

对于具体的职系的名称、包含职务的范围可以查阅有关职务分类辞典。

③ 职位纵向分类

依据

这方面的依据一是职位的繁简难易程度，二是责任的轻重，三是所需人员任职资格的条件。具体内容可参照如下要点：

● 工作复杂性。体现在工作种类、性质，工作广度、深度及在三维交叉网络系统中的运行状态。

● 所受监督。指本职位受上级监督的范围、性质和程度。

● 所循法规。指应遵守的法律、章程、办法、细则、手册、书面指示及有关行为规范。

● 所需创造性。指工作时所需创造力的种类与水平。

● 与人接触性质与目的。指与人接触的范围、种类和程度等。

● 工作效果的性质与影响范围。指本职位的权限种类及份量。

● 所施予的监督。指对下属人员给予的监督种类和范围。

● 所需资格条件。从事该职位的工作人员所需的教育、经验、技术、品德及体能条件。

以上八点也可作为职位评价的因素。

步骤

● 把职系中的职位按繁简难易、责任轻重和所需人员任职资格条件进行职位评价后，依据不同的水平进行纵向排序。

● 划分职级。将若干程度水平相同的职位划分为一个职级，但不同职系由于工作性质差异和繁简难易、责任轻重、所需任职人员资格条件的不同，所分的职级也会呈现差异。

● 划分职等。为便于对不同职系的工作人员进行横向比较、统一管理，把不同职系中相同水平的职级归入同一职等。所以职等是不同职系中职级相似的职级群。

④ 制订职级规范

职级规范又名职位说明书，它是用简明扼要的语言对每一职位的职务责任、权力及所需人员任职资格条件进行规范性叙述的书面材料。

职级规范的内容包括：

● 职级名称。职级名称要能反映出职级中职位的性质与特点。

● 职级编号。

● 职级特性。这是职级规范的重点。职级特性的表述，首先是列出本职级所包括职位的类型，其次是根据本职级的职位工作的实际情况，按照职位评价因素，逐项说明本职级的职责。

● 职位工作举例。所举实例应为本职级大部分职位工作的主要内容和最能代表本职级职位特性的工作。

● 任职资格条件。明确揭示职级中职位必须具备的教育程度、专门知识技能、经验种类和取得经验所需的时间。

⑤ 职位归级

把所有工作人员的职位对照《职级规范》归入适当的职级，并对之进行分门别类的职位管理。

职务分类的结果可以通过表 2-5 加以理解。

表 2-5 职务分类结果（样例）

科学类职位						行政类职位				行业类职位							
工程组		物理学组		生物学组		速写与打字组		办事员与行政组		劳动组		手工艺组		农业组		保护组	
民用工程	电器工程	地质学	物理学	生物学	植物学	速记员	口述记录员	办事员	管理员	工人	办公室清洁工	木匠	机械师	牛奶工	家禽饲养员	警卫	消防人员
●	●	●	●	●	●	●	●	●	●	●	●	●	●	●	●	●	●
●	●	●	●	●	●	●	●	●	●	●	●	●	●	●	●	●	●
●	●	●	●	●	●	●	●	●	●	●	●	●	●	●	●	●	●
●	●	●	●	●	●	●	●	●	●	●	●	●	●	●	●	●	●
●	●	●	●	●	●	●	●	●	●	●	●	●	●	●	●	●	●
●	●	●	●	●	●	●	●	●	●	●	●	●	●	●	●	●	●
●	●	●	●	●	●	●	●	●	●	●	●	●	●	●	●	●	●

注：表中每一个“● ”代表一个职务。

工作评价的方法还有因素比较法和因素计点法，这两种方法主要用于薪酬设定，所以在这里不做说明。关于这两种方法的详细说明请参阅后面薪酬设定的有关部分。

以上叙述的是职务分析实施的工作内容及具体实施程序。职务分析过程中，对各种工作信息的收集是一项十分重要的工作，它直接影响着职务分析结果的合理和客观与否。

第四节 工作信息的收集方法

职务分析过程中收集工作信息的方法有很多,常见的有工作实践、观察法、面谈法、写实法、典型事例法等几种。

一、工作实践

工作实践是指职务分析人员实际从事所分析的工作,在工作过程中掌握有关工作要求的第一手资料。采用这种方法可以了解工作的实际任务以及在体力、环境、社会方面的要求。这种方法适用于短期内可以掌握的工作。但是对那些需要进行大量训练才能掌握或有危险的工作,不适于采用此种方法。

二、观察法

观察法是职务分析人员通过对特定对象的观察,把有关工作各部分的内容、原因、方法、程序、目的等信息记录下来,最后把取得的职务信息归纳整理为适用的文字资料。在进行观察记录时应注意:

- 避免机械记录,应主动反映工作的各有关内容,对观察到的工作信息进行比较和提炼。
- 观察应注意有代表性的工作行为样本,有时候,有的行为在观察过程中并没有表现出来。
- 观察分析人员在观察中必须注意不要引人注意,以免观察内容受到歪曲。这并不是说分析人员每次观察时都要藏起来,不让人们看见,而是要求他们注意不要干扰正常工作。
- 观察力求结构化,应尽量做到观察的内容、时间、位置都确定且可比，记录结构化。

采用此种方法可以了解广泛的信息，如工作活动内容、工作中的正式行为和非正式行为，工作人员的士气。通过观察法取得的信息比较客观和正确。但是要求观察者有足够的实际操作经验。

观察法一般存在以下几个问题：

- 不适用于工作循环周期很长和主要是脑力的工作。
- 不能得到有关任职者资格要求的信息。
- 紧急而又偶然的工作行为不易捕捉到。

三、面 谈 法

面谈法是通过职务分析人员与工作执行者面对面的谈话来收集信息资料的方法。面谈可能是用来确定各种工作所需要的任务、责任和行为的最普遍的技术。作为直接的观察者，工作执行者在谈话过程中可以讲出许多观察不到的或长时间才能观察到的活动。

在进行实际的面谈之前，职务分析人员应有充分计划并接受面谈技术方面的训练。在面谈时应注意以下问题：

- 面谈结构化。在面谈前应确定收集信息的内容并制订详细的提问单，把握问题与目的的关系，并注意挑选参加座谈的工作执行者。关于面谈所提问题有以下几个指导标准：问题有明确目的、表述清楚、被访者理解且接受。
- 面谈过程中应保持友好、亲善的态度。
- 多渠道面谈。职务分析人员应同较多的工作执行者及对工作较为熟悉的直接的主管人进行面谈，从而检查个别工作执行者所提供的信息是否真实。

面谈法的优点首先在于可控性。通过提问单，可以系统地了解所关心的内容，当任职者的回答相互矛盾或不清楚时，可以进行跟踪提问，把问题搞清楚。如果任职者对所提问题采取不合作态度时，可以进行劝导或换人。此外，面谈法可以提供观察法无法获得的信息，如工作经验、任职资格等，同时面谈法特别适用于对文字理解有困难的人。但是此种方法有以下几方面的不足：

- 职务分析人员对某一工作固有的观念会影响正确的判断。
- 问题回答者出于自身利益的考虑而不合作，或有意无意夸大自己所从事工作的重要性、复杂性，导致工作信息失真。
- 打断工作执行人员的正常工作，有可能造成生产损失。
- 在管理者和任职者相互不信任时，具有一定的危险性。
- 职务分析者可能会问一些含糊不清的问题，影响工作信息的收集。
- 面谈法不能单独作为信息收集的方法，需要与其他方法一起使用。

四、写　实　法

写实法与观察法相同，属于客观的描述方法，但不像观察法那样一定要亲临现场观察。写实法主要通过结构化的问卷来收集信息，常用的方法有：职务调查表法、工作日志法和核对法。

1. 职务调查表的编制

职务调查表是根据职务分析目的、内容等所编写的结构性调查表，由工作执行者填写后回收整理，提取出工作信息。职务调查表使用范围很广，是一种普遍使用的工作信息提取方法。

一份完整的职务调查表应包括下列基本调查项目：

(1) 基本资料

- 姓名（也可匿名）、性别、年龄。
- 职称、部门、学历。
- 现任职务。
- 直接上级。
- 薪资等级及收入。

- 任职时间。

(2) 工作时间要求

- 正常工作时间。
- 休息时间。
- 加班时间。
- 出差情况。
- 工作时间的均衡状况。

(3) 工作内容调查

- 工作目标。
- 工作概要。
- 工作程序。
- 工作事项:说明各经办事项占全部工作时间的百分比、经办权限和结果。

(4) 工作责任调查

- 风险控制责任。说明工作失误的类型、对他人、本部门或整个组织的影响程度。
- 成本控制责任。说明由哪些成本费用由工作执行者控制,不注意节省会造成浪费的程度。
- 协调责任。包括内部协调和外部协调。说明工作的内部联系和外部联系,联系的范围、广度、形式、必要性等。
- 指导监督责任。说明工作受谁监督、监督谁、监督层次、监督人员数量。
- 组织人事责任。说明在正常的人事工作中,对人员的选拔、任用、考核、工作分配、激励等是否具有法定的权力和责任。
- 工作结果责任。说明工作结果以及结果对组织的影响,调查个人对工作的负责程度。
- 决策层次调查。说明在工作中是否经常做决定,以及做出的决定对个人、部门和组织的影响程度。

(5) 任职者所需知识技能调查

● 最低学历要求。

● 知识多样性。

● 熟练期。说明任职者具备基本的专业技能后需多长时间胜任工作。

● 工作的复杂性。说明正常工作中是否经常做出判断、计划、分析等活动。

● 工作经验。说明从事本工作应具备的一定本职工作经验和其他相关工作的经验。

● 语文知识。说明工作中运用的文字知识程度。

● 数学知识。说明工作中运用的数字运算知识的水平。

● 工作灵活性。说明工作中是否需经常灵活处理问题还是只需按常规办事。

● 综合能力。任职者在工作中所需的领导、判断、协调、控制、激励、交际、沟通、谈判等能力的综合。

(6) 工作的劳动强度调查

● 工作压力。说明工作是否被经常打断,任务是否多样化,工作流动是否大,决策是否困难等工作本身给人员的压力。

● 精力集中程度。

● 体力要求。指工作中站、坐、跑、蹲等的比例,工作体能消耗程度。

● 创新与开拓。说明工作是否经常需要打破常规、开拓新方法、新思想。

● 工作紧张程度。说明工作的节奏、时限、工作量、注意力、对细节的重视的程度等因素,用来反映工作的紧张性。

● 工作均衡性。说明工作是否存在忙闲不均。

(7) 工作环境调查

● 工作时间特征。由目前工作时间要求给出。

● 职业病。从事本工作是否会引起疾病,疾病类型,对人的危害程度。

● 工作环境的舒适性。

● 工作环境的危险性。说明本工作对人员可能造成的伤害、伤害程度、伤害机体部位等。

职务调查表的调查项目可根据职务分析的目的加以调整,内容可简可繁,参见表 2-2。

在设计职务调查表时应注意:

● 用语应简洁易懂。

● 调查项目应为可操作的具体问题,且问题含义应明确易懂。

调查表可以设计成开放式和封闭式两种。在开放式调查表中,工作执行者可自由回答所提问题;而封闭式调查表中,工作执行者从所列答案中选择其中最适合的答案。职务调查表也可以设计成二者的综合。

职务调查表的优点在于费用低速度快,节省时间,可在工作之余填写,不致影响正常工作。同时调查范围广,可用于多种目的、多种用途的职务分析。缺点在于如果不做统一说明,会因理解不同产生信息误差。这种因人而异的方法对被调查者的配合态度有很大的依赖。

在使用职务调查表收集信息时应当注意如下事项:

● 对调查表中的调查项目进行说明解释,编写调查表填写说明。

● 及时回收调查表,以免遗失。

● 对调查表提供的信息做认真的鉴别和必要的调整。

调查表的范例见本章附录第二部分。

2. 工作日志的编制

工作日志就是按时间顺序记录工作过程,然后经过归纳提炼,取得所需工作信息的一种职务信息的提取方法。这种方法的优点在于信息的可靠性很高，适于确定有关工作职责、工作内容、工作关系、劳动强度等方面的信息，所需费用也低。但是可使用范围小，只适用于工作循环周期短，工作状态稳定无大起伏的职位，且信息整理量大，归纳工作繁琐。另一方面工作执行者在填写时，往往因不认真而遗漏很多工作内容，并在一定程度上影响正常工作。若由第三者进行填写时，人力投入量非常之大，很不适应处理大量的职务。

工作日志的编制、填写范例见本章附录第三部分。

3. 核对法

核对法是根据事先拟定的工作清单对实际工作活动的情况进行核对，从而获得有关工作情报的一种方法。这种方法结构性很高，使用起来方便，而且一类工作只需一份清单，减轻了信息收集的工作量。通过对工作清单进行适当的调整，可供长期使用。但是工作清单拟定比较困难，而且很难包容工作的全部内容，也发现不了一些隐含的工作变量。为了保证职务信息收集质量，在拟定工作清单时应注意信息的完整性。为此，工作清单的构成应包括四类要素：工作的性质、内容、职责和环境。工作清单的范例见本章附录第四部分。

五、典型事例法

典型事例法是对实际工作中具有代表性的工作者的工作行为进行描述。比如把文秘人员的打字、收发文件等一系列行为收集起来进行归纳分类，得到有关工作内容、职责方面的信息。这种方法可直接描述任职者在工作中的具体活动，因此可以揭示工作的动态性。由于所分析的工作可以观察和衡量，所以用这种方法获得的资料适用于大部分工作。但是收集归纳事例并且把它们分类需消耗大量时间。另外，根据定义，事例所描述的是具有代表性的工作者行为，这样可能会遗漏一些不显著的工作行为，难以非常完整地把握整个工作实体。

六、关键事件法

在职务分析信息的收集过程中，往往会遇到这样的问题：工作者有时并不十分清楚本工作的职责、所需能力等。此时，职务分析人员可以采用关键事件法。具体的方法是，分析人员可以向工作者询问一些问题，比如“请问在过去的一年中，您在工作中遇到的比较重要的事件是怎样的？您认为解决这些事件的最为正确的行为是什么？最不恰当的行为是什么？您认为要解决这些事件应该具备哪些素质？”等等。对于解决关键事件所需的能力、素质，还可以让工作者进行重要性的评定。比如，让工作者给这些素质按重要性排队；按五点量表打分；或给定一个总分（比如 20 分）让工作者将其分摊到各个能力、素质中去。

可供选择的信息收集方法很多，但各有利弊。因此，在提取职务分析信息时往往需采用多种方法相结合的方式，以便能更有效地达到职务分析的特定目的。下表给出了职务信息收集方法和各种人力资源管理用途的一些可能的关系，可供职务分析人员参考。

表 2-6　职务信息收集方法与人力资源管理用途的关系

目的 方法	工作说明	考核	面试	工作评价	培训方案设计	绩效评价系统	职业道路规划
工作实践		√	√		√	√	
典型事例法	√	√	√		√		
观察法		√	√				
座谈法	√	√	√		√		
写实法（职务调查表）	√	√	√	√	√	√	√
关键事件法	√	√	√		√	√	

注：“√”号代表方法和目的相适应。

附　录

一、职务说明书范例

（一）简单的职务说明书

职务说明书

部门:办公室

职等:7

职位:办事员

职系:行政管理

工作内容:负责公司人事及总务管理事项

1. 人员招募与训练。
2. 人事资料登记与整理。
3. 人事资料统计。
4. 员工请假、考勤管理。
5. 人事管理规章草拟。
6. 人员之任免、调动、奖惩、考核、薪资等事项办理。
7. 劳工保险加退保与理赔事宜。
8. 文体活动与员工福利事项办理。
9. 员工各种证明书的核发。
10. 文具、设备、事务用品的预算、采购、修缮、管理。
11. 办公环境安全及卫生管理工作。
12. 公司文书、信件等的收发事宜。
13. 书报杂志的订购与管理。
14. 接待来访人员。

职务资格:

1. 专科毕业,曾任人事及总务工作二年以上。
2. 高中毕业,曾任人事、总务工作六年以上。
3. 现任分类职位七等以上。
4. 具有高度服务精神与善于处理人际关系者。
5. 男性为佳,女性亦可。

（二）较复杂的职务说明书

职务说明书

职务名称：销售者监督

薪 酬 级：12

所属部门：国内市场部

直接上级：部门经理

职责：在指示下，监督6至15个职员，在市场领域内直接监督、计划市场活动，以便获得最大的利益，帮助销售者获得新的市场合同等。

1. 执行监督职责、计划工作、回答问题：根据形势商讨对策，与下属讨论，与工作申请者约谈，经部门经理同意选择属下，告知其有关升迁、薪水待遇等，经费及旅费的记录。
2. 在市场领域内直接监督、计划市场活动以获得最大的利益：帮助销售者，增加新的直接买卖合同。接受部门经理指派的特别工作，必要时与经理讨论政策问题，按其指示运用于买卖行为，按既定的政策，自由工作，注意观察市场趋势演变。
   a. 招聘新销售者，与候选者面谈，与部门经理共同选择推销员，收集必需的情报，拟定训练中心课程，为受训完毕者安排职位，制订进一步训练，给予新销售者工作机会，安排新雇销售者亲自观察部门及推销员的服务，执行销售者训练中心的事务。
   b. 检查由推销员的月利润，遗失证明等，找出出现工作问题的可能来源，如个人的借贷，不平衡买卖等。和推销员讨论工作，和销售者讨论过去的损失，计划未来的蓝图及目标。
   c. 训练并帮助推销员，卖出及获得新合同，训练他们的销售者，找出并安抚不满，克服困难。要求人事人员帮助，及负责必要的联络。
   d. 与部门经理联络调查岗位，编写服务报告，人事工作知识等。在市场领域内扫视，检查岗位，建议员工应该改正之处，密切地与销售者联络改善方针。
   e. 执行与职责有关的杂事，计划推销会议，参加部门工作会议，管理办公室的人事，提供部门每月的市场信件，帮助部门经理准备工作报告，在地方服务组织内演讲，并担任各工商业协会会员等等。
3. 当部门经理度假或缺席时，担任其部分工作，如签名等。平时则由部门经理签名，依其平常的办事观点及方法，解决类似的问题，极严重的问题，与公司员工讨论，提出解决方案或代理决定。

所需教育程度：高中毕业。

开始时的专门知识：销售者买卖的一般知识，公司生产，部门组织，公司买卖政策及方法服务，岗位作业，监督经验。

生理状况：精力充沛

责任：人员：监督6至15个推销员。

　　物资：公司供给的一般物资。

　　装备：保管、使用公司装备、检查服务岗位。

　　市场：获得有效的服务利润，偶然从事公共关系。

　　现金：自己及属下均使用公司的资金。

　　方法：实行、选择、控制直接指导买卖的方法。

　　记录：指导买卖活动的记录、报告分析。

工作情况：规定工作时间，早晨8:30至下午5:00，每周五天。

　　10%至60%，正常的公司情况。

　　40%至90%，具有危险性的外出出差情况。

二、职务调查表范例

开放式职务调查表

填表日期： 年 月 日

<table>
<tr><td colspan="2">工作部门</td><td colspan="2"></td><td colspan="2">职务名称</td><td></td></tr>
<tr><td colspan="7">一、职责内容：</td></tr>
<tr><td colspan="7">（一）概述：
（二）所任工作：</td></tr>
<tr><td colspan="2">工作项目</td><td colspan="3">处理方式及程序</td><td colspan="2">所占每日工作时数</td></tr>
<tr><td colspan="2"></td><td colspan="3"></td><td colspan="2"></td></tr>
<tr><td colspan="7">二、责任程度：</td></tr>
<tr><td colspan="7">（一）工作复杂性：</td></tr>
<tr><td colspan="7">（二）所受监督：</td></tr>
<tr><td colspan="7">（三）所循规章：</td></tr>
<tr><td colspan="7">（四）对工作结果的负责程度：</td></tr>
<tr><td colspan="7">（五）所需创造力：</td></tr>
<tr><td colspan="7">（六）与人接触：</td></tr>
<tr><td colspan="7">（七）所予监督：</td></tr>
<tr><td colspan="3"></td><td colspan="2">填表人</td><td colspan="2">（签名盖章）</td></tr>
<tr><td colspan="7">以上所填均属正确</td></tr>
<tr><td>所属部门
上一级主管</td><td colspan="2">（签名盖章）</td><td colspan="2">所属部门
直接主管</td><td colspan="2">（签名盖章）</td></tr>
</table>

职务调查表(综合式)

姓名		职称		现任职务(工作)		工龄	
性别		部门		直接上级		进入公司时间	
年龄		学历		月平均收入		从事本工作时间	

工作时间要求	1. 正常的工作时间每日自(　)时开始至(　)时结束。 2. 每周平均加班时间为(　)小时。 3. 每周外出时间占正常工作时间的(　%)

工作目标	主要目标：	其他目标：
	1. 2. 3.	1. 2. 3.

工作概要	用简练的语言描述一下您所从事的工作：

工作活动程序	名　称	程　序	依　据

				权　限		
工作活动内容	名　称	结　果	占全部工作时间的百分比(%)	承办	需报审	全权负责

工作中失误的影响	经济损失		1　2　3　4　5 轻　较轻　一般　较重　重
	经营管理损失		
	若您的工作出现失误，会发生下列哪种情况？		说　明
	1. 不影响其他人工作的正常进行。 2. 只影响本部门内少数人。 3. 影响整个部门。 4. 影响其他部门。 5. 影响整个公司。		如出现多种情况，请按影响程度由高到低依次填写在下面括号中。 (　　　　　　)

（续表）

<table>
<tr><td>内部接触</td><td>1. 在工作中不与他人接触。（ ）
2. 需要同所有部门领导接触。（ ）</td><td rowspan="2">将频繁程度等级填入左边括号中
1 2 3 4 5
偶尔 经常 非常频繁</td></tr>
<tr><td>外部接触</td><td>1. 不与本公司以外的人员接触。（ ）
2. 与其他公司、政府机构接触。（ ）</td></tr>
<tr><td rowspan="2">监督</td><td colspan="2">1. 直接和间接监督的人员数量（ ）
2. 直接监督人员的层次：一般职工、基层管理者、中层管理者、高层管理者</td></tr>
<tr><td colspan="2">1. 只对自己负责。
2. 对职工有分配工作、监督指导和考核的责任。</td></tr>
<tr><td rowspan="7">工作的基本特征</td><td colspan="2">1. 对自己的工作结果不负责任。
2. 对整个公司负责。</td></tr>
<tr><td colspan="2">1. 在工作中时常做些小的决定，一般不影响他人。
2. 在工作中要做重大决定，对整个公司有重大影响。</td></tr>
<tr><td colspan="2">1. 有关工作的程序方法均由上级详细规定，遇到问题时随时请示，结果上报。
2. 上级只需说明要达成的任务、目标，工作程序方法自定。</td></tr>
<tr><td colspan="2">1. 完成本职工作的方法步骤完全相同。
2. 完成本职工作的方法步骤完全不同。</td></tr>
<tr><td colspan="2">工作中经常接触到的信息为：
1. 原始的，未加工处理的信息。
2. 经初步加工的信息。
3. 经高度综合的信息。</td></tr>
<tr><td colspan="2">在工作中您需要做的计划程度：
1. 工作中无需作计划。
2. 在工作中需要做公司整体计划。</td></tr>
<tr><td colspan="2"></td></tr>
<tr><td rowspan="4">任职资格要求</td><td colspan="2">1. 您经常起草或撰写的文字资料有哪些？
（1）通知、便条、备忘录
（2）研究报告
（3）合同或法律文件</td></tr>
<tr><td colspan="2">2. 学历要求：
初中、高中、中专、大专、大本、硕士、博士</td></tr>
<tr><td colspan="2">3. 为顺利履行工作职责，应进行哪些方面的培训，需多少时间？</td></tr>
<tr><td colspan="2">4. 为了顺利履行您从事的工作，需具备哪些方面的其他工作经验，约多少年？</td></tr>
</table>

（续表）

<table>
<tr><td rowspan="2">任职资格要求</td><td>5. 其他能力要求</td><td>等 级</td><td>要求程度</td></tr>
<tr><td>(1) 领导能力
(2) 指导能力
(3) 激励能力
(4) 计划能力
(5) 组织人事</td><td></td><td>1 2 3 4 5
低 较低 一般 较高 高</td></tr>
<tr><td rowspan="2">考核</td><td colspan="2">考核角度</td><td>考核基准</td></tr>
<tr><td colspan="2"></td><td></td></tr>
<tr><td rowspan="3">备注</td><td colspan="3">您还有哪些需要说明的问题？</td></tr>
<tr><td colspan="3">直接上级确认符合事实后，签字：</td></tr>
<tr><td colspan="3">（如不符合，请在下面空格中说明更正）</td></tr>
</table>

谢谢您的合作！

三、工作日志范例

工 作 日 志

姓　　名：　　　　　　　　年　　龄：
职务名称：　　　　　　　　所属部门：
直接上级：　　　　　　　　从事本业务工龄：
填写日期自________月________日
　　　　至________月________日

工作日志填写说明

1. 请您在每天工作开始前将工作日志放在手边，按工作活动发生的顺序及时填写，切勿在一天工作结束后一并填写。

2. 严格按照表格要求进行填写，不要遗漏那些细小的工作活动，以保证信息的完整性。

3. 请您提供真实的信息，以免损害您的利益。

4. 请您注意保留，防止遗失。

感谢您的真诚合作！

工作日志填写实例

4 月 21 日　工作开始时间 8 点 30 分　工作结束时间 17 点 30 分

序号	工作活动名称	工作活动内容	工作活动结果	时间消耗	备注
1	复印	协议文件	4 张	6 分钟	存档
2	起草公文	贸易代理委托书	800 字	1 小时15分	报上级审批
3	贸易洽谈	玩具出口	1 次	4 小时	承办
4	布置工作	对日出口业务	1 次	20 分钟	指示
5	会议	讨论东欧贸易	1 次	1 小时30分	参与
…	…	…	…	…	…
16	请示	佣金数额	1 次	20 分钟	报批
17	计算机录入	经营数据	2 屏	1 小时	承办
18	接待	参观	3 人	35 分钟	承办

写实记录表范例

机构名称:办公室　工作:办公室主任　编制:3 人:主任 1 人、打字员 1 人、办事员 1 人

花费时间		工作活动内容	业务完成量	备注
开始	延续			
8:00	5	打电话到销售科	1	
8:05	2	接电话	1	
8:07	4	帮办事员登记材料	2 份	
8:11	4	帮办事员校对	5 页	
8:15	4	准备广告材料	1 页	
8:19	1	张厂长电话	1	
8:20	1	李厂长电话,要一信件	1	
8:21	6	和办事员商议工作	1	
8:27	5	找李厂长要的信	1	
8:32	5	安排当天工作	1	
8:37	3	找王科长	1	
8:40	4	找工程师	1	
8:44	1	送李厂长所要的信	1	
8:45	2	为张厂长打文件	1	
8:47	13	同张厂长商量,布置简报	1	
9:00	2	开始复印李厂长的材料	0	
9:02	10	把张厂长的材料归档	3	
9:12	4	继续复印材料	0	
9:16	5	同李厂长商议工作	1	
9:21	2	给办事员布置复印任务	1	
9:23	9	继续复印	2	
9:32	8	分发信件	5	
9:40	15	继续复印	2	
9:55	10	整理档案材料	4	
10:05	11	印完复印品	200 份	
10:16	2	将复印品交办事员装订	1	
10:18	9	打电话和协作厂联系	1	
10:27	2	接张厂长电话	1	
10:29	3	欢迎参观者,把他们送到张厂长处	2 人	
10:32		略		

注:① 由第三人填写。②上表是一个小厂办公室主任的工作写实片断。

写实汇总表

活动类别	花费时间	发生次数
打字、复印、装订等	41	5
电话	22	8
寻找档案等	28	5
接受指令	18	2
发出指令和计划	13	4
处理来信文件	8	1
帮办事员工作	8	2
找人	7	2
写材料	4	1
欢迎参观者	3	1
总计	152	31

注:仅限前表归纳。

四、工作清单范例

用于民警的工作清单

民警任务调查表

逐步核对,在符合本职务的项目上画✓,并说明它对工作的重要性。

代号	N	1	2	3	4	5
重要性	无关	很低	低	一般	高	很高

1. 保护交通事故现场证据________
2. 在经常发生事故的地段注意防止新事故________
3. 使用闪光信号灯指挥交通________
4. 使用交通灯指挥交通________
5. 捕捉违规驾驶员并填写情况表________
6. 估计驾驶员的驾驶能力________
7. 对违反交通规则的人解释交通规章和法规________
8. 根据可疑车辆,观察违规情况________
9. 签发交通传票________
10. 对违反交通规则的人员发出警告________
11. 监视交通情况,搜寻违规车辆或人员________
12. 检查驾驶执照或通行证________
13. 参加在职培训________
14. 参加射击训练________
15. 操作电话交换机________
16. 擦洗和检验装备________
17. 维修本部门的交通工具________

第三章 人员招聘

第一节 建立人员招聘系统的意义、原则与技术准则

现代组织中人事管理工作的首要任务,就是建立一个开放、有效而又健全的人力资源管理系统。当人力资源需要系统地扩大和补充时,组织必须建立起某种招聘制度,按人力资源需求经常性地进行增加、维持和调整总劳动力的活动,保持人力资源需求的动态平衡,维持组织的生存和发展。

一、招聘系统的功能

对于一个组织来说,以最小的投入去提高生产力的重要途径之一就是建立完善的组织人员招聘录用系统。一个有效的人员招聘录用系统具有如下功能:

● 为组织不断补充新生力量,实现组织内部人力资源的合理配置,为组织扩大经营规模和调整结构提供人力资源上的可靠保证。

● 减少人员流动,提高组织队伍的稳定性,因为合理的招聘录用能使人才恰当地胜任工作并从工作中获得高度满足感。

● 减少人员培训与开发的开支,或者提高培训的效率。

● 使管理活动更多地投入于如何使好员工变得更好,而不是花在改造不称职的员工上,提高管理的效率。

二、招聘的原则

人力资源部要有计划、有目标、有步骤地开展日常的人员招聘工作，严格掌握对应聘人员的基本要求，把任人唯贤、择优录用的基本原则贯穿在整个招聘工作中，甄选出德才兼备的优良人选，不断满足企业生产经营发展的需求，使企业在激烈的竞争中始终保持优势地位。

- 人员招聘录用以提高组织效率、提高组织竞争力、促进组织发展为根本目标，为组织人力资源管理确立第一基础。
- 人员招聘必须坚持计划性原则，必须制订人员招聘计划来指导员工的招聘工作。
- 人员招聘必须坚持贯彻任人唯贤、择优录用的原则，充分配合组织各机构、部门的工作需要，为组织提供可靠、及时的人力保障。
- 招聘员工的程序要坚持科学化原则，制订一套科学而实用的操作程序，使招聘工作有条不紊地进行，保证为组织挑选出高质量的合格人选。

三、招聘工作的技术准则

在人员招聘过程中，程序的数量和种类取决于所寻找的候选人的信息特点，该职位的重要性，该组织的规模、甄选时可用的时间和可能得到的人员。具体设计时应考虑以下技术指标：

- 标准化：每位通过招聘系统的人都经历同样数量和类型的面谈和其他选拔程序。作业力求标准化，它的运作结果不依赖于操作者，因此更可靠。
- 有序性：按有效的顺序以及时间、资金、物力花费排列操作流程，使步骤明确、清晰，并且投入最省。

● 明确性：系统应能提供明确的决策依据，判定应聘者是否具备录用资格。这一判定应当是定性和定量的确实描述。

● 完备性：充分了解职位的要求并取得求职者与职位有关的所有信息，确保人力与工作的最佳配合，实现“最恰当的人做最恰当的工作”。

● 效率性：招聘录用应避免在流程各个阶段上不必要的重复，提高作业的效率。

● 合理性：招聘录用应突出求职者与职位有关的信息，为人事决策提供合理的依据。不同职位对作业者的要求有不同侧重，因此应对求职者的资格作具体分析。

第二节　人员招聘与录用的程序

人员招聘与录用工作是一个复杂、完整而又连续的程序化操作过程。这个系统运行的每个部分都是为了保证招聘与录用工作的质量，选拔出合格、优秀的人才。

人员招聘与录用工作程序共分八个阶段进行，如图 3-1 所示。

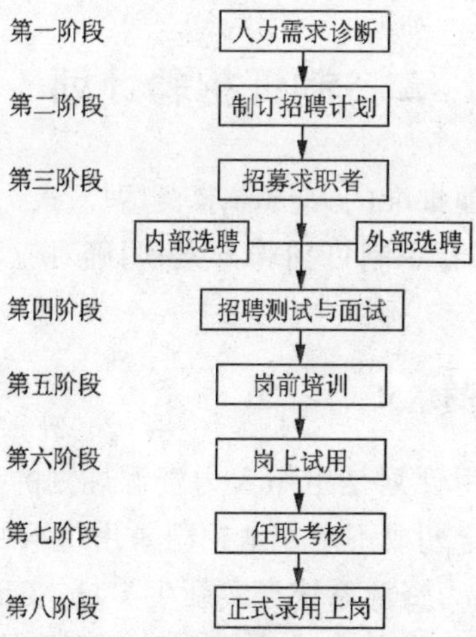

图 3-1　人员招聘与录用程序

一、人力需求诊断

人员招聘的原因一般有以下几种:新公司的成立;现有职位因种种原因发生空缺;公司业务不断扩大;调整不合理的职工队伍等,由此而提出人员增补需求。这一阶段的主要工作是准确地把握有关组织对各类人员的需求信息,确定人员招聘的种类和数量。具体步骤为:

- 由公司统一的人力资源规划,或由各部门根据长期或短期的实际工作需要,提出人力需求。
- 由人力需求部门填写"人员需求表"(参见附表 3-1)。每家企业可因具体的情况不同制订不同的人员需求表,但应依据职务说明书(见职务分析一章)制订。人员需求表可包括如下内容:部门、职位、内容、人数及资格等。
- 人力资源部审核,对人力需求及资料进行确证,综合平衡,并对有关费用进行估算,提出是否受理的具体建议,报送主管总经理审批。

二、制订招聘计划

经主管总经理批准的人员需求表,列入人力资源部招聘工作计划,人力资源部着手制订招聘方案,明确对应聘人员的资格、要求标准。

1. 制订计划的意义

人员招聘录用计划是组织人力资源规划的重要组成部分,其主要功能是通过定期或不定期地招聘录用组织所需要的优秀的各类人才,为组织人力资源系统充实新生力量,实现企业内部人力资源的合理配置,为企业扩大生产规模和调整生产结构提供人力资源上的可靠保证,同时弥补人力资源的不足。

更重要的是,人员招聘录用计划作为组织人力资源规划的重要组成部分,为组织人力资源管理提供了一个基本的框架,为人员招聘录用工作提供了客观的依据、科学的规范和实用的方法,能够避免人员招聘录用过程中的盲目性和随意性。

2. 计划的主要内容

(1) 录用人数以及达到规定录用率所需要的人员

确定出计划录用的员工总数。为确保企业人力资源构成的合理性,各年度的录用人数应大体保持均衡。录用人数的确定,还要兼顾到录用后员工的配置、晋升等问题。此外,还要根据以往的招聘经验,确定为了达到规定录用率至少应吸引多少人员前来应聘。

(2) 从候选人应聘到雇佣之间的时间间隔

有效的招聘计划还应该注意另外一种信息,即精确地估计从候选人应聘到雇佣之间的时间间隔。随着劳动力市场条件的变化,这些数据也要相应地发生变化。

(3) 录用基准

即确定录用人才的标准。除个人基本情况外(年龄、性别等),录用人才的标准可以归结为以下五个方面:与工作相关的知识背景(knowledge、qualifications)、工作技能(specific skills)、工作经验(relevant experience)、个性品质(personal attributes)、身体素质(physical attributes)。这里要明确区分:哪些素质是职位要求所必需(essential)的,哪些是希望(desirable)应聘者具有的。

(4) 录用来源

确定从哪里录用人才。确定录用来源有助于企业有效地把时间花费在某一劳动力市场上。费用最高的来源通常是猎头公司,其代理费大约为个人年薪的1/3,企业招聘高级管理人才时比较适用;而一般人员的招聘可到职业介绍所或人才市场,费用较低。组织应根据成本及时间间隔数据定期收集、评价招聘来源信息,对各种信息来源进行分类,选择那些最快、最廉价地提供适当人选的信息来源。

(5) 招聘录用成本计算

一般来讲,雇用一个人所需要的费用可以用招聘总费用除以雇用人数得出:

每雇用一人所需费用=招聘总费用/雇用人数。除此之外,下列的成本计算也是必不可少的:人事费用、业务费用与一般管理费用。

3. 应注意的问题

在制订和实施人员招聘录用计划时,必须注意以下问题:

- 不同的企业,处于不同发展阶段的同一企业,在编制人员招聘录用计划时,应区别对待。
- 人员招聘录用计划不仅要规划未来,还应反映目前现有员工的情况,如员工的调入、调出、升迁等。
- 从录用方式看,包括定期录用、临时录用、个别录用等。对录用计划讲,应明确区分,分类规划安排。
- 企业处于多变的经济环境中,人员招聘录用计划应不断地根据实际情况的变化,调整计划,绝不能一劳永逸。
- 编制和实施人员招聘录用计划时,还必须注意到社会成员价值观念的取向、政府的就业政策和有关劳动法规。如在录用员工时,尽量不出现性别歧视。

三、人员招募

1. 组织内部人员调整

组织进行人员招聘录用工作时,组织内部调整应先于组织外招聘,尤其对于高级职位或重要职位的人员选聘工作更应如此。因为这可以:

● 发挥组织中现有人员的工作积极性。

● 利用已有人事资料简化招聘、录用程序，减少人、财力等资源。

● 加速上岗人员的适应。

● 控制人力成本，减少培训期和费用。

2. 外部选聘，发布征聘信息及广告

如果没有适宜的内部应聘者，或者内部人力不能满足招聘人数，需由外部招募。通过有效的招募方式吸引各方人才前来应聘，是人员招聘录用工作的关键环节之一。

(1) 招聘方法的分类

● 委托各种劳动就业机构。

● 自行招聘录用。

(2) 各种招募方法的分析比较

选择最佳的招募方法的前提是熟知各种方法的优点和缺点，表 3-1 是对各种主要招募方法的优缺点的分析比较。

表 3-1 各种招募方法的优劣比较

募集方法	优 点	缺 点
学校推荐介绍	对应聘者比较了解，可信性大，可以有计划地招聘录用	只能在固定时间内招聘，不能临时录用；与大企业相比，中小企业处于不利位置
委托劳动就业机构	选择面大，可信性大，工作量小	成功率较低，难以招聘到较优秀的人才
新闻广告	时效性强，传播范围广，广告受体多	广告效果留存的时间短，成本较高，信息容量小
杂志广告	广告效果留存时间长，广告信息容量大，有利于提高企业知名度	受到阅读对象的限制，可选择性小
广告传单	可以有目的集中分发，对象性强	影响范围小，业务量大
关系介绍	对应聘者比较了解，成功率较大，应聘者就职后稳定性强	容易掺杂人情关系，时效性差，录用后难以辞退

(3) 选择适合本企业的招募方法

企业应根据各种招募方法的优缺点全面权衡。同时要充分考虑到企业的自身条件,如知名度、经营规模、业务内容、员工规模等。另外,还必须考虑到可能应聘者的价值观念、职业观、就业观等。对上述这些方面进行全面分析比较的基础上来选择适合本企业的招募方法是比较稳妥的。

(4) 讲究招募技巧

- 通过招募提高企业的知名度。
- 制作出有独特创意的招聘广告。

(5) 筛选求职人员登记表(参见附表 3-2)

招聘信息发布后,求职者通常会寄来个人简历。个人简历给人的印象是有些不可靠,为了保证提供信息的规范性,组织在人员招募活动开展时,都预先设计求职人员登记表,供求职者填写。

- 求职人员登记表的设计

求职人员登记表的设计要依据职务说明书,每一栏目均有一定的目的,不要繁琐重复。求职人员登记表的设计可反映以下几个方面的信息:个人情况、教育与工作背景、技能与个性等。

- 求职人员登记表的筛选

对求职人员登记表及个人简历的初审及评价是招聘录用系统的重要组成部分。这种初审的目的是要挑选有希望的求职者,在其余的选拔过程中再收集有关该求职者的更详细的情况。这个程序被称为"筛选"。该程序用于为招聘录用系统后面一些程序的进行而筛选求职者,它通过迅速地从求职者信息库中排除明显不合格者来帮助录用系统有效地运行。

筛选求职人员登记表可依据人员录用标准来进行,如上面提到的五个标准:与工作相关的知识背景、工作技能、工作经验、个性品质、身体素质。具体方法如下表 3-2:

表 3-2 简历筛选样例

分数 / 标准	1	2	3
与工作相关的知识背景			
工作技能			
工作经验			
个性品质			
身体素质			
其他			

每一名应聘者都有一张如表 3-2 的表格，其中“1”代表该应聘者没有满足职位的基本要求(essential)；“2”代表应聘者基本满足职位的基本要求；“3”代表应聘者该方面的素质优于职位的基本要求(desirable)；“其他”指的是应聘者额外具有的技能，可能与工作无关或相关不大，但有可能对录用决策有影响。

针对每一名应聘者，评价员会在其相应的每项标准的分数上打“√”，筛选过程就是：剔除那些五项标准中至少有一项得分为“1”的应聘者，因为他们连职位的基本要求都没有达到，得分全部为“2”以上的应聘者进入下一轮。

四、招聘测试与面试

招聘测试与面试是人员招聘录用工作程序的重要组成部分，也是招聘录用工作的进一步展开。这一阶段共包括七个步骤(见图 3-2)。

1. 组织各种形式的考评和测验

考试和测验内容应根据岗位的不同要求进行设计和取舍。一般而言，此项工作涉及下述几个方面的内容：

- 专业技术知识和技能考试。

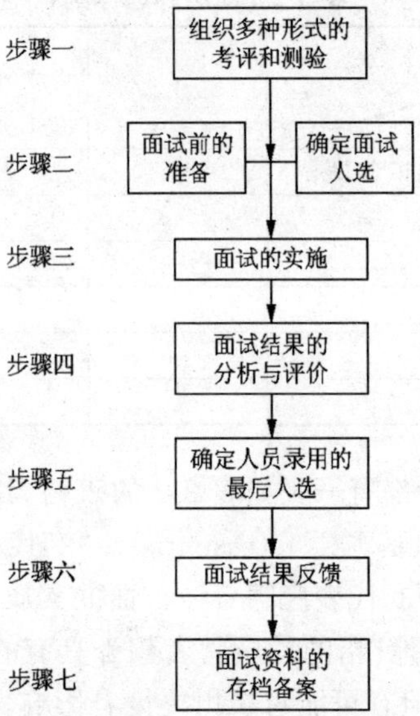

图 3-2 招聘测试与面试的七个步骤

- 能力测验。
- 个性品质测验。
- 职业性向测验。
- 动机和需求测验。
- 行为模拟。
- 评价中心技术。

通过对应聘者施以不同的考试和测验,可以就他们的知识、能力、个性品质、职业性向、动机和需求等方面加以评定,从中选出优良者,进入到面试候选人的范围。

2. 确定面试事务

- 确定面试考官

面试考官应由三部分人员组成:人事部门主管或专家、用人部门主管或专家和独立评选人。但是,无论什么人担任面试考官,都要求他们能够独立、公正、客观地对每位面试者作出准确的评价。

- 选择合适的面试方法

面试方法有许多种类,面试考官应根据具体情况选择最合适的方法组织面试。

- 设计评价量表和面试问话提纲

面试过程是对每位参加面试的应聘者的评价,因此,应根据岗位要求和每位应聘者的实际情况设计评价量表和有针对性的面试问话提纲。

- 面试场所的布置与环境控制

要选择适宜的场所供面试时使用,许多情况下,不适宜的面试场所及环境会直接影响面试的效果。

3. 面试过程的实施

这一阶段是面试工作程序中最主要的环节,它依靠面试考官的面试技巧有效地控制面试的实际操作。实际上,面试过程的操作质量直接影响着人员招聘与录用工作的质量。

4. 分析和评价面试结果

这部分工作主要是针对应聘者在面试过程中的实际表现作出结论性评价,为录用人员的取舍提供建议性依据。

5. 确定人员录用的最后人选,如有必要进行体格健康检查

(1) 做出录用决策

在经过笔试、面试或心理测试后,招聘录用工作进入了决定性阶段。这一阶段的主要任务是通过对甄选评价过程中产生的信息进行综合评价与分析,确定每一位应试者的素质和能力特点,根据预先确定的人员录用标准与录用计划进行录用决策。

测评数据资料的综合分析是通过专门的人事测评小组或评价

员会议进行的。测评小组共同讨论每个评价维度的行为表现，得出对某一求职者有关这方面情况的一致评价意见。在对每一评价维度都进行了类似的综合后，评价员们就要考虑勾画出该求职者在所有评价维度上的长处和弱点，然后作出最后的录用决策。这里需要注意的是：

- 如果人事部门与用人部门在人选问题上意见有冲突，应尊重用人部门的意见。

- 组织应该尽可能地选择那些拥有与企业精神、文化相吻合的个性特点的应聘者，即使他们没有相应的知识背景和工作经验，因为这些可以通过培训而获得，相对来讲，一个人的个性品质是难以改变的。至于健康问题，也可一开始就要求应聘者出具指定医院的健康合格证明。

(2) 决策的准确性

个人差异为人员选择提供了理论基础，选择过程的目标在于利用个人差异挑选那些更具有某种特性的人，这些特性被看做是干好工作的重要因素。工作分析是整个选择过程的基础。在此基础上，选择一个或一个以上敏感、相关、可靠的效标；同时，选择一个或一个以上与效标有某种关系的预测因子(如个性、能力、兴趣的量度)。对预测因子的选择应以工作分析信息为依据，这种信息可提供哪一种预测因子最有可能准确地预测标准绩效的线索。当我们把预测因子作为决策的依据时，可从正确决策的比例评价预测因子的作用。如果把预测因子的分数与工作绩效标准的分数进行对照绘制成图，其结果如图 3-3 所示。

这一模式简单、易懂，它只要求把根据预测因子所作的决策划分为两个或两个以上相互排斥的类型，对效标数据也作类似的分类，然后对两组数据进行比较。

决策正确性的指标之一是正确决策与总的决策之比。例如，在图 3-3 中，这一比例可以按下列公式计算：

$$PC_{TOT} = (A + C)/(A + B + C + D) \tag{3-1}$$

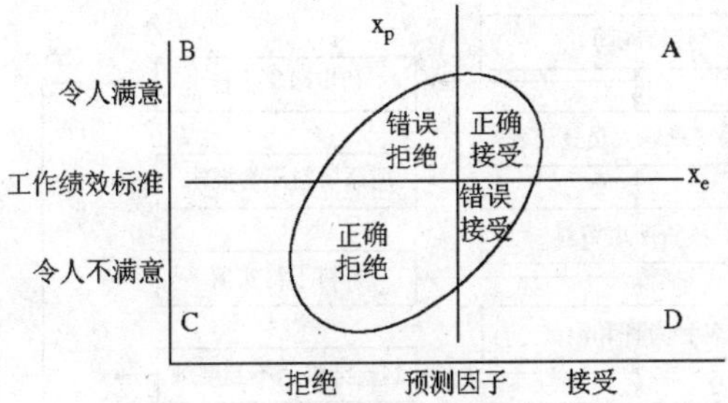

图 3-3 选择决策与结果组合图

在这里，PC_{TOT}是正确决策在总的决策中所占的比例。A、B、C、D 是每种决策类型中的人数，A、C 是正确决策类型中的人数。

需要注意的是，等式(3-1)考虑的是所有做出的决策。在这一意义上说，它类似于把所有申请者都考虑在内的预测效度系数。此外，应注意到，B、D 两种决策类型的影响是相同的。

在许多选择情境中，人们都把错误接受看得比错误拒绝更严重，雇用经理一般更关心那些被聘用的人的成功和失败，而不关心那些被拒绝的人。因此，决策正确性的一个更适当的指标是正确接受的决策在总的“接受”决策中所占的比例：

$$PC_{ACC} = A/(A + D) \qquad (3\text{-}2)$$

在这里，PC_{ACC}是那些被雇用后工作令人满意的人在所有被雇用者中所占的比例。A 和 D 分别代表受雇后工作令人满意的人和工作不令人满意的人。当选拔的目标是把 A 的比例扩大到最大限度时，使用等式(3-2)较适当。

6. 面试结果的反馈

人员选聘与录用工作的每个环节都包含两个方面的结果：录用过程和辞谢过程。录用过程是指应聘者在应聘过程中逐步被组织接纳，而辞谢过程则是招聘录用过程中的淘汰，二者是同时延续和完成的。如图 3-4 所示。

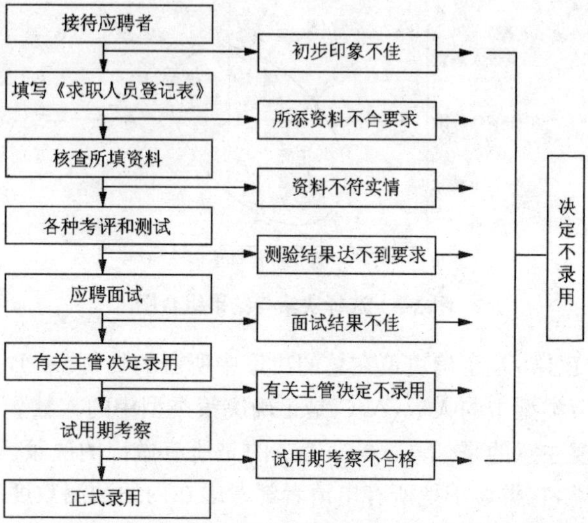

图 3-4　人员辞谢过程

面试结果的反馈有两条线路，一是由人事部门将人员录用结果反馈到组织的上级和用人部门。二是逐一将面试结果通知应聘者本人，对录用人员发布“试录用通知”(参见附表 3-4)，对没有被接受的应聘者发布“辞谢书”(参见附表 3-5)。

7. 面试资料存档备案

最后，将所有面试资料存档备案，以备查询。至此招聘测试与面试工作全部完成，重新回到人员招聘与录用的程序之中。

五、录用人员岗前培训

1. 培训目的

- 庄严而慎重地向新员工介绍其工作、工作环境及工作同事，能使其迅速熟悉业务流程，激励新员工的士气。

- 通过全面地、设身处地地向新员工提供情况、信息，尽快消除新员工对新工作、新工作环境及新同事的神秘感。
- 有助于新员工对其工作群体、整个组织以及工作环境建立积极的、真实的、有助于其工作成功的看法。

2. 培训内容

- 熟悉工作内容、性质、责任、权限、利益、规范。
- 了解企业文化、政策及规章制度。
- 熟悉企业环境、岗位环境、人事环境。
- 熟悉、掌握工作流程、技能。

3. 培训周期

培训周期一般为三天至一星期，特殊岗位的培训可以适当延长。也有极个别的组织因文化的需要培训时间长达 1～3 个月。

4. 对不合格者的规定

培训合格者方可上岗工作，培训不合格者给予机会再行培训，如仍不合格者，应予以辞退。

六、试用员工上岗试用

1. 试用目的

这一阶段的主要目的是为了通过工作实践考查试用人员对工作的适宜性，同时，也为试用员工提供了进一步了解组织及工作的机会，事实上，这一阶段是组织与员工的双向选择，彼此双方不受任何契约的影响。

2. 试用周期

培训合格者上岗试用，试用周期一般为三个月；特殊岗位的试用期可为六个月;试用期工作优异者,经部门推荐、考核通过,可提前结束试用期,正式录用。需要注意的是,试用期长短因雇佣合同期长短而异,对此政府有相应的法律规定。

3. 对不合格者的规定

试用期违反公司规章、工作程序、规范者,因其对新环境的不熟悉,应本着教育的原则予以纠正和帮助。

七、试用期满进行任职考核

对试用期满员工的工作绩效和工作适宜性进行考核评价,考核合格者可予以录用,正式录用前应由人力资源部和聘用部门负责人约见受雇者谈话,征求并尊重其本人的意见。

八、新员工上岗任用

颁发"正式录用通知"(参见附表 3-6),并与聘用者签订"聘用合同"(参见附表 3-7),新员工上岗任用。至此完成人员招聘与录用工作的全部操作,为组织挑选出所需要的人才。

附　录

附表 3-1　人员需求表

<table>
<tr><td>申请部门</td><td colspan="2">部</td><td rowspan="3">申请理由</td><td colspan="7" rowspan="3"></td></tr>
<tr><td>申请时间</td><td colspan="2">年　月　日</td></tr>
<tr><td>主管</td><td colspan="2"></td></tr>
<tr><td rowspan="2">申请内容</td><td>部门</td><td>工作内容</td><td>人数</td><td>分类</td><td>年龄</td><td>应聘资格</td><td>工作年限</td><td>能力</td><td>技术水平</td><td>学历</td></tr>
<tr><td></td><td></td><td></td><td>正式
临时
外聘</td><td></td><td></td><td></td><td></td><td></td><td></td></tr>
<tr><td rowspan="2">结果</td><td colspan="5" rowspan="2"></td><td colspan="2">申请受理时间</td><td colspan="3">年　月　日</td></tr>
<tr><td colspan="2">人事部主管</td><td colspan="3"></td></tr>
</table>

附表 3-2　求职人员登记表

<table>
<tr><td>编号</td><td>姓名</td><td>性别</td><td>出生日期</td><td>籍贯</td><td>民族</td><td>婚姻状况</td><td>最后学历</td></tr>
<tr><td></td><td></td><td></td><td>年　月　日</td><td></td><td></td><td></td><td></td></tr>
<tr><td>现单位</td><td colspan="2"></td><td>专业部门</td><td colspan="2"></td><td>职务职称</td><td></td></tr>
<tr><td>家庭住址</td><td colspan="5"></td><td>联系电话</td><td></td></tr>
<tr><td colspan="8">请另附完整个人简历</td></tr>
<tr><td>家庭成员</td><td colspan="7"></td></tr>
<tr><td>受训经历</td><td colspan="7"></td></tr>
<tr><td rowspan="2">身体状况</td><td>身高</td><td>体重</td><td>血型</td><td colspan="2">健康状况</td><td colspan="2">主要病史</td></tr>
<tr><td></td><td></td><td></td><td colspan="2"></td><td colspan="2"></td></tr>
<tr><td rowspan="5">主要工作成就</td><td colspan="4" rowspan="5"></td><td rowspan="5">外语能力</td><td>语种</td><td></td></tr>
<tr><td>听</td><td></td></tr>
<tr><td>说</td><td></td></tr>
<tr><td>读</td><td></td></tr>
<tr><td>写</td><td></td></tr>
<tr><td colspan="2">个人爱好</td><td colspan="6"></td></tr>
<tr><td colspan="2">请用 10 个形容词描述你自己的个性</td><td colspan="6"></td></tr>
<tr><td colspan="2" rowspan="3">请简述你对应聘工作的了解</td><td colspan="2">职位名称</td><td colspan="4"></td></tr>
<tr><td colspan="2">主要职责</td><td colspan="4"></td></tr>
<tr><td colspan="2">任职资格要求</td><td colspan="4"></td></tr>
<tr><td colspan="2">为何愿意到本公司</td><td colspan="6"></td></tr>
<tr><td colspan="2">其他需说明的情况</td><td colspan="2"></td><td colspan="2">对工资、待遇的要求</td><td colspan="2"></td></tr>
</table>

附表 3-3　笔试、面试通知书

先生/女士：

感谢您应聘本公司　　　职位。您的学识、经历、能力给我们留下了良好的印象。为了进一步增加彼此的相互了解，请您于　年　月　日　时　分前来本公司参加：

1. 面谈(初试、复试)；

2. 笔试。

如您在上述时间不方便，请您与　　　先生(女士)联系。

此致

敬礼！

人事部

先生/女士敬启

地址

电话

年　月　日

附表 3-4 试录用通知书

先生/女士：

感谢您应聘本公司　　　职位。您的学识、经历、能力给我们留下了良好的印象。

非常荣幸地通知您，根据考核、审查，您已被试录用为本企业员工。请您于　年　月　日　时　分来本公司报到。

如您在上述时间不方便，请您与　　　　先生(女士)联系。

祝您在新的工作中创造卓越成绩！

此致

敬礼！

人事部

先生/女士敬启

地址

电话

年　月　日

附表 3-5　辞谢书

先生/女士：

值本组织此次招聘员工之际，诚挚感谢您的应聘与合作。

您的才能、履历、经验给我们留下了深刻的印象。但非常遗憾的是，我们此次招聘人员有限，经慎重考虑，暂无法聘用您。

衷心感谢您的支持。祝您尽早找到适合您的理想工作，大展才华。

谨致

敬礼！

人事部

年　月　日

附表 3-6 录用通知书

先生/女士：

感谢您应聘本公司　　　　　职位。您的学识、经历、能力给我们留下了良好的印象。

非常荣幸地通知您，根据考核、审查，您已被正式录用为本企业员工。请您于　年　月　日　时　分来本公司报到。

如您在上述时间不方便，请您与　　　　　先生(女士)联系。

祝您在新的工作中创造卓越成绩！

此致

敬礼！

人事部

先生/女士敬启

地址

电话

年　月　日

附表 3-7　聘用合同

上海××厂劳动合同

上海×××厂(以下简称甲方)因经营业务需要,现聘用×××(以下简称乙方)为甲方劳动合同制职工。

甲乙双方本着自愿、平等、协商的原则,一致同意签订本合同。

第一条　合同期限

1. 合同有效期限自____年____月____日至____年____月____日止,为期____年。其中____年____月____日至____年____月____日止,为试用期。

2. 在试用期内,甲方发现乙方不符合录用条件的,可以即行解除本合同,并向乙方支付当月工资和政府规定的补贴。

3. 合同有效期满,甲方提前一个月以书面形式通知乙方是否续订合同。

第二条　工作岗位

1. 甲方安排乙方在工厂____部担任____工作。

2. 甲方确因工作需要,可以临时安排乙方做其他工作或依照乙方的能力(专业、工作、体力)和工作表现,调整乙方的工作岗位。

3. 乙方必须按照甲方确定的岗位责任,按时、按质、按量完成工作。

第三条　工作条件和劳动保护

1. 甲方需为乙方提供符合国家规定的安全卫生的工作环境,保证乙方在人身安全及人体不受危害的环境条件下从事工作。

2. 甲方根据乙方岗位实际情况,按照甲方规定向乙方提供必要的劳动防护用品和保健食品。

第四条　工作时间

1. 甲方实行每周工作五天,休息两天。每天工作时间为八小时,上下班时间由甲方决定。

2. 甲方确因工作需要乙方加班时,按照甲方及政府有关规定给予乙方一定补偿。

3. 乙方享有国家规定的法定节假日、婚丧假、计划生育假等有薪假期。

4. 乙方违反国家计划生育规定的按国家有关规定处理。

第五条 劳动报酬

1. 按甲方现行工资制度确定乙方月标准工资____元。甲方实行新的工资制度时,乙方的工资待遇按新的制度予以调整。

2. 甲方发薪日期为每月____日。

第六条 劳动保险和福利待遇

1. 乙方因生、老、病、伤、残、死,甲方按国家和上海市有关规定办理。

2. 乙方因病或非因工负伤需治疗的,甲方按照本厂员工考勤制度,给予相应的医疗期。具体参阅第八条第1款第(3)条。

3. 甲方依照政府规定向乙方支付独生子女费、幼托费、交通补贴、回族津贴等福利费用,并积极办理必要的集体福利。

第七条 劳动纪律

1. 乙方应遵守国家法律法规。

2. 乙方应遵守甲方的各项规章制度,遵守甲方规定的工作程序、保密规定等制度。

3. 乙方触犯国家的法律,被判刑、劳教的,本合同自行解除。

第八条 解除和不得解除合同的规定

1. 符合下列情况之一的,甲方可以解除本合同,辞退乙方。

(1) 在试用期内,发现不符合录用条件的。

(2) 乙方严重违反劳动纪律。

(3) 乙方因生病和非因工负伤在规定的医疗期满(____月)不能从事原工作的。

(4) 甲方因技术经营情况发生变化而多余的员工。

2. 符合下列情况之一的,甲方不得解除本合同,辞退乙方.

(1) 乙方因病或非因工负伤在规定的医疗期内。

(2) 乙方因工伤或职业病在治疗、疗养期间和医疗终结后一定时期经劳动鉴定委员会确认部分或全部丧失劳动能力的。

(3) 实行计划生育的乙方(指女性)在孕期、产期和哺乳期间。

(4) 劳动合同期限未满,又不符合本合同第八条第1款规定的。

3. 有下列情况之一的,乙方可以解除本合同。

(1) 经国家有关部门确认,甲方劳动安全、卫生条件恶劣,严重危害乙方身体健康的。

(2) 甲方不按照本合同规定向乙方支付劳动报酬的。

(3) 甲方不履行本合同或者违反国家有关法律、法规,侵犯乙方合法权益的。

(4) 乙方本人因特殊情况,需要辞职并经甲方同意的。

4. 甲乙双方任何一方提出解除合同,均应征求工厂工会的意见,并提前一个月书面通知对方,方可办理解除合同的手续。乙方在试用期内因违纪被辞退可不提前通知。

5. 如果乙方在本合同期内,由甲方出资进修(含境内、外实习培训)需要延长合同期限的,由甲乙双方另签协议。甲方出资培训的,乙方提出辞职或自行离职,应向甲方支付一定数额的培训费,具体标准参照《培训费赔偿标准》。

第九条　违反合同的责任

甲乙双方任何一方违约且给对方造成经济损失,都要承担经济责任。具体赔偿金额由非违约方和工会,根据违约者的责任大小和给对方造成的经济损失的情况确定。

第十条　劳动争议

1. 甲乙双方履行合同和因辞退、除名、开除乙方而发生劳动争议时,适用劳动争议程序。

2. 劳动争议的程序为:

(1) 甲乙双方协商解决。

(2) 由争议的一方或双方向上海市劳动争议仲裁委员会申请

仲裁。

(3) 不服仲裁裁决的一方,可在收到仲裁裁决书即日起十五天内,向甲方所在地人民法院提出诉讼。

第十一条 其他

1. 本合同一式两份,甲乙双方各执一份,经甲乙双方签字后生效,两份合同具有同等的法律效力。

2. 本合同条款如与国家法律、法规政策相悖时,以国家法规政策为准。

甲方:上海市×××厂代表: 乙方:

____年____月____日 ____年____月____日

附表 3-8　人员招聘录用规程的样例

企业招聘员工的有关规定

第一条　目的

本规定旨在为企业聘用员工确定合理的依据，以为企业补充合格的员工为目的。

第二条　录用范围

原则上以录用各类学校毕业生为主。特殊情况下，也包括临时招聘员工。

第三条　定期招聘计划的制订

定期招聘计划的编制程序是，由人事部根据定员计划，提出对学历、性别、专业的要求和招聘程序，并报有关部门和厂长（或经理）批准。

第四条　临时招聘计划的制订

人事部根据各部门的缺员情况和增人申请，经检查、核实和平衡后，直接报主管领导批准招聘计划。

第五条　制订考试计划

考试计划的编制依据是正式批准的招聘计划。其内容包括：录用原则、招聘原则和测评依据。

定期招聘情况下，考试计划要经主管领导批准，并报厂长（或经理）后组织实施。

临时录用情况，考试计划只需经主管领导批准后就可组织有关部门实施。

第六条　招聘

招聘的主要渠道有：(1)学校招聘。(2)职业介绍所招聘。(3)广告招聘。(4)关系介绍。

第七条　学校招聘

要将招工条件等以文书的形式（详见第八条）提交给有关学校的系主任和学生处。或由人事部领导直接去学校作招聘说明。

第八条　招聘表

到学校招聘，要分发招聘表。其内容包括：应聘表、企业介绍、招聘注意事项和其他相关文件。

第九条　职业介绍所招聘

临时招聘主要以短期职业中专和职业介绍所为对象。这时也应提供上述文件，或以口头形式向职业介绍所作说明。

第十条　广告招聘

广告招聘属临时性招聘。多在企业的经营战略和经营计划发生重大变化时采用。广告的形式和数量应视企业的需求量和需求程度而定。

第十一条　关系介绍

利用关系介绍招聘，也需向介绍者分发有关资料，特别要向他们强调招聘条件和录用标准。

第十二条　应聘表

原则上，人事部要在考试前一个月要求应聘者提交下述材料。(1)应聘表。(2)履历表。(3)专长。(4)照片(近期免冠正面照)。(5)最终学历证明。(6)成绩单。(7)体检表。

第十三条　选拔程序

基本上按以下程序进行选拔。(1)依个人资料初选。(2)笔试。(3)面试。(4)体检。

第十四条　初选

人事部根据应聘者提供的资料，对每个人的特长和不足进行充分的评价分析，作出初步选择意向后，通知应聘者参加笔试。

第十五条　对应聘者特长的把握

依据初选结论，主要考查以下几项。(1)学历是否与招聘要求一致。(2)年龄。(3)健康状况是否适应工作需要。(4)智商应在中上水平。(5)通勤距离。其居住地与企业间的距离应尽量近一些。(6)个人经历。(7)对工作的理解是否与企业经营方针一致。

第十六条　笔试

大学应届、历届毕业生的考试内容一般为外语、专业课和综合考试。中专及以下应聘者考试内容一般为外语、数学、写作和专业课。临时招聘的考试内容可相机决定。

第十七条　面试

对笔试合格者才进行面试。企业面试者应由厂长(或经理)、有关人员和主管部门领导参加,其人数不应少于5名。面试结果要集体决定。如厂长(或经理)不能出席,结果要报其批准方生效。

第十八条　体检

对面试合格者体检,主要是看其身体状况是否能胜任工作需要。体检一般由企业内部的医疗机构或合同医院进行。

第十九条　内定

对考试全部合格者发招聘通知书。通知书一般随应聘保证书一同发出。应聘者应将应聘保证书在两周内寄回企业。两周内未寄回者取消应聘资格。但因邮路故障或者有正当理由者不属此例。

第二十条　就职

应聘者应按人事部指定时间报到上班。报到时间由人事部与招工部门共同商定。

第二十一条　试用期

新职工报到后一般应递交保证书和担保书。并经3个月左右的试用期后,方可决定是否正式录用。

第二十二条　担保书

担保书要由其亲属填写。其条件是居住在同一城市、满25岁且有稳定的工作及收入。担保书中要写明担保人的地址、姓名并签名。

第二十三条　保证书

保证书一般用企业通用格式,一式两份,一份由人事部保存,一份由个人保存。

第二十四条　正式录用

试用期过后,由所属部门提出报告,给人事部审批后,决定是否正式录用。

第二十五条　附则

本规定从＊＊＊＊年＊＊月＊＊日开始执行。解释权归人事部。

第四章　人员评估

第一节　人员评估概要

一、人员评估的含义与基本程序

人员评估是指根据来自各方面的有关求职者的信息对求职个体作出客观评价，它是进行人员录用决策的重要依据。这些信息来源包括简历、能力测评、个性测评、体能检查、面试等各个方面。

通过对求职者各方面信息的客观、系统地评价来决定应聘人员的甄选录用，可以保证对所有求职者做出客观公正的录用决定。

完整的人员评估包括以下几个方面：

- 根据对职位的具体要求，确定需要对应聘人员哪些方面进行评价。
- 根据要求设计评估程序及内容。
- 考查应聘者各方面的能力及特点。
- 对应聘者做出总体评价，写出评价报告。
- 根据总体评价对人员甄选录用提供参考性建议。

1. 确定对应聘人员评估的内容

针对不同职务层次、不同岗位系列，甚至不同的企业特征，对人员的能力及特点有不同的要求。例如，对于商品售货员来说，诚实及承受压力的坚韧性十分重要，而对于一名销售代理来说，行为的灵活性、说服劝导及推销能力则更为重要。因此，在评价求职者之前，要借鉴职位分析对该职位所侧重的能力、品质特点的界定，及各方面信息的重要程度的标定，根据这些标准确定需评价的方面及重要程度。

2. 根据要求设计评估程序

根据上一步所确定的需评价的方面及重要程度设计合理的评估程序及评估内容也是十分关键的。这一步影响到评估是否全面及重点突出。例如，对于技术人员主要考查专业技术能力，而对于行政人员，行政管理能力则十分重要。

由于需考查的方面及侧重点不同，评估的程序也有所不同。要招收普通的售货员可能只需简单的简历评估及面谈即可，而要选拔高级管理人员，则需通过简历评估、能力测试、个性分析、面试、公文筐测验等复杂程序，逐步考查。

3. 考查应聘者各方面的能力及特点

这一阶段是针对被评估人员收集数据的阶段，根据上一步所设计的评估程序及内容，对求职者的各方面实施考查，进行评分。一般通过简历分析、考试和测验、面试等方面来收集信息，评估求职者。

此阶段实施的成功与否决定了有关信息的可靠性及完整性。因此，对评估人员有较高的要求，具体要求将在本章第五节中列出。

4. 对应聘者做出总体评价

经过对求职者的简历评估、考试、测试、面试等评估程序之后，接下来的主要任务就是通过对评价过程中产生的结果进行综合评价与分析，确定每一人员的素质与能力特点，写出评价报告。评估报告的书写将在本章第五节中叙述。

5. 对人员甄选录用提供参考性建议

评估人员往往由专门的人事测评小组或专家评价员组成，他们一般不是人员录用决策者。评估小组的职责在于讨论每一求职者在每个评价维度上的行为表现，得出对这一求职者有关方面情况的一致评价意见，并将各方面的情况进行综合，对比甄选录用标准做出参考性的建议，供决策者借鉴。

二、人员评估在人员招聘各阶段中的应用

一个完整的人员招聘活动一般由以下几个阶段组成：

阶段一：开展招募活动；

阶段二：筛选申请表；

阶段三：组织多种形式的考试和测验；

阶段四：确定面试人选、发面试通知及面试前的多项准备工作；

阶段五：面试过程的实施；

阶段六：分析、评价测试及面试的结果；

阶段七：确定最后人选。

在以上七阶段中，需要评估人员参与的主要有阶段三、阶段四、阶段五、阶段六。一般意义上的人员评估主要是对应聘者进行各种考试、测试及面试，并对其结果进行分析、综合，最终对人员作出总体评价。

第二节　考核内容及工具

表 4-1 列出了人员评估中所要考查的内容及相应的经常被采用的工具或评估方式：

表 4-1 评估内容及采用的工具、方式

评估内容	评估工具	具体备选工具举例
专业知识	专业知识考试	1. 营销知识考试 2. 财会知识考试 …
专业技能	技能考试	3. 生产技术考试 4. 打字速度考试 …
一般知识	一般知识测验	5. 电脑知识、操作考试 6. 外语考试 …
特殊能力	特殊能力测验	7. 管理技能测验(计划、控制、授权、沟通、激励等) 8. 敏感性及应付能力测验 9. 管理数量分析测验 10. 管理逻辑推理测验 …
智力	智力测验	11. 斯坦福-比内智力量表 12. 韦克斯勒成人智力量表 13. 多维能力倾向成套测验 …
个性(人格)	个性(人格)心理测验	14. 卡特尔十六种人格因素测验 15. DISC 个性测验 …
职业成就	职业成就测验	16. 生活特性问卷 …
职业性向	职业性向测验	17. 职业兴趣测验 …
工作动机	工作动机与需求测验	18. 价值取向评估 19. 需求测试 …
实际操作能力	行为模拟测验	20. 公文筐测验 21. 小组讨论 22. 角色扮演 23. 工作任务完成 …

一、考核内容分析

表4-2给出了通常在各个方面需要考查的人员素质的参考内容。

表 4-2　考核内容实例

知识	技能	能力	情绪	需求、动机	人格	特殊管理能力
财会	打字	感知力	理解	生物需要	内外向	沟通能力
外语	设备操作	注意力	表达	安全需要	才识	管理变革
法律	驾驶	记忆力	控制	归属需要	情绪稳定	团队指导
管理	电器维修	判断	调节	尊重需要	谦逊	计划
计算机	书法	推理		独立需要	严谨	组织协调
……	……	概括		自我实现需要	责任心	指挥控制
		想象		成就动机	敢冒风险	预测
		表达		权力动机	理智	决策
		空间认知		亲和动机	随和	管理方式风格
		数量分析		风险意识	现实	资源利用
					坦率	有效管理信息
					安详自信	时间分配
					保守	
					自主果断	
					自律	
					心气和平	
					面子意识	
					中庸	

1. 知识

知识是指以概念及其关系的方式存储和积累下来的经验系统。岗位工作知识是从事工作的最基本的基础之一，因此也可以看成是岗位的最基本的素质要求。为此，许多企业都对各类岗位制订一定的知识标准，并进行相应的考试，考查知识掌握情况。例如，保健医药行业的医药、保健常识考试；对所生产、经营的产品的知识考试；法律知识考试等。

2. 技能

技能是以动作活动的方式固定下来的经验系统。这里是指岗位工作所要求的具体的操作活动,如汽车驾驶、车床操作、打字、电脑操作等。

生产线上的工作一般都要求良好的动作操作技能,眼、手、脚、躯体的相互协调等,否则,不仅不能保证工作质量和速度,还有可能导致工伤事故。一般在招聘秘书时,都要考查打字技能,一般的方法是现场考查,包括听打和看打,检查打字速度和出错率。

3. 智力因素

智力是指一般能力,它又可以分解为许多方面,如:

(1) 感知力:对视听信息、颜色、方位、空间与时间特性等方面的把握能力。对于生产或特殊经营行业的操作人员,例如炼钢工人、彩色印刷工人往往要求对颜色十分敏感。

(2) 注意力:心理能量的指向性集中,具有稳定性、敏感性、持久性等特性。某些特殊的工作对注意力的要求很高,如驾驶、打字校对、文秘、产品质量检测、仪表监测等。

(3) 记忆力:迅速获取并巩固大量信息的能力。一般来说,教师、行政、人事、市场分析、警察等工作要求有较好的记忆力。

(4) 语言能力:理解、加工、处理和表达语言信息的能力。诸如行政、文秘、管理、律师、社工、公关、行销等工作,对言语能力有很高的要求。

(5) 思维能力:指进行抽象、概括、逻辑分析与综合、推理、想象等过程的能力。这是人们进行创造性活动以及决策的重要基础。创作、策划、市场分析、经营管理等多要求有相当程度的思维能力。

考查智力的测验有韦克斯勒成人智力量表、DAT 测验、MACO 测验等。

4. 非智力因素

(1) 情绪:是指个体对态度的体验与控制,通常伴随有躯体反应。对某些工作，尤其是管理类工作，情绪的理解与控制、情绪稳定性是十分重要的。“情商 EQ”就是对个体的情绪理解与控制能力的一个衡量指标。情商被认为对管理与营销人员具有特殊意义。

(2) 动机：动机是指由需要引起的行为驱力。主要的工作动机包括成就动机、权力动机、亲合动机。这是由著名动机心理学家麦克里兰提出来的。这三个方面常常是企业选拔管理人员的重要考查内容。相关的测验工具包括需求测试、价值取向评估等。

(3) 气质：气质是指(由高级神经系统活动特性所决定的)行为活动的能量和时间特性，例如爆发性、灵活性、耐久性、强度等。不同的人气质不同，所适宜的工作也不同。有的工作，例如流水线上的工人，要求有很好的耐力，能在整个工作日里都保持高度的认真细心，即耐久性、稳定性很好。经常采用的气质测验有划销测验和内田-克里佩林测验。

(4) 个性/人格：指固化、稳定的思维方式和行为习惯，体现个人化的特性。有研究认为，特定行业要求从业人员有特定的个性模式。最容易理解的就是营销工作和研究工作。这是两种对比鲜明的职业。前者相对更要求外向、灵活、关注外部变化，而后者则更注重稳重、关注内在观念。事实上，行政、经营、生产、技术这四大类职业之间的确存在着人格模式的差异。较成熟的用于人员筛选的个性测验有卡特尔 16 种人格因素测验、DISC 个性测验等。后面将详细介绍。

5. 综合素质

在现实工作中，评估人员经常需要考虑到具体的工作能力上的素质，它们本身并不是某种单纯性的素质，而是由多种素质综合而成，故称为综合素质。它们在现实工作中很难被分解，它们只是对应于具体的工作要求，而不是一种理论上的单一素质。例如，高层管理人员常常需要具备一些综合管理能力，包括计划、组织、预测、决策、沟通等。此外，他们还需要有对多方面管理业务的整体运作能力，包括对人、财、物、信息等多方面的控制和把握。由于这些素质具有复杂的构造成分，使相应的测量、评价有很大的难度。

考查综合素质的方法和工具有面试、公文筐测验、无领导小组讨论等。

二、人员评估工具实例分析

1. 能力测量：数量分析能力

例题：

X 公司 1978～1983 年的利润与总收入分配情况

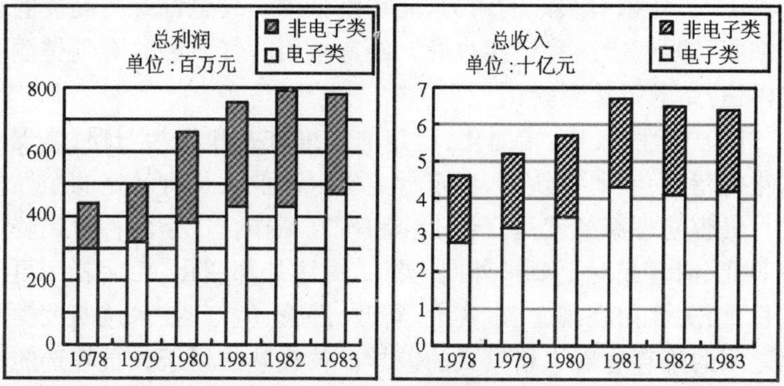

非电子类产品 1983年的利润分配图
单位：百万元

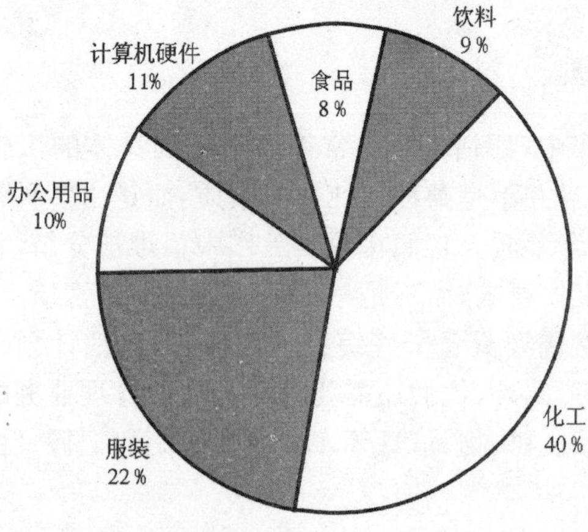

(1) 1982年公司运营总利润比1978年多几亿元?

① 1.00　② 1.25　③ 1.80　④ 3.40　⑤ 4.75

(2) 电子产品的利润首次超过40亿元的那一年中,公司的总收入是多少亿元?

① 28　② 45　③ 52　④ 58　⑤ 67

2. 动机测量

● 权力动机:是对权力的渴望,是权力欲。具体地说,权力动机是指人们力图获得、巩固和运用权力的一种内在需要,是一种控制他人行为,使他人按照自己的思想和意图行事的欲望。权力动机的结果,可以导致积极的或消极的行为。

● 成就动机:是指人们发挥能力获取成功的内在需求,一种克服障碍、完成艰巨任务、达到较高目标的需要,是对成功的渴望,它意味着人们希望从事有意义的活动,并在活动中取得圆满的结果。

● 亲和动机:是指人对于建立、维系、发展或恢复与他人或群体的积极情感关系的愿望,其结果是引导人们相互和睦、关心,形成良好的人际氛围。亲和动机也需要控制适当的程度。

不同动机的搭配会产生不同的效果。

不同动机配置与领导结果

权力动机	成就动机	亲合动机	领导结果
较高	较高	适度	最有利于全组织的领导
低	较高	高	家园型主管,对个人有利,对组织不利
较高	高	低	个人成功,组织不利(无团队精神)
低	高	较高	无法统率团体
高	低	较高	可能偏袒私人
较高	低	高	把组织当成社交场所
太低	—	—	无法统率下属
—	太低	—	无法完成机构的任务
—	—	太低	无法与人交往的孤独者

3. 人格测量

性格是心理特质的整合统一体，是人对事务的相对稳定的态度体系和习惯化了的思维方式，是在不同时空背景下影响人的外显和内隐行为模式的心理特性。

(1) 16PF

卡特尔 16 人格因素

低分特征	高分特征
缄默、孤独	乐群外向
迟钝、学识浅薄	智慧、富有才识
情绪激动	情绪稳定
谦虚、顺从	好强、固执
严肃、谨慎	轻松、兴奋
权宜、敷衍	有恒、负责
畏缩、退怯	冒险、敢为
理智、注重实际	敏感、感情用事
信赖、随和	怀疑、刚愎
现实、合乎成规	幻想、狂放不羁
坦白直率、天真	精明能干、世故
安详沉着、有自信心	忧虑抑郁、烦恼多端
保守、服膺传统	自由、批评激进
依赖、随群附众	自主、当机立断
矛盾冲突、不明大体	知彼知己、自律谨严
心气和平	紧张困扰

16PF 测验是著名的人格测验，它针对普通人进行 16 个维度方面的人格评价，在 16 个成对标定的维度上对人格进行系统评价。

(2) DISC 测验

DISC 在两个维度、四个象限上对人格进行解释(见图 4-1)，DISC 按顺时针分别代表四种不同的人格类型。

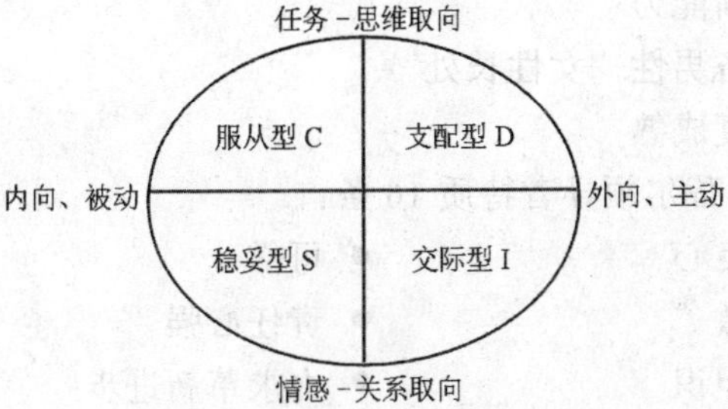

图 4-1 DISC 测验人格解释图

例如,稳妥型人格具有下列特征:

● 行为特征:有目标的、友好的、很好的倾听者、细心的、轻松的、真诚的、稳定的、团队的带领人、理解他人的。

● 对团队的价值:团队操作及其运行的依靠者。能为领导和目标奋斗。认真并且热情。很好的逻辑思考者。服务取向的人。

● 在紧张情境下的行为表现:非感情外露的、不在意的、犹豫的、不变通的。

● 理想的工作环境:平稳并且有高预测性的环境,允许有时间变动(自由支配时间)的环境,有长时期的工作关系的环境,在人员之间有较低冲突的环境,较自由的环境。

● 可能的缺陷:倾向于避免争论,很难确立事务重点,不喜欢没有保障的变动,很难处理多种情境。

4. 管理能力测量

齐赛利提出有效的领导者应具备 8 种品质:

● 才智:语言才能

● 首创精神:善开拓新方向,有创新愿望

● 督导能力:能指挥他人

● 信心:有较高的自我评价

● 与员工关系密切

- 决断能力
- 兼备男性—女性长处
- 高度成熟

斯托格蒂尔领导者特质16条：

- 有良心
- 可靠
- 勇敢
- 责任心强
- 有胆识
- 力求革新进步
- 直率
- 自律
- 有理想
- 善处人际关系
- 风度优雅
- 乐观
- 身体健壮
- 智力过人
- 有组织能力
- 有判断力

美国企业界的一种舆论认为领导者（企业家）应具备十大条件：

- 合作精神
- 决策才能
- 组织能力
- 擅长控制和分配权力
- 善于应变
- 勇于负责
- 敢于求新
- 敢担风险
- 尊重他人
- 品德良好

5. 文件筐测验介绍

文件筐测验是指模拟管理者处理文件的实际情形，考查各种管理技能。

(1) 特点

- 文件筐测验具有灵活性，可因不同的工作特性和需评估的能力而设计题目。
- 作为一种情境模拟测验，它可以对个体行为做直接的观察。
- 由于把人置于模拟的工作情境中去完成一系列工作，为每一个被试者都提供了条件和机会相等的情境。与通常的纸笔测验相比,显得生动不呆板,测的是被试者解决问题的实际能力。

● 它能预测一种潜能,这种潜能使人在管理上获得成功。

● 由于文件筐测验能从多个维度上评定一个人的管理能力,它不仅能挑选出有潜力的管理人才,还能训练他们的管理与合作能力,使选拔过程成为培训过程的开始。

● 在实践中,文件筐测验除用作评价、选拔管理人员外,还可用于培训、提高管理人员的管理技巧、解决人际冲突和组织内各部门间的摩擦、以及为人力资源计划和组织设计提供信息。

(2) 测量内容

● 工作条理性:设计一定的任务情境和角色情境,要求被试对材料进行分类和判断所给材料的优先级。此维量得分高的被试能有条不紊地处理各种公文和信息材料,能根据信息的性质和轻重缓急对信息进行准确地分类,能注意到不同信息间的关系,有效地利用人、财、物资源,并有计划地安排工作。

● 计划能力:该维量得分高的被试能非常有效地提出处理工作的确实可行的方案,主要表现在能系统地事先安排和分配工作,识别问题及注意不同信息间的关系,根据信息的不同性质和紧迫性对工作的细节、策略、方法作出合理的规划。评价计划时,在某种程度上要关注被试对其行为未来后果的考虑。例如,他们解决问题时是否考虑了时间、成本、顾客关系或资源。计划也包括为避免某种预料的问题而考虑采用的步骤,以及这些问题真的出现时可以采取的操作步骤与方法。

● 预测能力:该维量得分高的被试能全面系统地考虑环境中各种不同相关因素,对各种因素作出恰当的分析,并作出合乎逻辑的预测,同时对预测能提出行之有效的实施方案。该维量包括三部分:预测质量,逻辑依据,可行性分析。评价预测时,要考查被试为了作出预测而利用文件筐内材料的程度,即是否综合各种因素作出分析。

● 决策能力：该维量得分高的被试对复杂的问题能进行审慎地剖析，能灵活地搜索各种解决问题的途径，并作出合理的评估，对各种方案的结果有着清醒的判断，从而提出高质量的决策意见。该维量包括三部分：备选方案，影响因素，决策。评价决策时，要细察决策背后的理性成分，如：被试考虑了短期和长期两种后果了吗？考虑了各种备选方案的优缺点了吗？假如是这样做，为何采取这一行动？

● 沟通能力：要求被试设计公文，撰写文件或报告，用书面形式有效地表达自己的思想和意见。根据评估内容，考查被试的思路清晰度、意见连贯性、措辞恰当性及文体相应性。得分高的文章要求语言非常流畅，文体风格与情境相适应，能根据不同信息的重要性来分别处理，结构性很强，考虑问题很全面，能提出有针对性的论点，表现出熟悉业务的各个领域。

三、面　试

1. 面试的优缺点

面试是一种通过考官与考生直接交谈或设置考生于某种特定情境中进行观察，了解考生熟知状况、能力特征及求职应聘动机等情况，从而完成对考生适应职位的可能性和发展潜力的评价的一种十分有用的测评技术。面试的优点在于它比笔试或看简历资料更为直观、灵活、深入，缺点在于主观性大，考官容易产生偏见，难于防范和识别考生的社会赞许倾向和表演行为。

2. 面试程序

（1）面试前的准备

确定面试的目的。认真阅读评估对象的简历表，确定面试提纲。文化提纲主要围绕要证实的疑点和问题，针对不同对象应有不同的了解侧重点。确定面试的时间、地点。制订面试评分表。

(2) 面试开始阶段(3～4 分钟)

面试开始，面试考官要努力创造一种和谐的面谈气氛，使面试双方经历一种信任、亲密的关系，解除评估对象的紧张和顾虑。常用的方法是寒暄、问候并采用微笑、放松的姿势。可以先让对方简要介绍一下自己的情况。这个阶段面试考官要注意倾听和观察。

(3) 正式面试

根据面试中所提的问题，面试大体可分为结构化面试、非结构化面试和结合以上两者的半结构化面试。

● 结构化面试：指在面试前预先设定所提问题，在面试中有准备地系统提问的一种面试方法。结构化面试有利于提高面试的效率，了解的情况较为全面。

● 非结构化面试：面试考官可以随时发问，无固定的提问程序。针对每位被评估者的不同情况，考官可以了解到不同的特定情况，但缺乏全面性、效率较低。

● 半结构化面试：将结构化面试与非结构化面试结合起来，面试前大体设定面试中所要了解的几个方面的问题及提问的程序，但面试执行的过程中考官可以灵活掌握，根据考生的特殊情况加入预期外的问题。

正式面试中要注意掌握面试的技巧，面试中多采用开放式提问，让被评估者充分阐明自己的观点和看法。由于面试的目的是评估应试者，所以在面试中考官要避免过分展现自己的观点和负性情绪。面试中，考官可以提一些用于澄清或结束无关话语的提问，但不要随便打断对方的谈话，也不要随声附和。

正式面试将要结束时，可以给被评估者以提问的机会。

(4) 结束面试

不论应试者的表现是否良好，面试均应在友好的气氛中结束。同时，面试考官应立即整理面试记录，并填写面试评分表，核对有关材料作出总体评价意见。

3. 结构化面试

在选拔性人员评估中通常采用结构化面试。同一般的面试相比,结构化面试对面试的考查要素、面试题目、评分标准、具体操作步骤进一步规范化、结构化和精细化,并且统一培训面试考官,提高评价的公平性,从而使面试结构更为客观、可靠,使同一个职位的不同应聘者评估结果之间具有可比性。结构化面试可为组织选择合适的人才提供充分的依据,为实现高效地甄选录用人员、科学开发人力资源提供一种有效的技术手段。

下面一节将具体介绍结构化面试。

第三节　结构化面试的技术规范

一、面试的一般原则

● 面试考核需与职位相对应,考核的要素需根据所选职位的能力要求来制订。不同职位所需考核的侧重点不同。

● 面试内容的制订应力求科学,尤其要做到可量化操作。

● 面试应至少由两个或两个以上的考官独立评分,取这些分数的平均值。如果在同一项上不同主试人的评分有明显差异,应仔细复查,请评分人各自陈述理由。

● 面试时力求对考生进行客观评价,摒除个人偏见。

二、面试考查的主要内容

面试考核的内容可根据不同需要进行调整。一般来说,面试分两部分进行:第一部分,考查应试者的综合能力;第二部分,考查应试者的专业知识和技术性能力。另外,在面试中,考官应根据对考生背景情况的了解,有针对性地提出需考查的个别问题,判定考生的特殊能力。

1. 综合能力的考查

针对不同职务、职位,面试中所需考查的综合能力的内容和侧重点不同。在制订面试方案前,需要分析各种职位对应要求的能力有哪些,其各自相对的重要性如何。一般来说,面试中需考查的方面可归为以下8个要素:

- 举止仪表:应试者的体格外貌、穿着举止、精神状态。
- 言语表达:应试者言语表达的流畅性、清晰性、组织性、逻辑性和说服性。
- 综合分析能力:能否对所提出的问题抓住本质、要点,充分、全面、透彻而有条理加以分析。
- 动机与岗位的匹配性:对职位的选择是否源于对事业的追求,是否有奋斗目标,积极努力,兢兢业业,尽职尽责。
- 人际协调能力:有人际交往方面的倾向与技巧,善于处理复杂人际关系,调和各种利益冲突。
- 计划、组织、协调能力:能清楚设定完成工作所需步骤,并对工作的实施进行合理安排,妥当协调工作中所需要的各方面的支持。
- 应变能力:在实际情景中,解决突发性事件的能力,能快速、妥当地解决棘手问题。
- 情绪的稳定性:情绪的自我控制能力,语调、语速的控制,言辞的遣措等是否有理智和节制,反映耐心、韧性,以及对压力、挫折、批评的承受能力。

2. 专业知识和技术性能力考查

针对不同职务,有对应的专业知识和技术性能力要求。主考官可根据具体需要考查考生的专业知识,考查形式一般有以下几种:

- 提出专业性问题，让考生做答。
- 给考生一个具体的任务让考生现场操作。
- 假定一个工作情境，让考生设想他(她)在假定条件下的行为表现。

另外，有时还需要考核应试者一般技术性能力，例如，计算机应用水平，英语熟练程度等等。对这些能力的考核，主考官只需根据具体需要选择实际操作或回答问题的考核形式即可。

三、面试中常用的六种题型

1. 导入性问题

导入性问题是指在考生入场，考官做指导性阐述之后，考官提出的一些有关考生背景的问题。考官一般用 3—5 分钟大致了解一下考生的情况，例如，考生受教育和工作的情况，为何要来面试等等。

这类问题于面试的最初阶段提出，主要用来缓和考生的情绪，开创考官与考生之间融洽交流的气氛。这类问题的作用主要是使考生能够发挥出最佳水平，同时使考官能了解每一考生的真实水平，以求公平。另外，通过对考生背景的询问可以掌握一些简历以外的信息，为下一步的考核提供思路。

2. 行为性问题

行为性问题是指，考官询问考生过去在某种情境下的行为表现。这类问题的假设是：考生过去怎么做，将来也会怎么做。

由于这类问题的隐蔽性差，有些考生会做一些言过其实的回答，所以考官需要对回答的某些细节进行追问。追问一般涉及到当时的情境、任务、行动措施、行为结果这四个方面。例如，问考生他认为过去他做得最成功的一件事是什么，考生回答是一次成功的大款额项目的合同签订。这种情况下，涉及的追问可以是：你是为哪个公司签订的合同，合同签订的甲方是哪个单位，导致成功签订的主要原因是什么，签订合同后你获得了哪些奖励等等。

3. 智能性问题

智能性问题主要考查考生的综合分析、言语表达能力。题目一般为，考官提出一些有争论的问题，让考生阐述他自己的看法。例如，问考生如何理解"人平不语，水平不流"这句话。

对这类问题的评判，不应以考生的回答与考官的理解是否一致为标准，而要考查考生是否能自圆其说，令人信服，及其意思的表达是否清晰、有逻辑。

4. 意愿性问题

意愿性问题主要考查考生工作的动机是否与岗位相匹配。提问的方式可以是以下几种：

- 直接询问考生应聘这份工作的动机，告知他工作的要求和将要承受的压力，观察考生的反应。
- 询问考生离开原工作单位的原因。
- 设计一种两难情境让考生选择，并询问选择的动机是什么。例如，考题可以这样设计：我们公司需要有两种市场开发人员。一种只需在本地工作，但薪金较低，发展的机会也较少；另一种需长期出差，但薪金较高，发展机会也多。你倾向于选择那种工作？

5. 情境性问题

情境性问题是指设计未来的一种情况，问考生他将会怎么做。这类问题可测的要素较多，可根据具体情况灵活控制。例如，可以设计某种任务达标、活动组织等情境，问考生将如何组织实施。这种情况下，就可以考查考生的计划、组织、协调能力及人际间协调能力。

6. 应变性问题

应变性问题主要考查考生在紧急情况下的快速反应、妥当解决问题的能力,及情绪的稳定性。一般提问形式为,假设一种意外情况需考生立即处理,问考生设想的解决方案是什么;或者对考生提出一些刁难性问题,看考生如何表现。例如,可以设计题目为:如果你的领导在一次工作报告会上的发言中出现一个明显的错误,但领导毫不知觉,你如何在不伤害领导形象的前提下,制止他继续犯错?

四、具体操作需注意的问题

● 考场的布置:布置考场和安排面试时,应力求不让已面试的考生与未面试的考生有信息交流的机会。已考核完毕的考生应立即离开考场。

● 面试材料的准备:要保证面试中所需材料的齐全。例如,面试前应确定是否备有考生的简历及相关资历证明、评分表等材料。

● 面试提问的顺序:一般来说,面试都以面试指导性话语开始,将考生引入面试氛围,接着问导入性问题,缓和气氛,再进入正题。导入性问题之后的问题顺序并不需有所限定,可根据具体情况灵活处理。面试中为考查考生的应变能力,可能会涉及带有欺骗性的提问。这种问题宜于放在面试程序的末尾,以免影响考生答题的情绪,并且一定要在面试结束前向考生澄清。

● 面试分数的公布:面试前应考虑好是否在面试结束后向考生宣布考核分数,并做到对所有考生同等对待。

● 防止主观偏见:面试考官要注意防止自己的主观看法影响面试成绩的客观性,防止晕轮效应,以貌取人。

表 4-3 某中外合资企业面试观察提问与评价要点

要素	观察内容	提问项目	评价要点
礼仪、风度	1.仪容、衣着 2.行为、举止 3.敲门、走路、坐姿、站立的仪态 4.口语(礼貌用语)		1.穿着整齐、得体、无明显失误 2.沉着、稳定、大方 3.走路、敲门、座椅符合礼节 4.口语文雅礼貌
求职动机、愿望		1.你选择本公司的原因。 2.你选择本公司最重视什么? 3.你对本公司的了解。 4.你希望公司如何安排你的工作、待遇? 5.对将要从事的工作的认识。	1.是否以企业发展为目标兼顾个人利益 2.回答完整、全面、适当 3.说服力
表现力、语言表达力	1.将自己表达内容有条理地准确地传给对方 2.引例、用语确切 3.语气、发言合乎要求 4.谈话时姿态表情	1.请谈(描绘)自己。 2.谈谈你的优缺点。 3.你的兴趣、爱好。 4.据你自我分析,最适合你的工作。	1.谈话前后的连续性 2.主体、言语简洁明了 3.逻辑清楚 4.说服力 5.遣词用句准确
社交能力和人际关系、社会关系		1.请介绍你的家庭。 2.你的朋友如何看待你? 3.你希望在什么样的领导下工作? 4.你交友时注重什么?	1.自我认识 2.交往能力
判断力、情绪稳定性	1.准确判断面临状况 2.处理突发事件 3.迅速回答对方问题 4.处理难堪问题的反应	1.假如A公司与B公司同时录用你,你将…… 2.公司工作非常艰苦,你将如何对待? 3.你怎么连这样的问题也不懂? 4.你好像不太适合本公司的工作。	1.礼节问题准确性、迅速性 2.自我判断力 3.是逻辑判断还是感性判断 4.有自己的独立见解

（续表）

要素	观察内容	提问项目	评价要点
行动与协调能力、工作经历	1.对自己认定之事能否坚持、有序 2.工作节奏紧张、有序 3.集团作业的适应性 4.组织领导能力 5.能否更多地从他人的角度解释问题	1.从事过何种勤工俭学工作？ 2.参加过何种组织活动任何职务，为什么？ 3.有过何种研究？ 4.论文写作过程。	1.表现力 2.考虑对方处境和理解力 3.实践能力 4.交往能力
责任心、纪律性	1.负责到底的精神 2.对工作的坚持 3.令人信服的完成工作 4.考虑问题偏激与否 5.对本职务的要求	1.对委任的任务完成不了时如何处理？ 2.对学校规章制度的看法。	1.自信力 2.纪律性 3.意志力
个人性格、品质	1.有无不良性格（过分狂妄或自卑） 2.有无偏激观点 3.回答问题的认真诚实 4.掩饰性	1.你认为现在社会中一个人最重要的是什么？ 2.你能否“受人之托、忠人之事”？	1.诚实真诚 2.人生观 3.信用
专业技能学识	1.对专业知识的了解程度 2.成绩 3.对所要从事的工作的认识	1.你为何选择该专业？ 2.介绍一下学习成绩和擅长科目。 3.有何特长和具备何种资格？ 4.谈谈你从事该工作的优势。 5.有何工作经验？	1.专业学识是否符合工作要求 2.有无特殊技能 3.有无工作经历
总体印象	面试结束后你的评价	经过上述面试，请你对于你面试结果作初步评价，说明为什么？	1.综合、全面评定 2.尽量减少误差影响

第四节　人员评估一般采用的其他形式

一、笔　　试

笔试是让应试者在试卷上笔答事先拟好的试题，然后由评估人员根据应试者解答的正确程度予以评定成绩的一种测试方法。这种方法可以有效地测量应试者的基本知识、专业知识、管理知识、相关知识以及综合分析能力、文字表达能力等素质及能力要素的差异。

笔试法的优点在于以下几个方面：

(1) 一次测试能够出题较多，题目较为全面，对知识、技能和能力的考查的信度和效度较高，可以大规模地进行评价。

(2) 笔试法测试费时少，效率高。

(3) 应试者的心理压力小，较易发挥正常水平。

(4) 成绩评定较为客观。

由于笔试法的上述优点，使笔试法至今仍是企业组织采用的长久不衰的人员评估的重要办法。但同时笔试法也有它的局限性和缺点。笔试法的缺点在于它不能全面地考查应试者的工作态度、品德修养以及组织管理能力、口头表达能力和操作技能等。

二、心理测试法

心理测试是现代人员评估的一种非常重要的技术。心理测试不同于一般的人员评估技术，而是经过科学研究精心设计的产物。科学的心理测验具有以下特点：

1. 客观性

心理测试的方法往往有客观的评分系统，只要有标准答案，任何人都能给测验打分，从而排除主观的影响。

2. 标准化

对于所有应试者来说，心理测试有一致的测验时限条件，每个被测者都在相同的情况下接受测验。每个测验都有自己的标准程序。每次进行某一测验时都必须严格按照其标准程序进行，这意味着接受测验的人都听或读相同的测试指示，给予相同的测验时间，在相似的情况下进行测验，并防止任何非标准化的因素干扰测验的效果。

3. 有稳定的常模

心理测验的直接结果是对被测验者的一个原始评分，不具备充分的独立性和可比性，不能依此而判定其心理素质处于何种水平。为了解释一个心理测验的结果，必须有一个参照系，这个参照系就是测验常模。每项心理测验往往有自己稳定的常模，将应试者的测验结果在这个参照系中进行比较就可以判定应试者的心理素质水平。

4. 测验信度

信度也称可靠性，是指测验分数的一致性和稳定性。心理测验中将测验成绩的稳定性程度、多次测验所得成绩的一致性程度作为衡量测验质量高低的重要指标。

5. 测验效度

测验效度是指所测内容与预期的符合程度，即一个测验确实测试了它预期所想要测试的东西。效度就是指一个测验在测量某项心理特征时所具有的正确程度。效度越高，表明它所获得的结果就越能反映欲测的真正心理特征。

心理测验在人员评估中的应用主要有以下几个方面：

● 对应试者能力特征的诊断及发展潜能的预测。

心理测验对应试者能力的倾向的测验主要具有两个方面的功能：(1) 判断个体具有什么样的优势，即诊断功能；(2) 鉴定在将来所从事的工作中，成功和适应的可能性，即预测功能。

具体针对人员甄选录用过程，能力倾向的预测作用主要表现在以下两个方面：其一：什么样的职业适合某个人(职业选择和指导)；其二：为了胜任职位或岗位工作，什么样的人最适合(人员录用的选择配置)。

● 对应试者的个性品质及职业兴趣进行测定。

个性品质主要包括人的态度、情绪、价值观、气质、性格等方面的特性。在人员评估中，个性品质判定是一项重要内容。尤其是对于那些需要同他人进行较多的人际交流的职务(例如，推销工作、公共事业工作、监督和管理工作等)的人员的选择，个性测定更为重要。在一般的人员评估中个性品质的测定往往采用个性品质问卷调查的方法。本章第二节中所列举的卡特尔十六种人格因素测验、DISC 个性测验均为这种测试方法。

三、行为模拟法

行为模拟法也称情景模拟法，它是一种在控制的情景模拟状态下进行的练习，在行为模拟过程中，求职者表现出与组织目标方面相关的行为。例如，如果要了解销售行为，求职者就可能得到一份推销某种产品的“作业”。他们会得到有关该产品和顾客的信息。该求职者的行为受到扮演顾客的组织代表或第三方人员的直接观察。然后，针对有关的评价“维度”来评价该练习中的行为。

在人员评估中采用的行为模拟法有以下几种形式：

1. 分析练习

在分析练习中可观察练习者筛选数据，得出结论以及提出法律依据以支持结论的能力。参加者会得到有关某种情况的数据资料。要求参加者提出合适的行动过程。分析练习尤其适合于测试参加者的书面交流技能、分析能力、判断能力以及学习能力等维度。

2. 角色扮演

许多工作要求人在困难的情况下与顾客、同事或下属和善相处。这些情况可以被模拟：由求职者扮演一个角色，评价员扮演一个与之相对的角色。组织的代表在观察求职者如何处理模拟活动过程中，可以评价其规划与组织能力、领导能力、敏感性、倾听技能、行为的灵活性、口头交流能力、坚韧性、分析能力、控制能力、记忆力、承受压力的能力等维度。

3. 工作任务完成

工作任务完成是一种常见的行为模拟方式。它测验完成目标职位上必须完成的各种任务的能力。对秘书进行的打字测试，对档案员进行档案管理测试以及对出纳员的算术测验均属工作任务完成测试。大多数这类测试都可得到客观的评价，而大多数其他的行为模拟则是由经过训练的观察员根据严格的提纲进行的比较主观的评价。与所有的行为模拟方式一样，工作任务完成测试也是根据某一目标岗位的专门要求而设计的。它们都经过认真的设计，力图反映工作的内容。

4. 评价中心技术

“评价中心”是用于评价、考核和选拔管理人员的方法。该方法的核心手段是情景模拟测验，即把应试者置于模拟的工作情景中，让他们进行某些规定的工作或活动,考官对他们的行为表现作出观察和评价,以此作为鉴定、选拔管理人员的依据。评价中心技术具有很高的信度、效度,有很大的预测价值。

评价中心最重要的方法是模拟情境测验,其中又包括公文筐测验、角色扮演、小组互动测验。

(1) 公文筐测验

公文筐测验又称为文件筐或处理公文测验。测验时发给应试者一包公文(事先均有各类专家共同鉴定、标准化),包括该级管理人员应处理的、来自组织内外、上下级的各种日常文件,要求应试者在规定的时间内处理完所有文件。评价人员对应试者的工作进行集体评价。评价的主要依据为应试者是否能按主次、轻重、缓急有条不紊地着手工作,并对各种公文作出恰当的处理,由此鉴定应试者的管理才能。公文筐测验尤其适合于测试应试者的工作独立性、计划、预测、分析能力、判断力和决策能力以及书面沟通能力等维度。

(2) 角色扮演

角色扮演测验在前面已作介绍。在评价中心中,角色扮演主要模拟上下级对话的形式。请应试者扮演某级管理者,安排同"模拟下级"谈话,针对下级的各种问题做工作。考官对谈话的全部内容进行记录、分析,对应试者的表达力、说服力、解决问题的能力和效果作出评价。

(3) 小组互动测验

小组互动测验也称为无领导小组讨论测验。测验中,通常把应试者分成 6～8 人一组,不指定小组的领导人,由主试(即测验主持人员)说明要求、给出要讨论的问题(一般是一个实际业务上的问题),请应试者小组自由讨论,并最终给出统一的讨论结果。评价者观察讨论中谁最擅长根据现有材料集中正确意见,最擅长说服他人,把讨论引向一致或作出大家公认的结论,从而对每位应试者的领导能力、说服力、民主意识、言语表达等作出评价。

第五节　测验结果的报告

一、个人报告的撰写

1. 格式

进行各项心理测验后，要撰写一份内容详尽、真实的心理测评报告，报告要有较好的结构性，逻辑性强，让被测评者或委托方能充分地理解、明白。个人综合报告撰写的格式如下：

● 写明测评机构的名称和测评时间

一份精美、详尽的报告注明测评机构的名称有助于扩大其知名度，吸引更多的被试前来测评；注明测评时间能使测评人员查阅起来更加便利。同时，这两项也是不可缺少的程序之一。

● 写明被试的个人信息

其中包括考号、姓名、性别、年龄、教育程度、职务等，应据具体情况取舍。

● 注明测评项目

要根据被试者进行各项测验的先后顺序或其他顺序标明各个测评项目，每个被试者接受测验的数量和种类可能不一样，要根据真实情况填写。

● 测评结果

指的是各项测验的结果图表等，不包含书面解释。这一部分通常标明“见另附结果图表”，相应的结果图表按测评项目的顺序附在后面。

● 结果分析

指的是各个测验的书面解释。各个测验的书面解释在各个测验项目中已经详细描述过，这里不另加阐述。要按照测评项目的顺序逐一解释。

● 总评

针对该被试者各项测验的综合情况和测评的目的需求，评价该被试者的优势和不足，需要提高的方面以及适合发展的方向。要根据具体情况而定。如一家公司选拔营销人员，最后的综合评价要根据测评结果给出此人是否适合营销这一职位，他有哪些优点和不足等，并在候选人员中重点推荐适当的人选。

● 复核意见

此意见一般由专家来填写，仔细检查报告的准确性，有无明显的漏洞，并针对报告撰写人的工作进行评价。

● 报告撰写人和复核人及日期

最后，要在报告上注明报告撰写人和复核人的姓名及日期。拿到报告的委托方和个人可以就任何不明白的地方向报告撰写人进行咨询。

2. 总评的方法和技巧

(1) 方法

通读、研究测评结果，注意看应试者的得分体现出他在哪些维度上有优势，那些维度上不足，形成对个体特征构成的形象认识；针对应试者接受测评的目的，在相关方面上做概括性论述，阐明其个体特征对其追求的目标而言有何优劣势，并提出可行性建议，有助于其目标的达成。

(2) 技巧

总评难度大，对评审人员的要求高，为保证测验解释的质量，在总评时应注意以下几方面，以保证做出公正、客观的评议。

● 宽容倾向或严厉倾向，要严格依据分数解释标准来评议，不可过分宽容或过分严厉。

● 极端化倾向或中心化倾向。

● 以偏概全倾向，即所谓一错百错，一好百好，缺乏对事实的深入分析。

● 逻辑推断倾向，即不是始终按测验所得结果进行评议，而是进行逻辑判断，譬如，某人有知识，就推断他一定具有判断力。主要原因是缺乏对各项考核要素的充分理解。

● 好恶倾向，即评审人员在自己喜欢的方面、得意的方面，考核就严，自己讨厌的方面，自己不擅长的方面考核就宽，缺乏实事求是的态度。

● 避免"联想效应"，"联想效应"又称"晕轮效应"，即因为在某一方面表现好或者坏，受此影响就对此人的其他方面给予过高或过低评价，而不是依据事实对应试者作客观的评价。

3. 复核方法

复核是检查各项解释是否客观、贴切和适当，对偏颇之处提出修改意见；查实应试者是否存在掩饰作假的可能，对总评中不全面之处做补充或强调。

复核还应包括对报告行文、错别字以及标点使用正误的检查。

二、总体报告的撰写

1. 格式

如果企业中较多员工或有一定代表性的人员都参与了某一项或多项测验，可对企业提供总体报告。总体报告首先将从统计的角度逐一陈述全体应试人员的分数分布特点、离散程度以及样本特征；其次，分析比较不同级别或部门的人员之间的差异，为企业了解其员工素质和能力的构成、员工的动机模式提供科学可靠的数据；最后，专家将结合企业的实际经营和管理模式，对应业已确定的测查目的，对相关问题或现象做讨论，解释差异的内涵，揭示问题的实质，提出专家建议。这种诊断性报告对组织管理的优化和发展很有价值，对加强人力资源管理的有效性也提供了很好的建议和参考依据。为此，要撰写一份内容详实、全面、真实的心理测评总体报告，才能充分体现测验研究的科学依据和成果，让委托方能充分、正确地理解和接受，在更大范围的管理活动中参照测验结果数据，实现测评技术的更大应用价值。总体报告要强调行文的结构性和逻辑性，并突出分析归纳的科学性，所以总体报告撰写的格式如下：

（1）测查的设计

首先，介绍测查内容，包括使用的测验工具的介绍，测查的对象说明，测查的目的和预期结果。

其次，进一步对测查指标加以说明。这一部分的说明旨在让非专业人员能够理解测验各项维量的具体定义和分数的含义，说明包括各维量的理论分值区间，测验维量所涵盖的主要内容，分数的解释。

（2）团体测查结果

第一，概况。描述接受测查的对象的级别层次、部门、数量等一般情况。附上所有应试者的各项测验分数结果的汇总一览表，以及各项测验所有指标的分数描述统计结果，内容包括：平均分、标准差（离散度）、最小值、最大值以及受测样本量。

进一步对各项测验结果的数据分布特点、统计结果的含义加以概括说明。并综合分析通过对测验各维量的对照使用，可反映人员在某些方面的素质或能力水平。

第二，比较。将有可比性或有比较价值的两个或多个不同的群体进行特别考查，对他们在所测的共同项上加以比较，在方法上根据需要可使用多种推论统计方法。比如，对管理人员和一般员工两个群体加以比较，对他们各自在同一维量上的分数做 t 检验。附上各种统计数据。

进一步说明比较的结果,内容包括不同群体存在何种分数的差异大小、显著性检验结果,和由此可推论的结论。

第三,分数分布分析。为了直接地观察、分析测查结果,将各个测验维量的分数制成分布图。更重要的是对各分布图进行解释,说明分布特征所反映的问题和情况。

(3) 讨论与分析

依据测查的结果和各种统计分析数据,对应预定的测查目的,配合公司文化理念和管理模式,做综合分析和讨论。思路有:

对员工在各项测验指标上的得分特点所反映的现状加以概括说明。

对存在趋势或现状水平与公司文化追求或管理目标进行比较,说明差距或解释原因。

对上述现状或问题在人力资源管理乃至组织的经营管理上重要性加以说明,提出在人事管理、激励政策、培训教育或文化建设等多方面的建议。建议可包括提出需要特别谨慎处理的问题、对难度较大的问题的处理办法需要加强培训和训练的方面等。

(4) 附录(表、图)

将报告内容中所涉及的所有数据表格和分布图按顺序编号排列,附在报告正文之后,供阅读者参考。

2. 分析与讨论的技巧

测验提供了量化的结果,但无论是数据还是定量的描述统计结果对于非专业人员来说都是杂乱无章、难以说明问题的。在分析与讨论部分就需要对各种数据做定性分析,运用分析综合、比较分类、归纳演绎等逻辑分析方法,对数据特征进行思维加工,从而认识群体或个体心理和行为的本质,从中抽取或推论出有应用价值的认识和结论。

分析和讨论中可考虑以下思路:

- 在描述基础上进行逻辑分析或判断。
- 侧重揭示心理状态或行为的“意义”。
- 不仅注重对单一维量的分析，而且重视对过程和维量相互关系的分析。

第六节 针对不同对象、需要的人员评估

根据不同对象和不同的组织需要，可以进行各类人员评估，它们在内容、着重考查的方向和目的、评估技术等方面均有所不同。这里特别强调的是，人员评估是高度对象化的，即针对不同对象和需求，评估方法不同。不存在一种或几种方法或工具，能适用于任何对象、满足任何需求。因此，必须采取的科学的严谨的态度对待各类人员评估。

1. 针对不同对象的人员评估

具体来说，针对不同对象的人员评估包括：

- 按职务层次分：一般员工评估，中层管理人员评估，高层管理人员评估等。
- 按岗位分：财务人员评估，技术人员评估，行政人员评估，销售人员评估等。
- 按组织类型分：企业人员评估，事业人员评估，公务员评估等。
- 按行业类型分：制造业人员评估，商贸业人员评估，咨询业人员评估等。

举例来说，不同行业人员的评估有不同的方法，设计时应有所考虑(见表 4-4)。

表 4-4 不同行业人员评估的设计

行业	需求分析	测验类型
生产	全面严格的控制力、创新开发能力	个性测验 面试和了解履历
服务产业	适于服务取向的个性、兴趣，人际技能	个性测验 人际技能测验
文化产业	创造性思维，高超的组织计划和综合能力	思维测验 管理能力测验
高新技术产业	独创性，技术造诣	思维测验 了解履历
知识经济产业	敏锐的信息把握和驾驭能力，洞察分析和综合	思维测验 了解履历

2. 针对不同组织需求的人员评估

● 针对组织的业务需要：符合特殊工作要求的人员评估，如野外单独作业，高空危险作业等。

● 针对组织的文化需要：如特殊文化要求的人员评估，如合作精神，创新精神，变革意识，价值取向、伦理道德水平等。

● 针对组织的规模需要：组织规模不同，组织对人员素质会有不同的特殊要求，因此小型、中型、大型组织的人员也各有特点。

举例来说，规模小的组织结构简单，层次少，组织成员少，在测验设计上应面向个人做比较详细的测查，但一般很少做团体层次或组织层次的测评。规模大的组织结构复杂，人员数量大，人事管理系统比较健全，往往需要通过测评来收集一些辅助性的信息，比如测查员工工作满意度、员工动机需求状况，为制订有效激励政策提供参考；尤其是大型组织有时人员需求量大，工作要求复杂，对人员评估的要求也就更高，评估设计的系统往往要求更强。

再比如，不同企业文化的组织人员评估设计不同，有必要了解其经营理念和文化追求，了解企业文化的建设状况，据此有针对性地使用不同内容的测验，使测评的结果更有实用性和应用价值。比如有一家企业以“团结、奋进、奉献、创新”为追求，它强调员工之间相互尊重和关心，希望营造一个和睦、充满亲情似的家庭式企业，而另一家企业追求“高技术开发、高质量产品、高效率管理、高素质人才”，它强调严格的质量管理，强调员工的技术开发能力和竞争力，使用规范的效率管理模式。对前者的测验设计重在考查员工的团队健康度和团队合作绩效，以及员工的成就动机、亲和动机强度，这些方面的数据有助于企业对员工进行合理的教育、安置和团队组合；对后者的测验设计重在考查员工的个人技术水平和开发创造力，同时评估员工的科层意识，中等以上的科层意识适于严格规范化的管理模式。

附 录

一、心理测试常用量表

● 韦克斯勒成人智力量表：是由美国心理学教授韦克斯勒开发的，测量言语理解、一般常识、算术概念、概念类比、注意广度（短时记忆容量）、词汇这六个方面，测试的结果用智商分数表示。

● DAT 测验：是一个比较成熟的能力性向测验，它是以美国和加拿大的职业分类及相关能力要求标准为基础的。所谓能力性向是指一个人的能力结构各方面的组合特征，它个人具备特定的才干、胜任特定的工作。这个测验注重考查的是能力的各种结构、各方面所达到的水平、相互的搭配。

● MACO 测验：又称为多相能力与职业意向咨询测验，是以 DAT 测验为依据、在中国开发的多相能力测验，它从语言理解、语言推理、数学推理、抽象推理、空间推理、机械推理这六个方面测查被测者各方面的能力水平。

● 划销测验：要求应试者在规定时间里按要求以一定规律划销测验纸上指定的内容，通过分析个体在不同时间、不同任务要求下作业的成绩（作业量和正确率）来判断其气质特征。

● 内田—克里佩林测验：是一项很简便但很有效用的气质测量工具。测验的方式是：给应试者呈现一行行数字表，要求应试者在规定的时间以指定的方式进行快速计算，考查认知加工和肌肉活动的特性，可以测量神经肌肉活动的强度、耐性、灵活性等。

二、面试等级评定表

<table>
<tr><td>编号</td><td></td><td>姓名</td><td></td><td>出生年月</td><td></td><td>性别</td><td></td></tr>
<tr><td>报考岗位</td><td colspan="3"></td><td>实行部分</td><td colspan="3"></td></tr>
<tr><td rowspan="2">面试项目</td><td rowspan="2">所占比重</td><td colspan="6">评分标准</td></tr>
<tr><td>具体指标</td><td>优秀
100%～90%</td><td>较好
90%～80%</td><td>一般
80%～70%</td><td>较差
70%～60%</td><td>很差
60%以下</td></tr>
<tr><td rowspan="2">身体、外貌</td><td rowspan="2">20</td><td>健康程度 10</td><td></td><td></td><td></td><td></td><td></td></tr>
<tr><td>气质 10</td><td></td><td></td><td></td><td></td><td></td></tr>
<tr><td rowspan="4">知识经验</td><td rowspan="4">20</td><td>知识水平 5</td><td></td><td></td><td></td><td></td><td></td></tr>
<tr><td>实际经验 5</td><td></td><td></td><td></td><td></td><td></td></tr>
<tr><td>职业道德 5</td><td></td><td></td><td></td><td></td><td></td></tr>
<tr><td>专业知识 5</td><td></td><td></td><td></td><td></td><td></td></tr>
<tr><td rowspan="5">能力方面</td><td rowspan="5">40</td><td>社交能力 10</td><td></td><td></td><td></td><td></td><td></td></tr>
<tr><td>口头表达能力10</td><td></td><td></td><td></td><td></td><td></td></tr>
<tr><td>应变能力 8</td><td></td><td></td><td></td><td></td><td></td></tr>
<tr><td>创新能力 6</td><td></td><td></td><td></td><td></td><td></td></tr>
<tr><td>处理难题能力6</td><td></td><td></td><td></td><td></td><td></td></tr>
<tr><td rowspan="4">性格方面</td><td rowspan="4">20</td><td>工作热情 6</td><td></td><td></td><td></td><td></td><td></td></tr>
<tr><td>自信心 6</td><td></td><td></td><td></td><td></td><td></td></tr>
<tr><td>开放性 4</td><td></td><td></td><td></td><td></td><td></td></tr>
<tr><td>态度 4</td><td></td><td></td><td></td><td></td><td></td></tr>
<tr><td>小计</td><td></td><td></td><td></td><td></td><td></td><td></td><td></td></tr>
<tr><td>综合评语</td><td>级别标准</td><td>95～100</td><td>90～95</td><td>80～90</td><td>70～80</td><td>60～70</td><td>60 以下</td></tr>
<tr><td colspan="2">主试评价意见</td><td colspan="6"></td></tr>
<tr><td rowspan="2">评委评价意见</td><td>评委甲</td><td colspan="6"></td></tr>
<tr><td>评委乙</td><td colspan="6"></td></tr>
<tr><td colspan="2">录取与否的决定：</td><td colspan="6"></td></tr>
</table>

三、个人评估报告

个人报告

（样例）

北京大学心理学系人力资源开发中心

测评日期：××××.×.×

考号：261
姓名：＊＊＊
性别：男
年龄：30

测验项目：
1. 敏感性与沟通能力测验
2. 管理人员小组讨论测验
3. 管理人员文件筐测验
4. 16PF 人格测验及 DISC 个性测验

测评结果：见另附结果图表（略）。

结果分析：

一、敏感性与沟通测验

1. 敏感性：

预见和分析人际事物的能力一般，往往看不到复杂事物的内在本质联系，对人际关系的敏感性不高，但在关系相对简单、明确的问题处理中，能够利用人际关系的信息做出判断，提出解决方案。

2. 营销常识：

具备一定的推销业务常识，能在大体上把握信息，找到适用的解决办法，能够处理一般性业务。

3. 营销意识：

营销意识一般，能够把握一些有关营销的机遇，但不是特别敏锐；在业务中没有着意塑造和维护营销人员的职业形象。

4．沟通技巧：

在沟通中策略性不强，有时能够理解别人的立场、观点，提出一些建议性意见，平衡个人与他人的价值观差异，但有时也过于明显地刻意推销自己的想法，可能十分健谈，但令人感觉生硬，不善营造良好的沟通气氛，不能为自己在不同意见间的周旋留下足够空间。

二、小组讨论测验

具有较好的领导组织意识，在团队中善于影响和控制气氛，积极性高，目标性强，有一定组织协调能力；

洞察力较好，能够对事物进行比较深入的分析，能够充分有力地阐述自己的观点，思维敏捷，比较有逻辑性；

在与他人交往中比较主动，擅长表达自我，但缺乏倾听技巧，缺乏一定的沟通策略，应加强团队意识；

在言谈、举止上成熟度中等，说服力、感染力都比较强，但在交流中缺乏对对方的关注，应加强针对性和有效性。

三、文件筐测验

1．工作条理性：

工作非常有条理，能分清事物的主次，并能据此安排自己的工作步骤，使工作按一定的次序进行，表现出一定的计划性；

2．计划能力：

有一定的计划能力，能根据事物的轻重缓急提出较有建设性的意见，针对各项工作做出的总体规划较为合理，但对工作的计划、分析能力还待进一步加强；

3．预测能力：

能提出较有针对性的预测，对事件的洞察力较好，有时考虑问题稍显片面，不能综合考虑各种影响因素，但对问题尚有一定的预测能力，对预测的实施充满信心；

4．决策能力：

处理事件较为果断，有一定的决策能力，能细致地分析复杂的问题，但有时不能综合其他因素进行考虑，对问题的分析深度不够，眼界较窄；

5. 沟通能力：

书面表达能力很强，语言非常流畅，能根据不同信息的重要性来分别处理，结构性很强，考虑问题很全面，能提出有针对性的论点，表现出熟悉业务的各个领域，沟通能力相当强。

四、16PF 人格测验

待人较为信赖，热情主动，不严肃拘谨；

内心世界较为丰富，但有时喜欢感情用事；

心理健康状况一般，新环境的学习适应能力中等；

创造性及事务管理能力一般；

对职业的专注及成就动机水平中等。

五、DISC 个性测验

1. 优势：

老练地处理困难情境的能力

创造和谐、欢乐、舒服气氛的能力

高效地交流思想的能力

更倾向于节奏较快的环境

2. 需要注意的事项：

要更有决策力和果断性

3. 个人倾向：

目标：同意并且接受

通过什么判断他人：理解言语和非言语线索的能力

通过什么影响他人：沉着自信

对团队的贡献：缓解紧张，推动人和项目的发展

经常并过度使用：控制与他人的交谈

何时处于应激状态：和其他人进行交谈、推理

害怕：独特性的丧失

综合评价：一般性推荐；工商管理基本能力较好，善于表达和控制，个性外向、热情，但敏感性略低，人际沟通技巧和管理经验需加强，可通过适当培训加以提高。

复核意见：同意以上陈述。

报告撰写人：＊＊＊　　　　报告复核人：＊＊＊

日期：××××年×月×日　　　　日期：××××年×月×日

第五章 考核管理

考核管理是一个动态的连续的过程，它并非只是年终对员工做出一个总体的评价，而是上级和员工共同制订目标和实施方案，上级和员工定期和不定期进行会谈，检查任务完成情况以及遇到的困难，及时地对原有方案进行调整。考核成败在于考核者和员工能否在平时进行充足、及时的沟通，而不在于考核量表是否非常复杂。

第一节 绩效考核的步骤

绩效考核主要包括三个步骤：

- 设定工作的标准。
- 根据工作标准对员工的工作表现进行评价。
- 给予员工反馈，促使员工改善工作的不足或者达到更高的标准。

绩效考核具体可以分解为以下几步：

- 明确界定员工的工作。

这一步很重要，只有在明确界定员工工作的基础上才能制订考核的标准。

- 界定绩效考核的考核指标。

即确定用什么来评估员工的工作表现。例如，某个公司可能将出勤率、产量和安全工作作为评价员工表现最重要的指标。

- 选择和创建绩效考核的方法。

根据公司的组织结构、企业文化和具体的条件限制选择合适的考核方法。例如某个公司选择了出勤率、产量和安全工作考核指标，这一步就是确定测量出勤率、产量和安全工作的方法。如通过对员工上下班的打卡记录来评定其出勤率。

● 将考核方法介绍给管理者和员工，听取他们的意见。

应当对进行绩效考核的管理者进行专门的培训，并给他们提供足够的实施考核的时间和动力使他们认真地完成考核。为了使管理者有实施考核的动力，可以将绩效考核作为管理者的一个任务并作为考核管理者的一个重要指标。并将考核方法介绍给员工，以获得他们的支持，同时教授员工一些面谈的技巧。

● 实施绩效考核。

这一步具体地实施绩效考核，包含对员工行为的观察和认知，以及对行为的重新编码、记忆和对员工行为的评估。

● 绩效考核的面谈。

在这一步中，管理者和员工进行正式的会谈交流考核的结果和看法。员工在这一步中解释是什么原因造成他工作表现不好，并和管理者一起确定提高以后工作表现的方法、步骤。

第二节 绩效考核的原因

一、对员工进行评价和比较

● 决定员工的薪金。

● 决定员工的提升。

● 有效地诊断不达标的工作表现。

二、对员工进行激励和开发

● 激励员工

绩效考核通过三个方面激励员工。给予工作表现反馈;以绩效为依据给予员工公平的薪酬;以绩效为依据为员工设定合理的、有挑战性的工作目标。

● 有效地挖掘公司的人力资源潜力

通过绩效考核可以发现有潜力的员工,从而将公司的资源相对集中地投到这些更有可能给公司带来收益的员工上,以获得更大的利润。

● 决定员工的培训和反馈

对员工的工作做出反馈,让他们明白自己工作的优点和不足。并分析员工能力、知识或团队合作等方面的不足,根据分析的结果选择适合的培训。根据个体学习的原则,通过给予员工工作表现的反馈可以提高员工的工作表现。同时根据绩效考核的结果对员工进行有效的培训和发展,也可以提高员工的工作表现。

● 培训方式的分析

如果大部分员工都在考核的某一维度上考核成绩较低,则应对所有的员工进行培训,如果只有少数几个员工的考核成绩较低,则应选择个别的培训。

● 促进员工和上级之间的交流

绩效考核的会谈给员工和上级之间提供了一个正式的沟通机会。

● 人力资源的研究

通过绩效考核,鉴定人事选拔和培训的效果。

大部分员工的工作本身没有太大的乐趣,对员工所能提供的内在激励很有限。考核一方面是监督和管理员工的工作,另一方面表明公司对员工工作价值的肯定。

第三节 有效的考核体系的特点

● 考核的标准必须是和工作相关的。与工作无关的因素不应列入考核的范围。而确定是否和工作相关应由工作分析来决定，而不是靠主观感觉。

● 考核的标准是具体化的。考核的标准应该是具体的，而不是一些模糊不清的概念。

● 考核标准是可测量的。考核需要可测量的标准，否则无法检查员工工作的情况。

● 考核标准是可以达到的。应将员工的目标设定得比其能力水平稍高一些，这样既有一定的挑战性，同时又不会因为任务过难而挫伤员工的自信心。

● 考核制度是实际可行的。可行是指考核所消耗的人力、财力和物力在公司所能承担的范围之内，而且该考核方案是考核者和被考核者都接受的。

● 考核有明确的时间进度表。考核是一个动态的过程，需要制订每一时间段的阶段目标，以便随时检查目标的完成状况。

● 考核的标准不受和工作表现无关的因素的影响。考核的成绩不会因为市场竞争的激烈程度、旺季淡季等不受员工控制的因素的影响。例如，甲、乙都是某空调器厂家的销售员，但是工作的城市不同。甲一个月销售了 120 台，而乙只销售了 93 台，但我们不能仅因为甲销售的数量多而认为甲的工作比乙的要出色。但是如果我们仔细研究就会发现甲所在的城市有 50 个经销点，当地气温高达 35 度，而乙所在的城市只有 10 个经销点，而且当地气温只有 30 度。如果我们将这些因素都考虑在内就不会简单地认定甲的工作更为出色。

● 考核的结果有区分度。考核的标准可以将工作表现不同的员工区分开来，而不会使所有的员工有相近的成绩，除非员工的工作表现确实相近。

● 考核的标准是可信的。主要是指不同的人来进行考核不会影响员工考核的成绩。

● 考核的标准可以根据考核目的不同而有所不同。如果是为了确定员工的薪金，则考核的结果应是员工工作表现的整体描述和评分；如果是为了确定培训的内容，则考核的结果应是员工在每一个工作维度上的表现和评分。

● 考核制度是公开和开放的。考核过程和评价方法应是公开的，以取得全体员工对该考核体系的认同。

表 5-1　考核中可能出现的问题

1. 缺乏标准：没有考核的标准则不可能对工作进行任何客观的评价，而只能凭主观的猜测和感觉。
2. 标准与工作无关：建立考核标准时应该分析其是否和工作结果相关。
3. 不现实的标准：合理的且富有挑战性的标准最能对员工产生激励。过高的标准只能是员工的自信心受到挫折。
4. 对绩效不能很好地测量：对工作结果进行客观的测量应考虑两个方面：工作的数量和质量。
5. 评价者错误：评价者错误包括分布错误、晕轮效应等（下文有专门论述）。
6. 缺乏对员工有效的反馈：有效的考核必须事先和员工沟通评价的标准和评价的过程，而且考核结束后应告知其评价的结果。
7. 考核双方不能很好地合作：考核的双方在考核的过程中存在负性的态度，如找各种原因为自己的错误进行辩解，将考核作为发泄自己不满的途径，而不是一个需求自我发展的机会。
8. 不能很好地利用考核的结果：在对员工进行职业生涯规划时，不能有效地利用考核的结果。

第四节　明确界定员工的工作

这一步主要是为了明确地界定上级对员工的工作表现的期望。因为工作描述只是针对某一种工作的说明，不可能非常详细明确地告诉每一名员工在具体的工作期间和工作环境中应该达到什么样的目标。

例如工作描述可能要求销售经理“管理销售队伍”并且“对产品营销的全过程负责”,而上级对某一具体的销售经理的期望可能是“年销售额要达到60万,保持和分销商的良好的关系。”而且要将期望转换成可操作化测量的指标,如保持和分销商良好的关系可以明确地定义为90%以上的分销商会保持和本公司的业务联系。

第五节 绩效考核的方法

一、客观标准

又叫硬指标法,主要根据一些确定的数据来做出评价。常用的客观标准有:

● 工作的数量。计算工人完成的工作量。该方法的缺点是:(1) 工作的数量不单由员工的能力和表现来决定,其他的许多因素也会影响到工作的数量。(2) 许多员工的工作无法由工作的数量来计算,例如程序员、医生、消防员。

● 工作的质量。通过计算工作的错误率来评价工作的质量。这里的错误指的是相对于工作标准的偏差,不但包括工作达不到要求,也包括工作质量过高,因为这样会使生产的成本上升。

● 出勤率。出勤率可以分解为以下几个方面:就职时间长短(招聘的新员工会在公司中工作多长的期限。这个标准主要是用于研究招聘方法的有效性,在实际工作中很少采用)、旷工率、迟到率。

● 工作的安全性。不按照安全工作制度工作的员工可能会损坏机器设备或者受到身体上的伤害,从而使公司遭受不必要的损失。

二、主观标准

1. 图式化的评定量表法

图式化的评定量表法是上级评定法中最简单和最常用的。

图式化的评定量表包括若干的特质和其得分范围，然后上级在量表上评价该员工的工作表现在每一具体的特质上的得分。可参见附表 5-1 与附表 5-2。

2. 要素评语法

要素评语法是上级评定法的一种，它赋予“考核内容”和“考核要素”以具体的内涵，使每一分数有对应的描述，从而使评价更直观、具体和明确。

表 5-2 要素评语法示例

如果该描述符合该个体，则在（ ）内打勾

理解力	1. 智能较高，对于任何事物都能够正确而且迅速理解	（ ）
	2. 对于新的而且复杂的事物，并不需要花费太多时间与努力便能够理解	（ ）
	3. 对于简单的事物能理解，但是，对于新的而且复杂的事物却不容易理解，需要花费一点时间与努力	（ ）
	4. 对于新的事物需要相当的说明与努力才能理解，而且错误还相当多	（ ）
	5. 理解力相当迟钝，而且经常犯错误	（ ）
	6. 即使简单的事物，也需要相当的努力才能够理解	（ ）

3. 等级评定法

上述两种方法虽然便于使用，但是通常会导致上级对所有的员工都给予较高的评价，出现天花板效应。因为大多数的上级不愿意给员工较低的得分。例如美国的 Merck 公司有 31000 名员工，而考核的结果有80%的员工在5点量表上获得了4分，这样的考核结果并没有反映员工表现的差异，挫伤了员工的积极性。

为了使评价能够拉开等级，可以采用员工间比较的方法，既对员工相互之间的工作表现进行比较，获得一个相对的考核结果。最容易和最常用的员工间比较的方法是等级排序法。这种方法将员工的每一个相关维度按照优劣排序，最后求出所有维度评价等级的平均分数作为对该员工的最后的评价等级。此方法的不足是很难对很多员工进行排序。

表5-3 等级评定法

分别按照考核的三个维度对员工的工作表现进行排序。

员工	维度			总平均
	知识	独立性	质量	
周 强	1	1	1	1.00
王 晖	2	3	2	2.33
吴智明	3	2	3	2.67
黄 涛	4	5	4	4.33
赵 瑞	5	4	5	4.67

4. 工作表现分布量表法

当员工的数量较多时，可以用工作表现分布量表。员工数量较多时，上级很难一次将员工的等级都排列出来，但是比较容易挑出最好的员工和最差的员工(见附表5-3)。

5. 强迫分布法

还有一种常用的员工间比较的方法是强迫分布法，这种方法要求评价者将所有的员工放置在一个正态分布的量表中。这种方法可以避免评价者的分布错误，主要缺点是不利于创造团队合作的气氛。

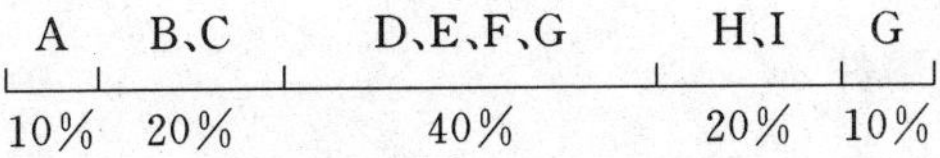

注:英文字母代表不同的员工。

图 5-1 强迫分布法

6. 对偶比较法

当有较多的员工需要进行等级评价时,可以采用对偶比较法。对偶比较法将员工两两比较,从比较的两个员工中找出表现较好的一个。对偶比较法对员工的评价较为细致,结果更为准确。(见表 5-4 中的例子)

表 5-4 对偶比较法样例

员工:

周强 王晖 吴智明 黄涛 赵瑞

对偶比较:在两个员工中将你认为较优秀的划出来(以 * 表示)

周强 *	王晖
周强 *	吴智明
周强 *	黄涛
周强 *	赵瑞
王晖 *	吴智明
王晖 *	黄涛
王晖 *	赵瑞
吴智明	黄涛 *
吴智明 *	赵瑞
黄涛 *	赵瑞

排序:

员工	对偶比较中被选中的次数
周强	4
王晖	3
吴智明	1
黄涛	2
赵瑞	0

7. 关键事件法

关键事件法指员工的上级在绩效考核的过程中回忆他所观察到的员工突出的工作行为，列出一张员工行为的清单，将员工的好的行为和差的行为分别记录在类似下表的表格中，然后根据这张清单对员工进行评价。在绩效考核的时候便有一份结构化的行为记录表。这种方法不但提供了考核的依据，而且使考核的结果更为准确和客观。

由于要对员工的工作表现进行记录，上级会一直留意员工的工作表现，而不是在年中或年末才根据员工近期的表现做一个评估。而且关键事件法给员工提供了好的工作范例，上级可以给表现较差的员工设定明确的工作目标的样板。

表 5-5 一个助理种植经理的关键事件

职 责	目 标	关键事件
对产品的种植进行规划	充分合理地利用员工和机器进行种植；按时下达指示	规划了新产品的种植过程。上个月迟下达的指示减少了 10％的人工，增加了 20％的机器利用率。
监控进货和存货清单的编制	使进货的成本最小化，同时保证有足够的原料使用	上个月使进货的库存费用上涨了 15％；“A”和“B”两种原料多进了 20％，“C”原料少进了 30％。
管理机器的使用和保养	不因为机器故障而使生产受到影响	建立了新的机器保养体系；及时发现一台机器的故障，防止了该机器不能使用。

8. 叙事量表

叙事量表是一种用来评估公司人力资源的工具。此表被公司用来评估其员工的发展和进步。不但让上级根据工作标准评价员工的表现，而且要求提供具体的事实，并且要求上级为员工达到或超过工作标准设计一个具体的计划。

9. 日记法

日记法指上级在平时不断地(如每天结束的时候)对员工的表现做详尽记录。例如通用汽车公司要求一线管理者根据附表 5-5 的要求记录员工的工作表现。附表 5-6 对员工行为的记录更注重发现员工的优点和不足，从而有针对性地为员工制订培训和发展计划。

10. 固定行为评价量表

如果采用固定行为评价量表法，评价者必须记录员工的行为，然后和典范行为相比较，再给出员工行为的量化的评估。固定行为评价量表可以使评价更为简单和准确。当然建立固定行为评价量表会比较费时。因为需要确定工作的维度和每一维度下的典范行为及其在量表上对应的分数。具体的建构量表的步骤如下：

(1) 创建工作维度

这步主要是确定工作维度的数量和内容。如果已经做了工作分析，则这些内容可以通过工作分析得到。如果没有则需找 20 个工作专家——员工，由他们决定应该从哪些方面来考核员工的表现。如果找不到 20 个人，可以召集若干个管理者，由他们决定工作的维度。通常会创建 5—10 个维度。

(2) 寻找样本事件

创建好工作维度后，每一个员工列举每一维度上若干个好的、一般的和差的行为样本，即样本事件。

(3) 排列事件

为了确保员工列举的事件的确是该维度的典型例子，三个工作专家各自将所有的事件放入每一个维度中。对每一个事件来说，如果有两个专家将其放在同一维度上，则该事件可以作为该维度的样本事件。如果各位专家将同一事件放在不同的维度中，则将该事件从该量表中删除。如果有很多的员工参与评价，则应该以60%以上的员工将该事件放入同一维度为准。

(4) 给事件评分

制订一个量表(5点至9点)，分数由低到高分别代表行为表现由差到好。请员工将样本事件依据其行为优劣的水平评定一个分数。

(5) 选择事件

计算每一个事件的平均分和标准差，选择平均分接近整数且标准差较小的事件作为标准事件。通常这个过程会剩下50%的样本事件。

(6) 创建量表

将上一步选择的标准事件根据其平均分放在一个垂直的量表相应的分数点上，以便以后的行为评估。

(7) 量表的使用

上级回忆每一位员工的表现，然后将员工的表现与量表中的标准行为相比较。具体有两种评分的方法。

第一种方法：上级给员工的每一个行为评分，最后计算每一维度的平均得分。

第二种方法：上级回顾员工的所有表现，得出一个总体的印象，再将该印象与量表总的标准行为相比较，得出该维度的分数。

固定行为评价量表的优点有：

- 评价的标准非常明确
- 量表给员工提供了好的和坏的行为样本，可以帮助员工改进表现
- 有较高的评分者一致性

样例见图 5-2。

11. 行为观察量表

行为观察量表比固定行为评价量表更易于构造和使用。

量表构建的前几个步骤和固定行为评价量表构建的相同，也是通过员工获得关键事件和行为，然后将行为分为几个维度，并评定关键行为代表什么等级的工作表现。然后将关键行为列成一张表。上级阅读这些行为并评价员工在多大频率上有这些行为，方法是用一种5级评分制，具体如下：

1＝员工表现该种行为的百分比少于65％。

2＝员工表现该种行为的百分比介于65％～74％。

3＝员工表现该种行为的百分比介于74％～85％。

4＝员工表现该种行为的百分比介于85％～94％。

5＝员工表现该种行为的百分比多于94％。

评估完每个员工的具体行为后，每个维度的所有行为的得分求和，得到该维度的总分。将每一个维度的得分求和得到该员工的整体得分。

评议：行为观察量表的优点在于上级可以告诉员工什么行为是正确的，表现出什么行为可以得到更高的绩效。

因为绩效考核通常几个月乃至1年进行一次，行为观察量表被指责为评价的是回忆中的员工的表现，而不是真实的员工表现。因为我们通常回忆的不是员工的具体行为，而是我们事先对员工形成了一个原型，再根据原型对员工的行为进行回忆。这样上级评价时只回忆与该原型相一致的行为。

下面是一家银行评定其职员接待顾客的行为的一个维度（使用知识）的5点量表。

使用知识的情况

-5 -------- 一个顾客想存放一大笔钱，职员告诉他如果将钱投在资本市场比存入银行得到的利润更多。

-4 -------- 一个顾客申请新的基金，但由于他的 E/I 太高而未获批准，职员建议他申请少一些的基金，并减少自己的支出来增加自己的 E/I。

-3 -------- 当顾客询问时，职员立刻回答他金融管理方面的问题。

-2 -------- 当一个顾客到银行来申请贷款时，职员因为业务不熟而令顾客等待。

-1 -------- 当一个顾客要求兑现一个大面额的支票时，职员告诉他不能兑现，而实际上这位顾客的户头上有足够的钱，他完全有权利兑现。

图 5-2 固定行为评价量表的样例

12. 迫选量表

使用固定行为评价量表的一个问题是上级通常不使用量表上的标准行为来评价员工，而是事先选定一个分数，然后匆匆地扫一眼，看哪个标准行为和该分数相连。由于这种现象的存在，不能减少评分的慈悲效应（给所有的员工的评价都很好）。

迫选量表可以克服这种效应，虽然这种量表也采用关键事件，但是事件对应的分数被隐藏了。由于员工对迫选量表中的行为的渴望程度是相同的，所以考评者较难发现每一组描述句中哪些会最终导致较高（或较低）的考核成绩，从而可以降低考评者对个人的偏袒和贬低。迫选量表中的项目采用了两种统计方法来加以确定。

第一是“偏向性”指数，它表明描述句的行为或特点的吸引力和合乎需要的程度。

第二是“差别性”指数，它反映了一个描述句描述一种行为或特点从而使优秀的职员区分开来的程度。

表 5-6 一项迫选题目的统计指数

描述句	差别性指数	偏向性指数
1. 对学习慢的人有耐心	+1.15	+2.82
2. 讲课有信心	+0.54	+2.75
3. 保持课堂的兴趣和注意力	+1.39	+2.89
4. 使学生事先了解每一讲的目标	+0.79	+2.85

正如表 5-6 中所示，构成一个项目的四个描述句在偏向性指数方面是非常相近的，这样考绩的测评者很难区分出哪个描述句可以使被考核者得到更高的分值，从而较难以对个体进行偏袒。而同时描述句 1 和 3 是优秀的教师所具有的特性，可以对优秀的教师和普通的教师加以区别。

考评者被要求从以上 4 个描述句中选择最能代表接受考评的教师的两句。其中 1 和 3 描述句各为一分，而 2 和 4 描述句不记分。如果选择 1 和 3，则该项目得 2 分，如果 1 和 3 都没有选择，则该项目得 0 分，如果只选择了 1 或 3 中的一个，则该项目得 1 分。每一量表中，类似上述的由四个描述句为一组的项目有 15 到 20 个。

迫选量表的建立过程：

(1) 获得对员工行为或特点的描述。

这一步要求员工写出大量的对于员工行为或关键事件的描述。

(2) 确定员工写出的描述句的“差别性指数”和“偏向性指数”。

让一组主管人员就描述句是否适用于被测评工作中的最有效率的下属和最没有效率的下属。

可以依据下述说明：

“考虑一下你能遇到的最有效率的下属(在工作表现方面有效)。请根据5分量表评价每一描述语句在多大程度上反映了被测评者所表现的行为,其中1是‘根本不能描述’,5是‘非常准确地描述’。”

同一组主管人员又将根据下述说明评价同样的描述句:

“考虑一下你能遇到的最没有效率的下属(在工作表现方面没有效率)。请根据5分量表评价每一描述语句在多大程度上反映了被测评者所表现的行为,其中1是‘根本不能描述’,5是‘非常准确地描述’。”

偏向性指数是通过将每一描述句对于最有效和最无效者的测评分数加和然后求平均。差别性指数通过比较每一描述句对于最有效和最无效的测评分数之差而得。

下面举例说明如何求得偏向性指数和差别性指数。以下是5个测评大学教师的描述句:

① 每次考试或测验的计分程序被清楚地表达出来。

② 课堂的安排(授课、讨论等)质量高。

③ 当学生不懂有关材料时,老师能及时发现。

④ 老师努力增强学生对授课内容的兴趣。

⑤ 老师采用清楚而易于理解的例子说明。

表5-7列出了计算出的5个描述句的偏向性指数和差别性指数。

表5-7 5个描述句的偏向性指数和差别性指数

描述句	对于教学效果好的老师的测评平均值	对于教学效果不好的老师的测评平均值	偏向性指数	差别性指数
1	4	2	3	2
2	4	1	2.5	3
3	2	2	2	2
4	3	1	2	2
5	3	2	2.5	1

(3) 将这些描述句分成主体小组。

需要集中 4 个偏向性指数相当的而差别性指数不同的描述句。以上表为例,第 2 和第 5 题的偏向性指数都是 2.5,而差别性指数分别为 3 和 1,这两道可以作为一个项目的一部分,我们只需在从其他描述句中再找到类似的两个题目就可以组成一个考核的项目。

13. 混合标准量表

员工评价每一个样本事件在多大程度上代表各种水平的员工表现。对于每一个工作维度,选择一个代表好的、差的和中等的表现的关键行为。然后将这些行为随机排列。

表 5-8 混合标准量表样例

指示语:如果员工的表现比该陈述要好,请在该陈述的后面打一个"+",如果员工的表现比该陈述要差,请在该陈述的后面打一个"-",如果员工的表现和该陈述相近,请在该陈述的后面打一个"0"。

1. 员工常常和同事争执(P)。
2. 员工向顾客微笑(A)。
3. 员工询问顾客的家庭情况(G)。
4. 员工帮助同事。(A)。
5. 员工总是对同事很友好而且和同事交谈(G)。
6. 员工询问顾客想要什么(P)。

注:第 1,4,5 陈述来自工作中同事关系维度。
第 2,3,6 陈述来自工作中顾客关系维度。

绩效考核时上级阅读每一个行为,判断员工的表现是优于、不如还是和表中的行为相近。然后根据上级的判断查找类似于下表的表格,得出每一个维度的得分。上级的评价可能会比好的员工更好而比差的员工更差,从而产生逻辑上的问题,而且这种问题比较普遍。可以通过查表 5-9 予以校正。

表 5-9 混合标准量表的校正表格

描述的类型			维度的分数
好	普通	差	
+	+	+	7
0	+	+	6
—	+	+	5
—	0	+	4
—	—	+	3
—	—	0	2
—	—	—	1

表 5-10 混合标准测评量表

本部分的每一项目设计到巡警官工作不同侧面的工作熟练水平。请仔细阅读每一个项目,评定该被考评巡警官的一般工作表现是"正适合于"、"好于"还是"劣于"项目中的描述,并请分别在相应的被考评巡警官号码下的圆括号内划上"0"(适合于)、"+"(好于)或"—"(劣于)的标记。

巡警官号码

5	7	4	3	1	9	2	8	10	6	
( )	( )	( )	( )	( )	( )	( )	( )	( )	( )	行为有时紧张,但并不影响他发挥职责。
( )	( )	( )	( )	( )	( )	( )	( )	( )	( )	尽管有时因工作繁忙,制服略有不整,但大多数时间穿戴整齐。
( )	( )	( )	( )	( )	( )	( )	( )	( )	( )	工作报告良好,但偶尔需要深入或条理化。有时有表达方面的困难。
( )	( )	( )	( )	( )	( )	( )	( )	( )	( )	在巡区采取大量措施预防和控制犯罪;教育市民防止犯罪的技巧;对预防设备有广泛的知识。
( )	( )	( )	( )	( )	( )	( )	( )	( )	( )	与本区市民极少或几乎没有接触,未能告知他们防止犯罪的方法。
( )	( )	( )	( )	( )	( )	( )	( )	( )	( )	几乎在任何场合下能作出适当的判断,以预先采取、选择或表现合适的行为。

（续表）

( ) ( ) ( ) ( ) ( ) ( ) ( ) ( ) ( ) ( )	对于与什么人共事或不与什么人共事很挑剔。难于与许多官员相处。
( ) ( ) ( ) ( ) ( ) ( ) ( ) ( ) ( ) ( )	在任何时候任何场合下表现出最大的热情和努力。
( ) ( ) ( ) ( ) ( ) ( ) ( ) ( ) ( ) ( )	即使在极端紧张的情形下,表现也镇定自若,没有紧张的表现。
( ) ( ) ( ) ( ) ( ) ( ) ( ) ( ) ( ) ( )	令人满意地执行任务和责任。几乎不投机取巧或曲解规则。
( ) ( ) ( ) ( ) ( ) ( ) ( ) ( ) ( ) ( )	格外注意形象。几乎常常表达出一种为公众服务的自豪感。
( ) ( ) ( ) ( ) ( ) ( ) ( ) ( ) ( ) ( )	干净利落地解决大多数骚乱,尽管有些是棘手的。在工作中运用以往经验,以求尽善尽美。
( ) ( ) ( ) ( ) ( ) ( ) ( ) ( ) ( ) ( )	跟其他人在一起时表现出深刻的见识和技能,常能防止和解决冲突,缩短了市民与他们的距离。
( ) ( ) ( ) ( ) ( ) ( ) ( ) ( ) ( ) ( )	能与任何合作者友好相处,愿意帮助新警官并指导他们。准确如一地执行命令。
( ) ( ) ( ) ( ) ( ) ( ) ( ) ( ) ( ) ( )	在大多数情况下,有判断力,表现得当,满足市民的需要。
( ) ( ) ( ) ( ) ( ) ( ) ( ) ( ) ( ) ( )	了解法律的新变化,但偶尔忽视执行它们。很了解巡区。
请在括号内适当地填上“0”、“＋”或“－”,请注意巡逻警官号码的顺序已变更。	
8　2　7　5　4　10　1　3　6　9	
( ) ( ) ( ) ( ) ( ) ( ) ( ) ( ) ( ) ( )	必须严格监督其工作表现,否则可能不符合标准。
( ) ( ) ( ) ( ) ( ) ( ) ( ) ( ) ( ) ( )	外表向公众表现出一种对工作漫不经心的态度。
( ) ( ) ( ) ( ) ( ) ( ) ( ) ( ) ( ) ( )	在任何情形下意识到法律及其适用性。对巡区有彻底的了解。

（续表）

( ) ( ) ( ) ( ) ( ) ( ) ( ) ( ) ( ) ( )	工作报告对于侦破犯罪并无用处。工作报告中材料重复。
( ) ( ) ( ) ( ) ( ) ( ) ( ) ( ) ( ) ( )	他的行为说明在许多场合下经常缺乏适当的判断。经常做出草率粗心的判断。
( ) ( ) ( ) ( ) ( ) ( ) ( ) ( ) ( ) ( )	在巡区做一些努力强调预防犯罪。对预防设备有适当的知识。
( ) ( ) ( ) ( ) ( ) ( ) ( ) ( ) ( ) ( )	不去有意了解与工作相关的新变化。有时在本巡区内迷路。
( ) ( ) ( ) ( ) ( ) ( ) ( ) ( ) ( ) ( )	高标准地完成职责，并在没有监督的情况下坚持：无论涉及的是谁，他都是个公正的执法者。
( ) ( ) ( ) ( ) ( ) ( ) ( ) ( ) ( ) ( )	在一场冲突中如果不造成大量麻烦几乎不能恢复秩序。
( ) ( ) ( ) ( ) ( ) ( ) ( ) ( ) ( ) ( )	把警察工作只当一时之计，随时准备跳槽。几乎没有表现出工作热情。
( ) ( ) ( ) ( ) ( ) ( ) ( ) ( ) ( ) ( )	尽管与有些人格类型的人难于相处，但能同大多数人工作。虽能训练新巡逻警官，但宁肯不去训练。

上页表展示了考评巡警官的混合标准量表，量表中采用了 11 个行为测量尺度，包括预防犯罪行为、判断力、沟通和表达技能、工作知识、举止风度、耐心、合作和人际关系等尺度。例如“预防犯罪行为”这一尺度，下列项目分别代表高、平均和低层次的工作水平：

高层次：在巡区采取大量措施预防和控制犯罪；教育市民防止犯罪的技巧；对预防设备有广泛的知识。

一般水平：在巡区作一些努力强调预防犯罪。对预防设备有适当的知识。

低层次：与本区市民极少或几乎没有接触，未能告知他们防止犯罪的方法。

混合标准量表可以鉴别出没有逻辑性的测评者，例如，量表中的第 26 项和第 8 项，分别代表工作态度这一尺度上的低和高两个水平层次。如果当测评者考评一个巡警官时在 26 项目上选择“适合”，而在第 8 个项目上选择“好于”，那么该测评者显然做出了不一致的回答。

14. 固定行为的纪律量表

固定行为的纪律量表包含 2 个维度：错误行为(打架、旷工)和重犯错误。该量表类似于车辆管理的评分方案：驾驶员违反交通规则一次计相应的分，当分数累积到一定值时便吊销驾驶执照。该量表主要是用于防范一些对组织不利的行为。

15. 行为差别测评法

行为差别测评法的制作过程：

(1) 通过一个类似于关键事件法的工作分析程序获得大量的描述句，描述从有效到无效的整个行为系列。

(2) 通过整理，根据其基本的相似性对项目进行分组，每一组项目具有一个概括性的描述。将这些描述句作为“绩效标本”。

(3) 将这些“绩效标本”安排在问卷中，并发放给抽样产生的 20 位在职者和其上司。标本分为两本，各填写两种问卷表格中的一种。第一份表格询问以下有关“绩效标本”的三个问题：

① 在平常的六个月期限中，此人有多少次机会表现出这种行为或结果？

② 在多少次这种情形后，这种行为或结果将是令人满意的绩效？

③ 这一行为或结果所描述的绩效在多大程度上是好或坏？

第二份表格除了第二个问题中的“令人满意”改为“令人不满

意”,其余相同。

(4) 对来自两份问卷的信息进行分析,将对第二个问题的回答数除以第一个问题的回答数得到一个百分比(针对两种表格和每一“绩效标本”)。然后采用统计学的 T 检验,来检验每一“标本”的两种表格上平均百分比的差异。如果没有达到显著水平,该“标本”就因其缺乏明确的标准以区分令人满意和令人不满意的行为而被取消。

(5) 计算每一“标本”在两种表格间的“中值发生率”(每一问题)和“平均测评值”(第三个问题)。这些数据用于计算“分布广度值”(Extensity-Scale Value),即测量发生率的有效性(Occurrence-Rate Goodness)。产生“分布差异”(Extensity Intervals)的关键因素在于“令人满意行为”(第一份表格中第二个问题)与“令人不满意行为”(第二份表格中第二个问题)的发生百分率之间的标准差。对于每一范围而言,这些结果反映了“令人满意”和“令人不满意”的绩效范围之间的差别。

(6) 制作测评表。在此过程中,表格左边列着“标本”,右边则有以下面的问题打头的一列:“根据你的了解,此人在被评价的期间有多少次机会表现这种行为或结果?”如果对此问题回答大于零,那么考评者被要求给出被考评者表现这种行为或结果的实际次数。

行为差异的记分过程如下:

- 职员表现该行为或结果的频数转化为表现机会的百分比率。

- 相应于这一百分比率的“分布广度值”取决于每一“标本”的标度值(Scale Value)与 T 值的乘积(T 为对项目得分能力的测量)。

- 在通过因素分析或判断形成“绩效尺度”(Performance Dimensions)之后,再拿每一“标本”的“分布广度值”(第二步)来乘以由判断或因素分析导致的权数(Weight)。这些乘积加总之后即为“尺度分数”(Dimension Score)。

● 当用于比较目的时,分数应基于一个人能获得的最大可能分数的百分比率的产生。

显然,行为差别测评法是一种非常复杂的测评体系,它需要高于其他方法的一些技能。不惜复杂性而采用行为差别测评法的理由在于它真正合并了两个重要的测评变化的来源,而其他方法将这两个来源要么看成偏见,要么忽略了。一个来源是关于“频数”与“满意”之间的关系。其他测评频数的方法假定频数与满意度之间是纯粹的线形关系,而行为差别测评法则实证地评价这种关系,并为每一“绩效标本”相应地推导出一种加权方法。至于第二个来源,行为差别测评法的记分系统认为,在一个评价期内表现所有“绩效标本”的机会并不是对所有被评价的人来说都平等。

16. 目标管理法

目标管理法是一种管理过程,在这一过程中通过使主管人员和下属共同参与制订双方同意的目标、目的,从而使组织的目的得到确定和满足。这些目标是详细的、可测量的,并受时间控制,而且结合于一个行动计划中;在以双方确定的客观绩效标准为中心的绩效测评期间,每一进步的取得和目标的实现是可以测量和监控的。

目标管理的一般程序:

● 设定组织的目标。为下一年设定组织的计划和目标。

● 设定部门的目标。部门的领导和其上级共同设定该部门的目标。

● 讨论部门的目标。部门的领导和所有该部门的员工讨论部门的目标(通常是在部门会议上),并且让员工制订自己的个人目标,即员工能为部门目标的实现贡献什么。

● 设定员工的个人目标。部门的领导和员工设定短期的工作目标。

● 工作表现回顾。将员工的实际工作成果与设定的工作目标相比较。

● 提供反馈。部门领导定期(如一个季度)召开绩效回顾会议,为员工提供考核结果的反馈,并和员工讨论和评估下一步工作的计划。

目标管理法的核心在于将组织的目标首先分解为部门的目标,再分解为员工的目标。员工对于完成目标的方式和进度有很大的自主权,上级的任务只是告诉员工该做什么,要什么时候完成,而不具体管理员工每一天的工作。因为企业关心的并不是员工每天在干什么,企业只关心员工能不能完成任务,所以绩效考核只考虑其目标完成的情况,这样考核非常客观而且考核内容是和工作相关的。上级只需要参与目标的制订和检查其完成情况,这样目标管理法大大减少了上级管理的工作量。

由于员工在很大程度上参与了目标的设定,因此员工对该目标的达成和实现有更大的自主性和责任。而且其他员工也知道该员工的目标,该员工如果不能完成该目标,其自我评价会降低,因此员工会想方设法完成该目标,这对员工是一种激励。

目标设定的主要问题在于目标的设定是因人而异的,每个员工的目标的难度都不同,其具体的工作环境和条件也不同,而且每个员工的能力和完成该目标所需要付出的努力也不同,这样很难对不同的员工进行比较。

而且并不是所有的工作都可以设定明确的目标,比如不可能让一个科学家在一年之内一定要攻克什么样的难题,或者一定要有什么样的发现,因为科学家自己往往不知道他会有什么样的发现。

目标管理法需要注意的是不能过分重视结果而忽视达到结果的手段,例如不能单纯以抓获罪犯的数量来评价警察的工作,或者单纯以手术的次数来评价医生的工作。

表 5-11　目标管理法目标设置一般工作表

工作名称：	
目标 (是什么?)	
时间框架 (何时进展到何种地步?)	
实现目标的方法 (如何?)	
成就水平 (如何测量)	
目标完成情况	
上级评价	

三、各种考核方案的评估

研究证实:更为复杂的方法,如迫选法、混合标准量表,并不一定比简单的方法(如图式化的评定量表法)更为优越。上级在使用固定行为法时由于只注意具体的行为,可能使评价产生偏差。

虽然复杂的方法并不比简单的方法更为有效,但是由于员工参与绩效考核系统的建立,他们认为考核很公平。而且上级更偏爱复杂的量表。何况,用复杂的量表进行评定,可以有丰富的反馈信息,有利于员工工作表现的提高。

实际上各种方法各有利弊,所以公司通常会将多种考核方法结合起来使用。

第六节　360 度的反馈体系

绝大多数的公司采用上级评价的方法,但是越来越多的公司采用多种来源的评价,如员工自评、同事评价、客户评价、下级评价等,这就是 360 度评价的含义。

一、自 评

通常的员工自评是让员工在正式的上级评价之前对自己的工作进行回顾,以使员工对考核的面谈有所准备。有些公司让员工和上级完成同样的考核量表,在考核面谈时对其进行讨论,得出一个包含双方差异的考核结果。自评有很多好处,由于员工直接参与考核,增加了员工对考核的投入程度;自评鼓励员工对自己的工作进行回顾,而不是被动地接受上级的评价,所以降低了员工的抗拒心理。并且自评鼓励员工考虑自己的发展计划。

员工在自评时有明显的慈悲效应,而且和员工的实际行为只有 0.29 的相关。

在一个研究中,40%的员工认为自己的工作表现是前 10%,而其他的员工则认为自己是前 25%或 50%。通常只有 1%或 2%的员工会认为自己的表现低于平均水平。出现这种情况有两方面的原因,一方面考核的结果和员工的利益以及其他人对该员工的看法紧密相连,另一方面员工的评价过低会降低自己的自我印象。所以当员工自评的结果是出于研究的目的或是用于绩效评估的会谈时,评价比较可靠,但用于确定薪金或晋升时,结果不太可靠。但是即使是不让员工正式地对自己的工作进行评价,员工自己也会在心里对自己的工作表现有一个估计。

自评适合的条件:

- 上级缺乏对员工的足够的观察,无法对员工做出全面的评价。
- 自评的结果要和上级等其他来源的评价相结合。
- 自评的基准点是和自己的标准而不是和其他人的标准进行比较。

该适合条件的最后一条是要求员工将自己的工作表现和自己认为的“正常”的工作表现相比较。通常是询问员工他认为自己在过去的一段时间中什么方面表现得最好，什么方面表现较差。

考虑自评的特性，将其作为员工培训和发展的依据比作为评价和比较的依据更为有效。

二、同事评价

上级只能观察到员工的一小部分工作表现，而大部分员工的行为或者只有员工自己知道，或者只有同事、下级或顾客知道。在做出评价的同事和被评价的同事很相似而且很熟悉的情况下，同事评价法比较有效。而且如果同事参与评价，员工在工作中会注重与同事的合作，而不是只关注自己的业绩。有研究表明同事评价法可以较好地预测员工是否会被提升，对员工提升后的绩效也有良好的预测性，而且和上级的评价有较高的相关性。同事或团队评价法在美国越来越普遍，如数据设备公司(DEC)采用这种方法。同事评价法的主要问题在于同事间可能会相互给予较高的评价。

三、评价委员会

委员会由员工的直接上级和 3 至 4 名其他上级组成。多名评价者共同评价比单个上级的评价更为可靠、公平和有效。多名评价者可以平衡单个上级评价可能带来的分布错误。而且评价产生分歧通常是不同级别的上级看重员工表现的不同方面所造成的，而这正是考核应该反映的内容。比较普遍的是上级对员工进行评价后，由该上级的直接上级对评价结果进行复审。采用评价委员会而不是单个上级进行评价的原因之一在于，随着组织结构的变化，更多的员工会在一年参与若干个项目，而每一个项目的上级都是不同的，这样就必须由多名上级来参与评价。

四、客户和下级评定

该方法常用于收集客户的抱怨或下级的批评意见。对于服务行业，如餐饮业、旅游业等，客户的评价非常重要，有些公司雇佣专门的调查公司收集客户的意见，并将其作为员工薪金设定的重要依据。如果下级参与对上级的评定，则上级会在工作中更加注意下级的意见，而不会对下级的要求和抱怨置之不理。

五、多层次、多维度的评价及其注意事项

由直接上级、其他部门上级、下级、同事和顾客对个体进行多层次、多维度的评价可以综合不同评价者的意见，在此操作中应注意到以下几方面。

1. 传统上级评价的缺点

● 由于只反映了上级一个人的意见，员工可能认为考核的结果不公平。

● 研究表明单一的上级评价过于主观，预测效果不理想。因为一旦上级对员工形成某种固定的印象，这个印象会左右其对员工行为的归因和评价。

● 考核过程往往导致抗拒，不能激励员工，考核的双方都不愿意进行考核。

2. 360 度反馈体系的优点

● 公司中越来越多的工作是由团队而不是个人完成，个体更多地服从领导小组的管理，而不是单个领导的管理。这样员工的工作表现就不应只由一名上级来评价，凡是有机会较好地了解员工工作表现的领导都应参与员工的绩效考核。

● 360度反馈可以使员工对自己如何被管理和对待施加一定的影响，而不是完全被动。

● 360度反馈更为全面、客观地反映了员工的贡献、长处和发展的需要。

● 采用360度反馈体系可以表明公司对员工的考核非常重视。

3. 360度反馈体系的注意事项

● 上级担心员工利用360度反馈体系发泄对其的不满，而下级则担心如实反映情况会被上级报复，因此360度反馈体系最关键的是建立考核者和被考核者相互之间的信任。而且要做好考核的结果的保密。

● 样本的大小。为了保证考核的全面性，而且为了保证无法判定考核的结果来源于哪个个体，考核最少需要涉及4至5名下级。

● 上级、下级、同事和客户对个体的各个方面不可能有同样准确的观察，所以不同评价者的评价量表是不同的，而且在综合各方面的评价时要特别注意事实依据。

第七节 绩效考核中的问题

一、主要的评价错误

1. 分布错误

该类错误是指员工绩效考核的评分的得分分布与实际员工工作表现的分布不同。分布错误有三类：

● 慈悲效应错误。评价者不管员工的具体工作表现如何，给每一位员工的得分都非常高。

- 集中错误。上级给每一位员工的评分都是中等的。
- 过于严格错误。上级给每一位员工的评分都很低。

评分的分布错误会使工作表现相同但评价者评分标准不同的两个员工得到不同的评分。一般可以通过几个上级同时评分来抵消这种错误,但是对于较小的组织常无法做到这一点。

2. 晕轮效应

晕轮效应是指评价者对员工的整体印象影响到他评价员工工作表现的每一个维度,或者评价者对员工的某一方面的表现的印象影响他评价该员工其他维度的表现。

通常当绩效考核的各个维度的评分相关较高时,便可以认为有晕轮效应的作用,不过有的情况下的确是员工所有的工作表现都很好或很坏。为了避免这种错误,评价者可以每次评价时只评价员工工作的一个维度。

3. 邻近错误

上级对一个维度的评价影响到对下一个维度的评价。发生这种现象是由于两个维度相邻。

4. 比较错误

这种错误有两种表现:

第一种表现:评价者对前面员工的评价影响到他对后面员工的评价。例如评价者评价完了一个非常出色的员工,当他评价一个普通的员工时可能会将其评价为差的员工。

第二种表现:评价者对员工上一次的评价会影响到他对员工这次的评价。例如一个员工一次绩效考核时被评价为非常突出,六个月后他再次接受评价时虽然工作表现仍然很好,但比六个月前要差很多。评价者可能将其评价为普通,因为表现比上次要差;也可能评价为非常突出,因为上次都将其评价为非常突出,而不是很好。

二、样本问题

1. 近期效应

一般的绩效考核6个月进行一次,但评价者在评价员工时更多地考虑员工最近几个月的表现。这样便对最初的几个月表现较好而最近几个月的表现一般的员工不利。

2. 不频繁的观察

管理者没有机会观察到员工有代表性的行为,因为管理者经常没有时间到工作现场观察员工的表现,而且员工在管理者面前会尽量地表现自己。

为了解决这个问题,可以采用多重评价法,即上级、其他管理者、同事和客户都参与评价。但是其他的评价者出于自身的目的可能会有意歪曲评价。

三、评价者的认知过程

1. 行为的观察

管理者观察到了员工的行为,并不代表他就一定能记住该行为,即使记住了,也不能确保他评价时能够回忆起该行为。研究证明绩效考核有明显的晕轮效应,而且考核间隔的时间越长,晕轮效

应越明显,对工作熟悉的评价者比对工作不熟悉的评价者在评价时更多地回忆员工的工作表现。

研究还证明虽然根据回忆做出的评价有很多偏差,但是有时也比行为发生后立即进行评价更准确。因为根据回忆做出的评价可以使评价者有充分的时间形成对所有员工的一个整体印象,他可以对好的员工与差的员工形成一个整体上的印象,然后将该员工的表现与他们进行比较。

2. 评价行为时的问题

- 压力。处于压力下的评价者评价的错误更多。通常上级希望很快地进行完评价,然后可以继续自己的工作,这样使得评价有更多的偏差。
- 影响。如果评价者喜欢被评价者,会评价得更好。
- 种族偏差和性别歧视。评价者对同一种族的员工评价更高。通常女性员工得到的评价会更低一些。

第八节 考核者和被考核者的培训

绩效考核成败的关键不是考核制度或方法的选择,而是考核者和被考核者对考核的态度和目标。如果考核者不能很好地掌握考核的程序和技巧,则会敷衍了事,或抵制考核,认为考核没有什么作用。

一、培训的目标

- 使考核者理解考核在人事管理中的地位和作用;理解整个人事管理系统的内容和结构。
- 使考核者把握考核的实施方式和规则。
- 统一考核者相互间的考核评价标准与水平。

- 使考核者理解考核内容与考核要素。
- 使考核者了解考核中可能存在的偏差，以及如何尽量避免。
- 使考核者掌握正确的考核会谈技巧。

二、绩效考核的培训

1. 绩效考核背景与材料的介绍

告诉所有的考核者绩效考核体系的理论基础、考核的目标、考核体系的构建过程，介绍并解释考核量表和材料。

2. 对考核者的培训

许多管理者认为没有足够的能力实施考核和进行考核会谈，所以他们更多地把精力投向完成考核量表，而不是和员工进行交流。考核的练习不能过少，否则考核者的考核能力得不到提高，也不能获得自己有能力完成考核的信心。考核的培训尽量安排在正式考核前不久进行，以便使考核者学以致用。

(1) 评价能力的培训

- 讲述考核的各个维度。给考评者讲解考核的各个维度的构建过程，特别是各个维度准确的定义。如果量表对维度有明确的定义，如固定行为量表，则讲解可以简略一些。
- 进行考核练习和反馈。使考核者明白什么样的行为是属于某一个维度，以及如何根据员工的行为表现给予合适的评分。通常培训者会让考核者观看一系列的员工工作的录像，然后让考核者判断其中的行为属于哪一个维度。如果行为样本足够多，还可以给每一个维度评分。然后由培训者和其他参加培训的考核人员结合录像对其进行讨论。
- 指出考核中主要评价错误。每个人看待问题的出发点和方法都是不同的，在考核的过程中都会有一些倾向性或习惯的反应模式，这是很难完全消除的。例如有的个体就倾向于给别人较高的评价，而有的个体则对别人的不足更为关注。通过考核的练习和反馈可以使个体清楚自己考核的方法、观点与公司的要求有多大的差距，从而在实际考核中加以调整。

(2) 考核面谈能力的培训

考核面谈能力的培训要使考核者获得如下能力：获得信息、提供反馈、问题解决、激励、咨询等。通常该培训包括观看教学录像和角色扮演。录像会演示一些面谈中常见的不好的反应方式和后果，及其改正的方式。

角色扮演通常是学员实际地完成一项任务，然后由一名考核者扮演上级与学员进行面谈。该任务可以是学员组成一个小组，完成一个团队决策，然后互相评价其他人的表现和贡献。如果时间充足，可以由每一名学员领导其他学员完成一项任务，然后由其他学员对其表现进行评价，也可以由其中一个学员就某一主题进行报告，而另一名学员就该学员的报告进行考评，然后再由另一名学员对该考评做出评价。在考核结束后，被考核者要给考核者提供反馈，表达自己在考核过程中的感受，以及自己认为考核者怎样做会更好。通常个体会进行角色轮换，即考核者和被考核者都要扮演。这样考核者在考核时会更多地考虑到被考核者会怎么想。

3. 对被评价者的培训

- 考核背景的介绍。员工至少要知道考核的目标和程序。
- 如何准备考核。提供给员工一份考核的时间表以及自评的量表。
- 如何制订下一年的目标。鼓励员工思考自己下一年的目标，指导员工如何对这些目标进行规划。
- 对自评的讨论。要让员工明白自评在考核体系中的地位，以及自评常犯的错误。

● 减少焦虑。将考核体系介绍给员工可以促进员工对考核的理解。同时可以教授员工一些认知行为技巧,如想象训练和放松训练。

● 如何向上级表达自己的观点。指导员工怎样正确地表达自己的意见,而不是情绪化的,或防御性的。

● 如何面对批评。指导员工如何建设性地接受批评,而且能保持自己的信心。

● 如何落实到行动上。指导员工如何将制订的目标细化为实际的行动方案。

第九节 绩效考核的会谈

绩效考核完成后,通过和员工进行会谈可以提供给员工反馈,让员工发现自己的优点和不足,以便在以后的工作中表现得更好。

一、会谈的准备

● 研究员工的工作说明,将员工的工作表现与工作要求相比较,并回顾员工以前的考核结果。

● 通知员工,进行准备。至少提前一个星期让员工阅读工作说明,对自己的工作进行回顾,找出工作中的难题和自己需要发展的方面。

● 安排合适的时间和地点与员工进行会谈。普通员工的会谈可以为一小时左右,而管理者的会谈应为两至三小时左右。选择的时间和地点应不会受到干扰。会谈应选择一个比较自然的地点,员工和上级之间不应有桌子或其他物品,这样可以创造一个比较自然的气氛。会谈至少应6个月进行一次,对新员工要更加频繁。会谈应选择管理者和员工都不太繁忙的时间进行。

表 5-12 员工工作回顾的样例

1. 简要地列出你的工作的主要职责,并给出你花在每一职责上的时间大致的百分比。 2. 回顾你在上一次考核中和上级共同制订的目标,其中哪些目标已经被超过、哪些目标达到、哪些目标没有达到,并请列出具体的事实作为支持。 3. 以你自己的标准,你认为自己在过去的一年什么方面做得非常出色? 4. 以你自己的标准,你认为自己在过去的一年什么方面做得最不好? 5. 为了使你的工作在下一年得到提高,你认为: ● 你需要采取什么措施? ● 你需要获得上级什么样的支持? ● 你需要获得公司里其他人什么样的支持? 6. 你明年的目标是什么?请至少列出 4 个。 7. 你希望自己的职责在下一年有什么变化吗?如果希望,是怎样的变化? 8. 你希望获得什么样的培训,以帮助你的职业发展? 9. 你是否还有其他的问题需要在考核的面谈中解决?

二、面谈的注意事项

因为通常绩效考核的好坏和员工的上级无直接的利益关系,所以管理者倾向于用几分钟的时间简单地告诉员工他的考核成绩。为了使考核的作用更加明显,在会谈的规程中,管理者应告诉员工:

● 绩效考核的目的和作用,让员工明白考核并不只是用来决定薪金和晋升。

● 绩效考核系统是怎样构建的。

● 绩效考核是怎样实施的。

● 管理者自己对考核过程的看法。

● 考核的结果及其依据。

以下是一些好的会谈技巧。

● 直接而且具体

讨论时使用客观的工作表现标准,例如矿工率、迟到率、质量记录、检查报告、次品和废品率、执行命令的情况、生产记录、原料消耗情况、项目是否按时完成、顾客的抱怨、产品退回率等。

- 对事不对人

不要说“你报告写得太慢了”,而应该将员工的表现和标准相比较,即说“这些报告通常应该在10天内完成”。这样可以为员工提供一个解释的机会,创造一种建设性的会谈气氛。同样,不要将员工的表现和其他员工相比较。记住考核的面谈是为了解决问题,而不是为了责备下属。对下属的批评通常只能激起下属对你的怨恨,认为你不辨是非,而不会对工作表现有任何帮助。对下属施加越大的压力,只能得到更大的反抗力,虽然这种反抗力没有明显地表现出来。

- 鼓励员工发表自己的意见

倾听员工的意见,多问开放性的问题,如“你认为我们怎样才能使条件变得更好?”多用一些鼓励性的话语,如“还有呢?”,“能说得更详细一些吗?”,绝对不要用如下的问题“这么简单的任务,你怎么就做不好呢?”。

- 不要避重就轻

考核的面谈一定要让员工明白自己什么地方做得好,什么地方做得差。要提供具体的事例、确定员工能明白,并且应在面谈的结尾共同得出一个改进工作的行动方案。

三、考核中的一些难题

1. 如何处理抗拒性的员工

防御反应是我们在适应社会的过程中自然形成的,当员工被指责为工作表现差的时候,员工的第一反应往往是防御性的。员工通常会为自己找各种各样的客观原因,甚至会变得非常愤怒和带有攻击性,因为承认自己的缺点对每一个人来说都是非常困难的。

下面是一些建议：

● 要明白防御性的行为是非常自然的。绝对不要批驳员工的防御反应，因为作用力越大，反作用力越大。上级越批评员工，员工越会寻找各种理由，越不会思考自己的弱点。要明白个体的行为动机是非常复杂的，不要强行对别人的行为进行任何推测，如“你要明白你的借口后面的真正原因是你不能接受任何的批评意见”，而要列举工作表现，并以开放性的态度倾听员工的解释。

● 延迟反应。往往员工面对不良工作记录的第一反应是本能性的防御反应，而稍后员工自然会做出更为理性的反应

● 明白你自己的观点是有一定局限性的，要明白每个人都有自己的观点和行为方式，下属的行为可能在当时、当地是合适的。

总之，员工之所以抗拒，就是因为他预期你会指责他，如果你不指责他，而是以帮助员工发展的出发点来讨论员工的不足，员工自然不会抗拒。

2. 如何批评员工

如果对员工的批评是必须的，批评时一定要维护员工自己的面子和价值感。批评只局限在员工和上级两个人在场时，而且要以建设性的态度来进行。要提供员工具体的行为表现，并提供具体的改进建议。有问题最好在平时就向员工提出，而不要在年末才最后全部提出，这样在正式会谈时，员工已经非常明白上级会有什么样的意见。绝对不要用“总是”、“从来就没有”等字眼，因为没有人“总是”怎样。

上级应和员工共同清理和工作相关的问题，设定可衡量的工作目标以及实现这些目标的时间表。

对表现差的员工的面谈进行记录有两个目的：促使员工提高工作表现；作为辞退员工的依据，以备在发生法律纠纷时作为依据。因此记录前应该明确考核员工的标准，确定员工知道该标准，理解而且遵守该标准。并且要向员工表明他有改正其工作表现的

机会。

四、会谈的步骤

对考核的回顾最好从员工发表对自己工作的评价和对考核结果的看法开始。研究证明员工积极地参与会谈会使他们对考核的结果更满意。

然后管理者交流自己的评价和评价的原因。管理者应当只谈员工的工作表现,而不要对员工的本人做出评论。当然大多数的员工都想听到好的评价,但是优秀的员工总是少数,这样负性的评价不可避免。为了让员工保持正性的自我印象,可以先说好的评价。如果管理者和员工的看法有较大的差异,双方应先认清差异的所在。

因为大多数的员工都得不到正性的评价,所以讨论员工为什么没有得到好的评价就非常重要。可能是因为:

- 员工缺乏必要的知识和技能。
- 员工的任务过重。
- 外部的原因。

这是会谈最重要的一步。管理者应该明白外部的原因也会使工作表现不好,而不一定都是因为员工没有努力工作。管理者有这样的想法可以使员工更准确、有建设性地接受考核的结果,并感激管理者。

寻求解决问题的方法是会谈最难的一步。双方应讨论管理者能做什么,员工能做什么,组织能做什么,而不是把工作表现不好的责任完全推给员工。

在会谈的结尾,应当为员工以后的工作制订一个目标。管理者和员工都应明白这个目标如何能实现。而且目标应该是合理的、有建设性的,而且是双方共同制订的。好的目标应该有以下几方面的特点:具体、明确、有挑战性且员工认可其价值。

五、员工对考核的评价

为了使上级对考核更为重视，考核结束后应该收集员工对上级实施考核的意见，并将其作为对上级工作评价的一部分。可参看附表 5-7。

员工对考核满意与否决定于三方面的因素：

- 面谈过程不受到威胁。
- 有机会表达自己的意见和观点，并对面谈的进程有一定的影响力。
- 上级以一种帮助性的和建设性的态度来进行面谈。

六、考核的书面记录

考核的书面记录应该越简短越好，因为考核成功与否的关键在于考核双方的目标和态度，而不是书面的结论。对考核的面谈的书面记录过于注重细节，则将考核的重点偏向了正式的记录，而不是考核的实质，而且也会使考核的面谈变成非常烦琐的例行公事，而不是解决问题的一个好的机会。

第十节 绩效考核效果的评估

考核体系效果的评估可以分为短期效果的评估和长期效果的评估。

一、短期效果评估

短期效果的评估主要指评估考核体系实行一年左右后的效果。主要的指标有五个方面。

1. 考核完成率

研究表明对考核完成情况最好的评价指标就是考核在多大频率上未能完成,管理者在多大程度上避免实施考核。如果考核体系设计得很好,而且在设计过程中广泛采纳了各方面的意见,反映了各方面的利益需求,则这个问题不会很突出。通常这项工作可以求助于人力资源部门,核查考核完成情况的记录。

2. 考核面谈所确定的行动方案

如果考核结果的书面记录表明上级和员工共同达成的行动方案很少,则考核过程可能存在一些问题。还要注意达成的行动方案是什么类型的,如果仅是表明需要更多的培训,而不是就目前工作中存在的问题提出具体的解决方案,则考核的会谈可能只是流于形式。同样,如果达成的行动方案都是上级所期望的,而没有反映员工的需要,则表明在考核的面谈中上级可能没能很好地使员工参与其中。

3. 考核结果的书面报告的质量

通过对正式考核结果的书面报告的分析,可以对考核进行的状况有一个大致的了解。例如书面报告是否全面地反映了员工的情况,考核的评价是否有具体事例的支持,上级和员工有多少争议,其差距有多大。同时,还可以对不同来源的考核报告进行分析比较,看其中的一致和不一致程度。

4. 上级和员工对考核的态度以及对所起作用的认识

要考虑上级和员工对考核有什么样的感受,他们认为考核有什么样的作用和效益(如帮助工作表现的提高,使员工明白自己工作的现状,使自己的角色明确),考核过程存在什么问题。如果对这些方面有较好的评价,则对考核体系可以持乐观的态度。

5. 公平性

对员工的评价和报酬是否基于考核的结果，是否存在性别和种族的歧视。

二、长期效果评估

虽然考核体系会不断地调整，但是大部分的调整主要是考核方法的变化，而不是整个考核体系的改变，所以对考核效果可以进行长期效果的评估。

1. 组织的绩效

组织的绩效受多方面因素的影响，考核体系也是其中之一。如果考核体系的设计采用了目标管理法，则员工个人目标的实现和组织目标的实现是紧密相连的，这样可以通过考查员工设定的目标的完成情况来推断组织目标的完成情况。

2. 员工的素质

考核管理是一个使员工的素质不断提高的过程，如果通过测评和考核等方式证明员工的素质确实提高到了期望的水平，则考核体系是有效的。同时，考查员工的素质，还可以确定某一职位的人选是否可以从员工内部提拔，还是需要从组织外部招聘。

3. 员工的离职率

考核管理为员工和上级创造了一个良好的沟通机会，如果考核体系是有效的，则可能使员工离职问题可以被事先发现，并有可能得到处理。如果考核体系能够有效地激励员工，而且能够增加员工的工作参与程度和工作满意度，则考核体系可以有效地减少不必要的员工离职，从而降低招聘和培训的费用。

4. 对企业认同度的增加

好的绩效管理体系可以使员工对工作和组织有更为正向的态度。

三、绩效考核效果评估的方法和来源

1. 员工与上级对考核的认知

对上级和员工对考核的态度以及对其作用的认识的测量可以通过面谈或问卷的方法。面谈法虽然可以了解非言语的信息，而且比较灵活，但是比较费时，调查的人数也有限，不像问卷法可以匿名，而且面谈法对结果不容易进行量化分析。而问卷法的优缺点正好与面谈法相反。

两种方法都需要调查以下四方面的信息：

- 被调查者的背景资料(性别、年龄、职务等)。
- 考核体系考核了什么内容，考核的面谈谈论了什么内容。
- 被调查者对考核效果和作用的知觉。
- 被调查者对考核体系的整体印象。

2. 对公平性的评价

收集考核的书面记录和薪酬、提升等信息，检查是否不同团体(如不同性别)间存在不公平的分布差异。如果存在差异，则须证明两个团体间确实存在知识、技能、能力上的差异。同时还应分析考核结果是否正态分布，如果考核的总体足够大，则理论上考核结果应该符合正态分布，同时考核结果的分布还影响到公司对薪酬发放总量的控制。

3. 员工对企业的认同度

测量考核对交流、员工对组织的态度、员工对工作的热情等方面的作用。国外有许多公司有这方面的测量。例如盖洛普咨询公司(GALLUP)确定了5个维度154道题目来测量员工的满意度。

附　　录

附表5-1　图式化的评定量表样例

绩效考核

员工的姓名：________工作的名称：________

工作的部门：________员工的编号：________

考核的目的：□年度的考核　□提升　□不能令人满意的表现

□优点　□试用期结束　□其他________

员工何时开始在该岗位上工作：____年____月____日

上次考评的日期：____年____月____日　考核日期____年____月____日

指导语：根据员工所从事工作的要求仔细地评估员工的工作表现。填写员工的评价量表，评价该员工的工作表现在每一具体的特质上的得分。

对评价的界定

O—杰出：工作表现在所有的方面都比工作要求的要好，比其他员工的表现要好得多。

V—很好：工作表现在大多数方面都比工作要求的要好，工作的质量很高，而且很稳定。

G—好：工作表现符合工作的要求。

I—需要提高：工作表现在某些方面不能令人满意，需要提高。

U—不能令人满意：工作表现基本上不能接受，需要立即提高。员工的工作没有表现出什么优点。

N—无法评价：员工的工作表现无法评价或者现在评价过早。

（续表）

评价的要素	评价	得分	评价的事实依据和评论
1. 质量：工作的准确性、连续性和可接受性。	O□ V□ G□ I□ U□ N□	100—90 90—80 80—70 70—60 低于 60	
2. 生产力：工作的数量和效率。	O□ V□ G□ I□ U□ N□	100—90 90—80 80—70 70—60 低于 60	
3. 工作知识：工作所使用的实际的或技术性的技能。	O□ V□ G□ I□ U□ N□	100—90 90—80 80—70 70—60 低于 60	
4. 可靠性：在多大程度上可以信赖员工能够按时按量完成任务。	O□ V□ G□ I□ U□ N□	100—90 90—80 80—70 70—60 低于 60	
5. 出勤率：员工在多大程度上按时工作。	O□ V□ G□ I□ U□ N□	100—90 90—80 80—70 70—60 低于 60	
6. 自觉性：员工的工作在多大程度上不需要或很少需要上级进行监督。	O□ V□ G□ I□ U□ N□	100—90 90—80 80—70 70—60 低于 60	

附表 5-2 绩效评估表格样例

第一部分：

姓名：______ 职位：______ 考评的工作期间从__年__月__日到__年__月__日 考核者签名：______ 考核者的职位：______ 部门：______	考核标准 1 未能达到工作要求 2 基本达到工作要求 3 完全达到工作要求 4 较突出地达到工作要求 5 超过工作要求

第二部分：对工作任务的评价量表

职位：行政秘书的职责	
A. 打字和速记　　在工作中的比重(30%)	评价　1 □　2 □　3 □　4 □　5 □
以正确的格式准确地录入来自包括口授的各个方面的文件。录入会议的时间、通知、时间安排和其他的内部材料。为市场调查部录入调查问卷。录入各种含有表格和图表的报告。为商业杂志和报纸录入，以及录入各种信件、备忘录、副本和其他需要的文件。	评语：
B. 接待　　在工作中的比重(30%)	评价　1 □　2 □　3 □　4 □　5 □
接待来客和接电话，并进行详细的记录。有礼貌地安排客户和其他来访者。接电话，进行记录，提供信息或将电话转给合适的人。接待来客，提供信息或将其带到办公室或相应的人那里。像主人一样地接待来客，随时准备为来客提供服务。	评语：
C. 安排时间　　在工作中的比重(30%)	评价　1 □　2 □　3 □　4 □　5 □
有效地安排日程表，包括约会、会议、出差和类似的活动。为一般管理人员和其他人员安排约会的日程表，安排差旅的日程和费用。安排年度例会和内部培训的时间表和场所，如果必要还包括工作午餐。	评语：

（续表）

D. 档案和记录的管理 在工作中的比重（30%）	评价 1 □ 2 □ 3 □ 4 □ 5 □
建立和保持合适的档案系统，迅速地安放档案，并且在需要时能迅速地取出需要的档案。为计划和档案系统的安放安排合适的空间，档案系统包括时间安排、规章制度、各种报告等。将档案放置在合适的地点，查找并取出需要的文件。将档案整理送至公司的档案室，或进行销毁。将档案进行统一编码，以便于查询。	评语：
E. 一般的办公性服务 在工作中的比重（30%）	评价 1 □ 2 □ 3 □ 4 □ 5 □
完成相关的办公职责。取回邮件，将邮件分发到个人手中。制作文件的副本。保持良好的现金流。收集杂志和报纸上有关本公司的文章。管理布告栏。	评语：

第三部分：绩效考核的表格

员工能否在上班时间保持工作，而不做与工作无关的事？ □是 □否 如果不能，请说明
员工能否根据指示和工作规章进行工作？ □是 □否 如果不能，请说明
员工能否在工作中与同事很好地合作？ □是 □否 如果不能，请说明
员工是否具备完成工作所需的知识、技能、能力？ □是 □否 如果不能，请说明
描述员工需要提高的任何工作活动？
对员工的表现做出整体的评价：

第四部分:签名

这份报告基于我员工和工作的观察和知识。

上级:______________ 日期__年__月__日

复查人:____________ 日期__年__月__日

我的签名表明我已经看过这份报告,但并不代表我同意报告的评价。

员工:______________ 日期__年__月__日

附表 5-3 工作表现分布量表法样例

工作表现分布量表

考评的工作维度:______________

考虑所考核的工作维度,请首先选出你认为在这方面最优秀的员工,将他的姓名写在栏 1 后面,再选出你认为在这方面最差的员工,将其姓名写在栏 20 后面。然后在剩下的员工中找出你认为在这方面最优秀的员工,将他的姓名写在栏 2 后面,再选出你认为在这方面最差的员工,将其姓名写在栏 19 后面。以此类推将所有的员工都安放在相应的栏后。

表现好的员工

1. ____________	11. ____________
2. ____________	12. ____________
3. ____________	13. ____________
4. ____________	14. ____________
5. ____________	15. ____________
6. ____________	16. ____________
7. ____________	17. ____________
8. ____________	18. ____________
9. ____________	19. ____________
10. ____________	20. ____________

表现差的员工

附表 5-4 叙事量表样例

员工工作表现提高计划

姓名:______________ 考评日期:______________

职位:______________ 部门:______________

1. 目的和目标

   这份表格是用来帮助上级分析员工的工作表现如何,也就是说员工完成其工作职责的知识和技能如何。为了使员工的工作表现得到提高,请你首先完成对员工工作表现的分析,然后与员工进行会谈。

（续表）

2. 考评的步骤

A. 工作因素和技能—员工的技能和工作因素代表了员工完成工作所需要的主要的能力。请首先阅读对每一个因素的说明，然后用下面的评价量表对其做出评价。

S—有力的
SA—令人满意的
N—需要提高的
NA—不能让人接受的

在表格的结尾留有空白，如果你认为还有其他重要的工作因素，请填在该处。请注意不要添加与工作无关的人格方面的特质。

B. 工作表现分析和事实—请在这一格列出支持你的评价的你观察到的与工作相关的具体的行为表现。这些事实应描述与工作相关的员工的言行。

C. 提高计划—列出用于改进员工工作表现的具体的行动方案。这个方案应由上级和员工共同讨论产生。行动方案应包括活动、任务和责任扩展等，这会为员工提供发展他们所需要的技能的机会。该行动方案应包括每一个步骤的实施具体由谁负责，完成每一步骤的时间表，以及用于监控实施情况的反馈。

D. 与员工的讨论—对于每一个工作因素的评价应和员工进行充分的讨论。讨论的焦点应是如何有效地进行问题解决，应鼓励员工找出其工作技能和知识不足的原因以及提高工作表现的想法。上级和员工应该一起找出工作表现每一方面不足的原因，并且共同提出一个双方都能接受的提高工作表现的合理的行动方案。这个行动方案必须是可行的，而且需要以书面的形式确定下来，并且在下一期的工作中予以实施。

工作表现因素/技能	工作表现分析和事实	与员工的讨论
计划—预测，设定目标，建立行动的策略和过程，进行预算，设定程序 评价等级____		
组织—组织活动以达到目标，委托授权，指挥，使用资源 评价等级____		

(续表)

指导—指导和监控的能力。强化激励、沟通和领导的过程。 评价等级____		
控制—建立工作表现的标准,检查结果,采取改正的行动。 评价等级____		
问题分析—决定有关的数据,区分重要的和不重要的事实,界定内在关系,得出正确可行的解决方法。 评价等级____		
决策—迅速而准确对若干的行动方案进行评估和选择。 评价等级____		
人际关系—在组织的不同层次上,有效地和他人保持关系。对他人的要求敏感。 评价等级____		
沟通—以明确和有说服力的方式获得想法的能力。善于倾听和将别人的观点明确化。 评价等级____		

（续表）

机会均等—给予少数群体和妇女平等的机会，支持他们的行动计划。 评价等级____		
工作知识—明白自己工作的功能以及和其他领域工作的关系。掌握自己工作的特殊的知识和技能。 评价等级____		
安全和健康—对积极地推动和开展安全和健康的原则。发起并为实际的目标工作。 评价等级____		

附表 5-5 日记法样例 1

员工姓名	所属部门	职务等级	事实发生的日期	上级姓名
事实发生的场所				
事实发生前的环境				
事实发生的背景				
具体的事实				
员工行为有效和无效的事实				
事实的后果				
事实的后果受员工控制的程度				
上级对该事件的评语				

附表 5-6 日记法样例 2

<table>
<tr><td colspan="2">姓名</td><td>所属部门</td><td>职务等级</td><td colspan="2">考核期间</td><td>上级</td></tr>
<tr><td colspan="2"></td><td></td><td></td><td colspan="2">月 日— 月 日</td><td></td></tr>
<tr><td>日期</td><td>场所</td><td colspan="2">工作表现的事实</td><td>上级对工作表现的评语</td><td colspan="2">上级为员工设定的目标和努力方向(具体的指导、教育、指示、激励、对策、处置等)</td></tr>
<tr><td></td><td></td><td colspan="2"></td><td></td><td colspan="2"></td></tr>
<tr><td></td><td></td><td colspan="2"></td><td></td><td colspan="2"></td></tr>
<tr><td></td><td></td><td colspan="2"></td><td></td><td colspan="2"></td></tr>
<tr><td></td><td></td><td colspan="2"></td><td></td><td colspan="2"></td></tr>
<tr><td colspan="7">备注:</td></tr>
</table>

附表 5-7 员工对考核的评价

说明:请你对经理执行绩效考核反馈面谈的方式进行评价。运用以下尺度来完成你的评价:总是=1 经常=2 偶尔=3 几乎不=4 从不=5

1. 在讨论中有效地利用有关下属的情况。
2. 熟练地引导对所存在问题领域的讨论。
3. 对面谈过程保持控制。
4. 让下属控制面谈。
5. 对面谈有充分的准备。
6. 坚持讨论有关下属的问题。
7. 关心下属对问题的看法。
8. 彻底调查敏感的领域以获得充分的了解。
9. 在讨论敏感的题目时使下属感到轻松。
10. 在面谈中表现出诚意。
11. 为面谈保持一个适宜的氛围。
12. 对下属的问题表现不敏感。
13. 表现出组织有方的面谈方法。
14. 询问适当的问题。

（续表）

15. 未能在必要时发问。
16. 对下属存在的问题提一些一般性询问。
17. 只问一些表面性的问题，不能针对正题。
18. 对下属的成长提供详细的建议。
19. 提供一般性建议，帮助下属的事业成长。
20. 对下属的成长提供拙劣的建议。
21. 为下属的冲动以理性的方式作出反应。
22. 冷静地对待下属的冲动。
23. 对下属抱怨的反应是防御性的。
24. 不适当地改变原有的态度。
25. 作出切实的投入，帮助下属与别人友好相处。
26. 似乎不关心下属的问题。
27. 给下属与别人的关系提供蹩脚的建议。
28. 提出解决冲突的良好忠告。
29. 当与公司讨论下属的未来时，鼓励他/她留下来。
30. 对下属的技术专长作适当的赞美。
31. 激励下属好好工作。
32. 似乎忽略了下属的好的工作记录。
33. 不适当地向下属发出改善工作的最后通牒。

第六章 薪酬设定

第一节 薪酬设定概论

一、薪酬设定的概念

薪酬指员工由于被雇佣所获得的各种形式的报酬。整体报酬的项目图如下：

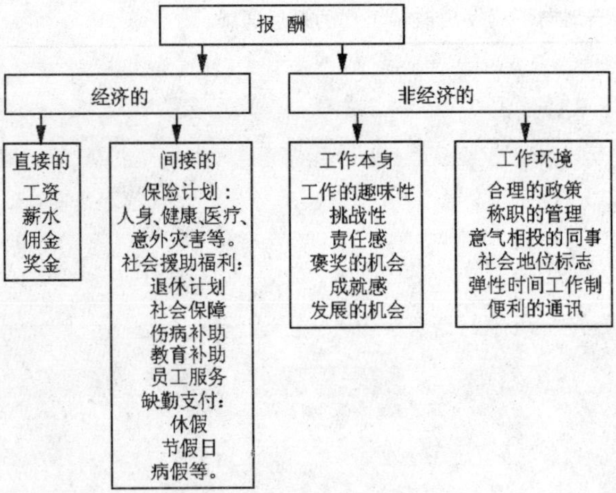

图 6-1 报酬整体图

广义的薪酬可以分为两类：一类是经济报酬，一类是非经济报酬。经济报酬又可以分为直接经济报酬和间接经济报酬。直接的经济报酬包括薪酬、奖金、佣金等;间接的经济报酬包括休假、保险等。非经济报酬包括工作本身和工作环境所提供的各种条件。非经济报酬更多属于员工激励的范畴,在员工激励部分有详细介绍。

薪酬设定的目标在于吸引、保留、激励企业所需的人力资源。

薪酬有三方面的规定:

● 薪酬是满足员工物质生活的基本途径。薪酬水平的确定应以保证维持员工及其家庭的最低生活费用为其下限。

● 薪酬是劳动力市场上组织和求职者双向选择的结果。所以稀缺人才的薪酬相对普通人才薪酬水平要高。

● 薪酬是组织支付给员工的劳动所得。所以薪酬水平受到企业的劳动生产率和员工与企业雇主之间势力对比的制约。

二、影响薪酬设定的因素

公司的经营状况和财政实力、政府的法律与规定以及组织的薪酬政策都是影响设定的因素。其中组织的薪酬政策包括薪酬水平的制订是领导市场,还是跟随市场;加薪的依据;晋升和降职政策,加班费政策,假期的薪酬政策,服役的薪酬政策,进修的薪酬政策等。

三、薪酬设定的公平性

● 企业内部公平性。组织内部依照员工所从事工作对于组织的价值来支付薪酬。

● 企业外部公平性。公司员工所获得的报酬可与其他公司从事相似工作的员工报酬相比。

● 员工公平性。依据业绩水平、资历等个人因素对同一组织从事相似工作的员工付薪。

● 团队公平。高绩效的团队比低绩效的团队应获得更高的薪酬。

四、薪酬设定的步骤

● 进行薪酬调查，了解其他企业相同或类似职位员工的薪酬，以确保外部公平性。

● 通过工作评估确定组织中每一个工作的价值，以确保内部公平性。

● 将类似的工作分别划归为若干薪酬等级。

● 通过绘制薪酬线制订每一薪酬等级的薪酬标准。

● 调整员工的薪酬。

五、薪酬体系的类型

● 年资薪酬体系

年资薪酬体系综合年龄、持续服务年数、能力等多项要素，但偏重生活保障的要求。

● 职务薪酬体系

职务薪酬体系建立在职务评价的基础上，员工所执行职务的差别是决定基本薪酬差别的最主要因素。

● 职能薪酬体系

职能薪酬体系将职务执行能力作为决定基本薪酬的最主要因素。

● 绩效薪酬体系

绩效薪酬体系主要依据员工的绩效来决定员工的薪酬。

● 技能薪酬体系

技能薪酬体系是根据员工所获得的技能等级来决定员工的薪酬。

● 市场薪酬体系

市场薪酬体系在薪酬调查的基础上，员工的薪酬严格遵照市场价格，与员工的职位无关。市场薪酬体系需要掌握同行业准确的薪酬调查资料。

第二节 薪酬调查

一、薪酬调查的概念

薪酬调查的目的是使企业了解劳动力市场的现有薪酬水平，其他公司的薪酬政策和薪酬水平。企业通过调查其他企业中相同或相似工作的薪酬额，同本企业的现行薪酬额进行比较，进而依据本企业的其他条件，调整薪酬结构，以确保企业的竞争地位。

在薪酬调查之前首先需要确定以下事项：调查的区域；调查的公司；涉及的工作。调查中所涉及的区域通常由雇佣记录决定。由此取得的数据可以揭示出员工为工作愿意走动的最长距离或最长时间。调查中所涉及的公司通常取自同行业，但也可能是其他行业竞争相同技能员工的公司。获得一个组织中全部工作的资料往往难以办到，所以通常只调查一些基准工作，基准工作是一个行业中为大家所熟知的工作，可以反映整个工作结构。

二、薪酬调查的对象

1. 薪酬调查对象

● 同行业中同一类型的其他企业。
● 其他行业中有相似工作的企业。
● 雇佣同一类员工，可构成竞争的企业。

● 工作环境、竞争政策、薪酬与信誉均合乎一般标准的企业。

● 与本企业距离较近，在同一劳动力市场上招用员工的企业。

2. 薪酬调查的一些注意事项

● 参加调查的公司应来自同一行业，行业的规模和公司的规模也非常重要。

● 对于薪酬水平较低的职务，调查应限于本地区，因为通常这些职位的员工来自本地区。

● 薪酬水平较高的公司不如薪酬水平较低的公司重要。

● 薪酬调查要了解被调查公司的薪酬政策，而非简单比较薪酬水平。

3. 用做对比工作的要求

● 该工作必须能够代表其所属的工作职系。不同级别的工作都应包含。

● 该工作必须是大部分参加薪酬调查的企业都有的。

● 该工作必须是相对稳定的。

● 该工作必须有详细的描述和界定。

三、薪酬调查的方法

进行薪酬调查需要确定对不同公司进行对比的工作，可以采用两种方式：

● 基于工作评价的点数的调查，即将不同公司相同点数的工作进行比较。常用的有海氏调查法（Hay Management Consultants）。

● 基于工作名称和工作描述的调查，即根据工作描述来确定不同公司哪些工作是相同或类似的。常用的有 Towers Perrin。

薪酬调查有几种形式：

- 通过和其他公司管理者非正式的交流获得薪酬信息。
- 通过报纸、杂志来收集薪酬信息。
- 委托专门的薪酬调查组织或机构收集薪酬信息。

薪酬调查的途径可以分为电话调查和问卷调查(可以邮寄，也可以当面访问)。由于电话调查收集信息比较有限，通常适合于少量的容易界定的工作。正式的问卷调查收集的信息包括工作时间、休假、医疗保险等。

经常的、高质量的薪酬调查对企业的薪酬设定非常有帮助。

表 6-1　薪酬调查样例

参加薪酬调查的公司的背景信息：
地址:__________ 行业:__________
编号:__________ 问卷完成日期:__________
问卷填写人姓名:__________ 问卷填写人职位:__________
1. 请介绍你公司(单位)主要的产品(或服务)：
____
____
____
2. 雇佣员工情况：
你公司、部门或工厂员工的总数：
小时工　__________
非正式员工　__________
正式员工　__________
3. 薪酬的一般性增加和结构性调整
(1) 在过去的一年中，你公司是否对下列员工进行过一般性加薪
小时工　____否____是　百分比％ ____日期____
非正式员工　____否____是　百分比％ ____日期____
正式员工　____否____是　百分比％ ____日期____
(2) 在过去的一年中，你公司是否对下列员工进行结构性调薪
小时工　____否____是　百分比％ ____日期____
非正式员工　____否____是　百分比％ ____日期____
正式员工　____否____是　百分比％ ____日期____
4. 绩优加薪
(1) 贵公司是否保持有绩优奖励的基金以确保薪酬的增加？

（续表）

小时工 ____否____是
非正式员工 ____否____是
正式员工 ____否____是
(2) 如果没有，你认为去年合适的薪酬增加额应该是多少？
小时工 ____
非正式员工 ____
正式员工 ____
(3) 如果有，是多少？

	绩效增长	提升	总计
小时工	____.____%	____.____%	____.____%
非正式员工	____.____%	____.____%	____.____%
正式员工	____.____%	____.____%	____.____%

(4) 你现在的预算的日期是什么？
从__________到__________。(包括当年)
5. 有无工会？____有____无
如果有，列出名称：

____

____

____

6. 生活费用：

____

你是否允许生活费津贴？____是____否
如果是，现在的数额是多少，那些团体得到了津贴？

____

____

7. 有自动加薪的员工团体吗？____没有____有
如果有，是什么团体，频率和数量：

____

8. 贵公司是否在一些节假日或固定的日期加薪？

	节假日	固定的日期	日期
小时工	__________	__________	__________
非正式员工	__________	__________	__________
正式员工	__________	__________	__________

（续表）

9. 贵公司的加薪频率如何？

	每年			
	1次	2次	3次	其他
小时工	______	______	______	______
非正式员工	______	______	______	______
正式员工	______	______	______	______

10. 任何其他的可能帮助我们了解贵公司的薪酬数据的信息：

____

____

____

____

四、薪酬调查的结果

通过对薪酬调查结果的统计分析，公司可以知道现行的薪酬体系在该行业的劳动力市场上所处的竞争地位，哪些职位的薪酬需要加以调整，还可以预测未来一年的薪酬变化情况。

第三节　薪酬设定步骤概述

一、工作评价

1. 工作评价的目的

工作评价通过对组织的工作进行正式的和系统的比较决定工作的相对价值，从而确定每一工作的薪酬。通常是对工作的一些维度进行比较，例如努力程度、承担的责任和工作需要的技能。为了简化工作评价的程序，在实际操作中往往首先确定一些代表性工作的价值，然后再将其他的工作与这些代表性工作进行比较，确定这些工作的价值。

2. 比较因素的确定

通过比较不同工作所共有的一些基础性的因素来确定工作的相对价值。有些公司指定了自己的比较因素，而大部分公司采用本行业所通用的一些因素。例如可以比较技能、付出的努力、承担的责任和工作环境四个因素。具体的企业需要采取什么样的比较因素，需要根据企业具体条件和工作的性质来确定，比如管理工作可以考虑将决策作为比较因素之一。

3. 工作评价的计划和准备

工作评价是一个决策的过程，需要上级、人力资源部、员工和工会的密切的合作。主要包括以下几个步骤：

(1) 明确是否有进行工作评价的需要

当出现下列情况时组织可能需要进行工作评价：

- 员工存在不满情绪。表现在高员工离职率、工作停顿或是员工对不同等级的员工支付同样的薪酬提出质疑。
- 管理者反映现行的、非正式的制订工作的薪酬等级的方法很难使用，明确地表示希望有更系统地制订工作的薪酬等级的方法。

(2) 获得员工的支持

员工可能会担心系统的评价工作的方法会降低他们的薪酬，所以需要向员工解释通过工作评价可以使他们的薪酬不单由管理者决定，而且工作评价的程序保证了员工的利益会得到充分的考虑。还需要让员工知道组织不会根据工作评价的结果对现有员工的薪酬进行大幅度调整。

(3) 组建工作评价小组

组织的员工应作为工作评价小组的部分成员，以保证组织的员工对工作评价的支持。工作评价小组还需包括若干名熟悉工作的人员。

评价小组人员的构成需要慎重考虑。通常评价小组有 5 名成员,大部分是员工。虽然管理人员有权力加入评价小组,但是评价小组里的员工会认为这是对他们的监控,通常不愿意管理人员加入。但是一线的管理人员往往有着丰富的工作经验,能够为工作评价提供很多信息和建设性的意见。作为一种折中的方案,通常评价小组包括管理人员,但是不参与决策。

当评价小组的人员选择好以后,需要给他们提供工作评价的知识手册,并提供相应的培训。

评价小组通常有三方面的任务:首先,选择 10 至 15 个关键参照工作。这些工作会首先被评价,在评价其他工作时将这些工作与关键参照工作进行比较,从而能较快地对公司的所有工作进行评价。其次,制订用于工作比较的因素。最后,进行工作评价。

(4) 工作评价的方法

工作评价的方法有序列法、等级比较法、点数加权法、要素比较法等,具体方法在下文有详细介绍。

二、将工作划归到薪酬等级

当工作评价小组已经通过所选取的评价方法确定出工作的相对等级后,接下来需要将组织的工作根据其难度和重要程度划分为不同的等级。如果不划分工作等级,直接确定每一个工作的付薪率,对于一个有较多职务的大公司可能需要确定上百甚至上千的工作的付薪率,无论是制订还是管理都非常不方便。通过将工作划分为不同的等级,我们最终可能只需要制订 10—12 个等级的付薪率。

三、绘制薪酬结构线

将工作划归到不同的薪酬等级后，接下来我们需要制订每一等级的付薪率。通常是通过绘制薪酬结构线来完成的。薪酬结构线是工作等级对现有薪酬支付数额的一个线形回归。薪酬结构线的横坐标为工作等级，通常纵坐标为公司现有的薪酬率。但是如果可以确定现有的薪酬率已经和市场上的薪酬率有一定的差距，则可以在薪酬调查的基础上将纵坐标上的薪酬率定为市场上的薪酬率。

四、调整现有的薪酬支付率

为了使薪酬制度更为灵活，通常每一个工作等级对应若干个薪酬级别，而不是一个固定的薪酬数额。这样需要确定每一个工作等级对应的最高工资和最低工资，以及每一级别的跨度。例如可以设定每一工作等级的最低薪酬比薪酬结构线对应薪酬低15％，而最高薪酬比对应薪酬高15％。

薪酬结构线上会有一些点距离结构线比较远，这表明该职位的薪酬与其对组织的价值不相符合。对于薪酬过低的员工，可以将其薪酬调整为该工作等级的最低薪酬。如果薪酬过高，可以将其薪酬调整为该工作等级的最高薪酬，但是薪酬是刚性的，为了避免员工产生负性情绪，往往不降低员工的薪酬。更经常采用的方式是在一段时间内固定该员工的薪酬，当其他员工加薪时，该员工的薪酬保持不变。

第四节　薪酬额的调整

一、基本薪酬的增加

基本薪酬的增加表现为全体职工的薪酬同时增加。其目的主要是为了保障员工的生活。基本薪酬的增加有以下几种情况：

- 消费物价指数上升
- 劳动力市场供不应求
- 由一种薪酬体系转到另一种薪酬体系
- 企业劳动生产率提高

基本薪酬的提升可以采取定额或定率的方法或两者结合。定额的方法指给不同职务等级的员工制订相应的薪酬增加数额，定率的方法指给不同职务等级的员工制订相应的薪酬增加比率。

二、制订个人加薪标准

假设公司效益好，准备增加10%的工资预算，可以有几种方法将这10%分配到每一个员工。

1. 所有员工都增加10%

这种方法非常简单，但并未体现出员工贡献的大小，不符合激励的原则。

2. 按照绩效加薪

按照绩效考核所评定的等级加薪，等级高的薪酬增加比率大，而不是所有员工都增加10%。

如表6-2，绩效评估为5级的，薪酬在原有基础上增加13%，超过10%；而绩效评估为2级的，则薪酬增加比率只有7%，小于10%。该方法充分体现了按照员工对公司的贡献付薪的原则。但是由于每一级别的薪酬增加比率是公司设定的，未考虑总体的薪酬增加预算，可能产生总薪酬增加比率超出原来预算的情况。如下表中的总体薪酬增加比率为10.69%，超出10%。

表6-2 绩效加薪例表

绩效评估的级别	该级别的人数	该级别的工资总额	工资的比重(%)	公司设定的薪酬增加比率(%)	工资总额×薪酬增加比率
5	10	10000	15.38	13	1300
4	30	30000	46.15	11	3300
3	20	20000	30.77	10	2000
2	5	5000	7.7	7	350
1	0	0	0	0	0
总计	83	65000	100		6950

总薪酬增加比率为6950/65000=10.69%

为了平衡薪酬增加预算，下表引进了变量x，当总薪酬增加比率超过10%，可以取x为小于1的数值，当总薪酬增加比率不到10%时，可以取x为大于1的数值。

表6-3 平衡薪酬预算例表A

绩效评估的级别	该级别的工资总额	工资的比重(%)	薪酬增加比率	工资总额×薪酬增加比率	最终的薪酬增加比例
5	10000	15.38	$13x$	$1300x$	12.16
4	30000	46.15	$11x$	$3300x$	10.29
3	20000	30.77	$10x$	$2000x$	9.35
2	5000	7.7	$7x$	$350x$	6.54
1	0	0	0	0	0
总计	65000	100		$6950x$	

令总薪酬增加比率$6950x/65000=10\%$

求得$x=9.35\%$

从而总薪酬增加比率为(10000×12.16%+30000×10.29%+20000×9.35%+5000×6.45%)/65000=10%

这种方法的一种变形可以只确定不同绩效评估级别加薪比率之间的相对比率,而不用事先设定出具体的加薪额度。例如表 6-4 中以绩效评估级别为 3 的薪酬增加比率为基准,级别 5 的增加比率为其 1.3 倍,而级别为 4 的增加比率为 1.1 倍。

表 6-4 平衡薪酬预算例表 B

绩效评估的级别	该级别的工资总额	工资的比重(%)	薪酬增加比率	工资比重×薪酬增加比率	最终的薪酬增加比例
5	10000	15.38	$1.3x$	$19.994x$	12.23
4	30000	46.15	$1.1x$	$49.665x$	10.22
3	20000	30.77	x	$30.77x$	9.405
2	5000	7.7	$0.7x$	$5.39x$	6.584
1	0	0	0	0	0
总计	65000	100		$106.329x$	

令 $106.329x/100=10\%$

求得 $x=9.405\%$

从而总薪酬增加比率为 $(15.38\times12.23\%+46.15\times10.22+30.77\times9.405+7.7\times6.584\%)/100=10\%$

3. 按工作效果和个人工资在工资幅度中的位置加薪

假设表 6-5 是一家公司的薪酬情况:

通常用中点比率来确定个人薪酬在薪酬幅度内的相对位置。中点比率是将个人工资与该工资级别的中点相比所得的比值,它反映了个人工资在该工资级别内的相对位置。假设某一级别的工资的中点为 5000 元,若一员工的工资为 5600 元,则该员工的工资中点比率为 5600/5000=1.12。根据中点比率可以将该级别的工资分为几个等级,例如可以分为三个等级:中点比率小于 0.93,介于 0.94 和 1.06 之间,大于 1.07。本加薪方法基于两个出发点:绩效等级高的员工加薪比率大;中点比率大的员工工资加薪比重小,也即每一工资级别内工资较少的员工加薪比率大。

表 6-5 薪酬情况例表

绩效级别		中点比率			总计	
		≤0.93	.94—1.06	≥1.07	数目	百分比
5	人数	5	6	2	13	15%
	薪酬	4.620	5.840	4.140	14.600	18%
	中值	5.240	6.020	3.750	15.010	18%
4	人数	14	18	5	37	45%
	薪酬	13.065	17.400	4.600	35.065	43%
	中值	15.535	18.318	4.140	37.993	44%
3	人数	11	14	4	29	35%
	薪酬	9.800	13.860	3.240	26.900	33%
	中值	11.460	14.250	2.810	28.520	33%
2	人数	1	2	1	4	5%
	薪酬	1.020	2.511	1.010	4.541	6%
	中值	1.275	2.385	940	4.600	5%
1	人数	0	0	0	0	0
	薪酬	0	0	0	0	0
	中值	0	0	0	0	0
总和	人数	31	40	12	83	
	薪酬	28.505	39.611	12.990	81.106	
	中值	35.510	40.973	11.640	86.123	

假定某公司的工资按照中点比率划分为三个等级后，每个等级工资所占的百分比如下：

表 6-6 薪酬等级百分比

中点比率	每段的工资比重
小于 0.93	35%
介于 0.94 和 1.06 之间	49%
大于 1.07	16%

表 6-7 绩效评估与薪酬比重

绩效评估的级别	每级的工资比重	绩效评估级别×工资比重
5	18%	0.90
4	43%	1.72
3	33%	0.99
2	6%	0.12
1	0	0.00
总计		3.73

将表 6-6 与表 6-7 的内容综合在表 6-8,得出一张加薪比率表:

表 6-8 加薪比率例表 A

	中点比率(每段的工资比重)		
绩效级别 工资比重	小于 0.93 0.35	介于 0.94 和 1.06 之间 0.49	大于 1.07 0.16
5 0.18	$2x$	$1.5x$	x
4 0.43	$1.2x$	x	$0.8x$
3 0.33	$1.0x$	$0.8x$	$0.6x$
2 0.06	$0.8x$	$0.6x$	0
1 0	0	0	0

其中加薪比率按在每一行和每一列都是逐步减少的。

5 $0.18\times0.35\times2x+0.18\times0.49\times1.5x+0.18\times0.16\times x=0.126x+0.25x+0.03x=0.406x$

4 $0.43\times0.35\times1.2x+0.43\times0.49\times x+0.43\times0.16\times0.8x=0.18x+0.40x+0.06x=0.64x$

3 $0.33\times0.35\times1.0x+0.33\times0.49\times0.8x+0.33\times0.16\times0.6x=0.16x+0.25x+0.03x=0.44x$

2　$0.06 \times 0.35 \times 0.8x + 0.06 \times 0.49 \times 0.6x + 0.06 \times 0.16 \times 0 = 0.02x + 0.03x + 0.00x = 0.05x$

1　求和：$0.406x + 0.64x + 0.44x + 0.05x = 1.536x$

令 $1.536x = 10\%$

得 $x = 6.5\%$

则表 6-8 变为：

表 6-9　加薪比率例表 B

	中点比率(每段的工资比重)		
绩效级别 工资比重	小于 0.93 0.35	介于 0.49 和 1.06 之间 0.49	大于 1.07 0.16
5 0.18	0.819	0.86	0.19
4 0.43	1.17	1.37	0.36
3 0.33	0.75	0.84	0.21
2 0.06	0.11	0.11	0
1 0	0	0	0

4. 按照工资幅度的中点加薪

全公司的薪酬总额为 86123，而总的薪酬中值为 81106。则总的薪酬比率为 81106/86123×100%＝94.17%。乘以 10%的加薪比率为 94.17%×10%＝9.417%。则 9.417%为中点加薪的百分比率。

显然 81106×10%＝86123×9.417%

所以用工资总额的加薪百分比 10%和使用薪酬中值的加薪百分比 9.417%，薪酬预算是一样的。

表 6-10　中点加薪例表 A

绩效评估的级别	该级别的工资中点	每级的工资比重
5	15010	18%
4	37993	43%
3	28993	33%
2	4600	6%
1	0	0
总计	86123	100%

表 6-11　中点加薪例表 B

绩效评估的级别		加薪比率	该级别薪酬比重×加薪比率	中点加薪百分比
5	0.18	$2x$	$0.36x$	12.46%
4	0.44	$1.3x$	$0.572x$	8.10%
3	0.33	x	$0.33x$	6.23%
2	0.06	$0.5x$	$0.25x$	3.11%
1	0	0	0	0
			$1.51x$	9.417%
			x	6.23%

三、薪酬的提升

随着员工年龄的增加，其体力、知识经验、技能等都会发生变化，员工对公司贡献也会相应的变化，相应的员工的薪酬也会在薪酬提升线上移动。同时员工的生活负担也会逐渐加重，员工的薪酬也要做出相应的调整。薪酬提升的方法在结合具体的薪酬体系时会作详细的介绍。

第五节 职务薪酬制

一、职务薪酬制概述

1. 概念

职务薪酬制是首先对职务本身的价值做出客观的评价,确定不同职务对企业目标实现的贡献的大小。根据评价付给担任该职务的人员相应的薪酬。职务指同类项目或同类职位的归集。职务薪酬制假定担任某一职务的员工其能力和贡献是和该职务相匹配的。

2. 特点

- 职务薪酬制是对于从业人员现在所担任的职务的工作内容进行薪酬支付的制度,即担任什么样的工作就付什么样的薪酬。
- 职务薪酬制要求对职务必须有严格的客观的分析,并且在对每一职务进行分析的基础上还要进行职务等级的划分。
- 在职务薪酬制下,每个职等下的职级数是有限的,经过若干次薪酬提升后,便会达到本职等的最高限额,此时员工只有通过在职务上升等才能获得提薪。
- 职务薪酬制下,员工的薪酬由其职务确定,客观性较强。

3. 优点

- 同工同酬。
- 按职务系列进行薪酬管理,使得责、权、利有机地结合起来。
- 激励员工提高业务能力和管理水平。

4. 缺点

● 采用职务薪酬制容易造成员工的高职务倾向，抑制企业内部人员的配置和职务安排。

● 当员工晋升无望时，会丧失进取的动力。

5. 采取职务薪酬制所应具备的条件

● 职务内容已经明确化、规范化、标准化。

● 职务内容已经趋于安定。

● 必须具有按照个人的能力安排相应的工作岗位的机制。

● 每一职务下应有一定数量的职级，以免员工过早达到该职务的最高级别。

二、职务薪酬制的实施要点

1. 职务薪酬推行委员会的建立

职务薪酬推行委员会的人员来自以下部门：

● 人力资源部。

● 现场作业、事务、技术等部门。

● 工会和职代会。

● 专业咨询机构。

建立委员会后，应制订职务薪酬制建立的程序、使用方法、推行时间表和工作分工。

2. 对企业薪酬管理现状分析

● 企业薪酬额分析。薪酬额分析是通过企业的各种财务报表以及同行业企业的有关资料进行分析。

● 企业个别薪酬分析。个别薪酬分析的依据是薪酬特征、标准生活费用、本企业与同行业其他企业的薪酬规定等。

- 企业薪酬体系分析。进行薪酬体系分析的依据是企业的薪酬制度、奖励制度、退休金制度和人事考核制度。
- 企业员工薪酬意识分析。对企业员工进行薪酬意识的分析常用的方法是问卷法和面谈法。
- 企业薪酬方针分析。

3. 工作分析、职务编制与职务归纳

由职务调查员访问各个部门，通过面谈、现场观察、填写标准问卷等方式整理出各职务的内容。具体方法可以参看工作分析部分。

(1) 工作项目的清查

整理出各部门的工作项目，也即业务内容。

(2) 职务编制

- 类似职位概括法：将业务、工作内容、工作条件、所需资格要件等相类似的职位予以概括归并而形成职务的方法。
- 工作项目再分配法：不是单纯地按现有职位将类似者予以概括，而是将各职位间的工作项目加以若干调整，对各职位的工作项目重新进行分配，通过横向的工作项目分配以概括类似职位，形成职务。
- 工作项目评价：在对各科、各部门、各职种中每一个人所担任的工作项目进行清查的基础上，对各工作项目的难易程度做出评价并分成等级，形成同一职种内不同等级的工作项目排列，某一职务就是由同一职种内处于同一等级之中的所有工作项目汇集而成的。

4. 职务评价

(1) 序列法

- 排队法

- 配对比较法

(2) 分类法或等级比较法

方法 1 和 2 可以参见工作分析部分。

(3) 点数加权法

点数加权法有以下几个步骤：

① 评价要素的确定

要素可由职务薪酬制委员会分析、整理、归纳而自行决定，也可以参考同类企业的做法。首先确定几个大的要素，一般不少于三个，再将每一个大要素划分为几个维度。例如可以选择智能、职责、体能和工作环境等要素，职责又可以分解为管理的规模、类别、独立性、频率等。

② 评价要素的定义

要素确定后，要给该要素一个操作性定义。同时向组织成员宣讲，以获得理解和支持。划分等级时应注意：

- 用通俗、清楚的文字为每个要素下一个定义。
- 下定义时，必须使用非常确定的字眼，以免引起歧义。

③ 评价要素等级的划定

根据企业的需要将每一要素划分成为数目不同的等级。

- 各要素细分时，视要素的复杂程度决定合适的等级。
- 划分等级的总原则是能对各等级进行明确的区分，一般以 4—8 级为宜。
- 说明要素的每一等级的含义和界限。

④ 评价要素比重的确定

对公司目标的实现起作用大的要素被赋予较大的比重。要素比重的确定可以由职务薪酬制委员会来确定。各要素所占的百分比视组织具体情况而定，例如可以采用智能占 50%、责任占 20%、身体条件和工作环境各占 15%。

⑤ 各评价要素点数的配给

将所有各项要素最低级别的点数之和定为 100，用 100 乘以要素所占的比重即为各要素的最低等级的点数。然后用等比或等差的方法确定要素其他等级的点数。等差方式指同一要素每一等级的点数相差一个常数。等比的方式指每一等级的点数按照一定比率逐渐增加。

表 6-12 ××公司职务评价要素与点数分配表

评价要素 / 点数 / 要素等级	知识	注意力	判断力	数量	身体符合	作业环境	业务责任	指导监督
1	14	10	18	18	10	10	12	8
2	29	28	37	40	22	25	23	32
3	49	49	59	67	37	45	39	56
4	74	73	84	99	45	70	60	80
5	105	100	112	137	76	100	87	
6	140		144	180	100		120	
7			180					

⑥ 职务评价

将被评价职务区分为既定的几个要素，其某一要素处于此要素的标准等级的哪一档上，就依此确定这一职务的这一要素的得分，其他要素也照此办理，则此职务的所有要素的得分之和即为其评价点数。

（4）要素比较法

① 从企业的所有职务中选择出一些比较有代表性的职务来进行职务评价，被选出的职务应该具有典型性，在企业中广为人知。

② 选择评价要素的方法与点数加权法的相同。如知识、熟练程度、责任等。

③ 评价同一要素在代表性职务中的重要程度，并针对每一要素分别排定职务等级序列。

表 6-13 要素比较表(之一)

职务	薪酬(元)	根据各要素的职务顺位(纵看)				
		知识	熟悉程度	责任	脑体力消耗	环境
A	960	1	1	2	3	5
B	850	2	2	3	4	4
C	800	3	3	1	5	1
D	610	4	4	4	2	2
E	550	5	5	5	1	3

④ 评价每一代表性职务中各要素对此职务的重要性程度,并针对每一职务将其内部要素加以排序

表 6-14 要素比较表(之二)

职务	薪酬(元)	根据各要素的职务顺位(横看)				
		知识	熟悉程度	责任	脑体力消耗	环境
A	960	3	2	4	1	5
B	850	3	2	4	1	5
C	800	4	1	3	1	5
D	610	4	3	5	1	2
E	550	3	3	3	1	2

⑤ 将每种代表性职务的薪酬额分配给职务内各个要素身上,各个要素薪酬价值之和等于职务的薪酬额。分配各要素薪酬价值时必须符合 3、4 两步的排序结果

表 6-15 要素比较表(之三)

职务	薪酬(元)	将左边的薪酬分配在各要素上				
		知识	熟悉程度	责任	脑体力消耗	环境
A	960	170	280	140	300	70
B	850	160	240	120	250	80
C	800	140	190	170	190	110
D	610	30	70	50	330	100
E	550	30	30	30	370	90

⑥ 待评估职务也被分解为与代表性职务相同的要素，考虑待评估职务的每一要素分别与代表性职务的哪一种的同类要素类似或相同，就根据这一代表性职务的这一要素的薪酬价值作为待评价的职务这一要素的薪酬价值，待评价职务的所用要素的薪酬价值找出来以后，把它们加总，就成为待评价职务应得的薪酬额。

5. 薪酬结构线的定位和运用

用员工的点数做其对员工实际薪酬的线性回归，便可以得到员工的职务点数与薪酬的对应关系直线——薪酬结构线。薪酬结构线是两维的，横坐标为员工在职务评价中获得的表示其相对价值的分数，纵坐标为员工的实际薪酬（见图 6-2）。该薪酬结构线上面的线为比同点数的薪酬结构线上的薪酬多 20％的薪酬组成的线，同理，下面的线为少 20％的线。

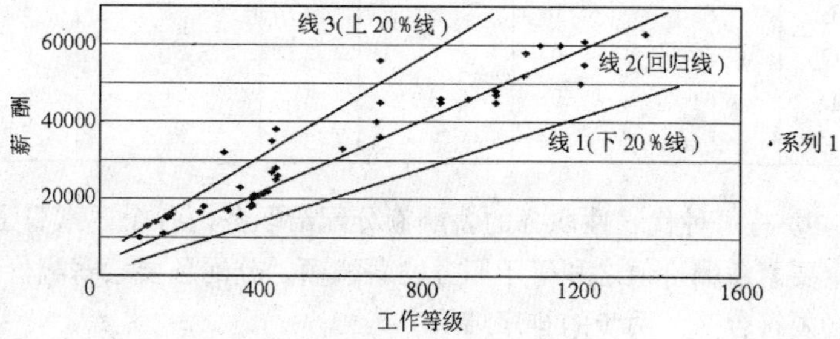

图 6-1 薪酬结构线

6. 薪酬分级的方法

确定公司各职务的点数后，可以采用平均分配的方法将点数区间分配到所有的职级上（见表 6-16）。但是根据心理物理法中的幂定律，考虑到员工的心理特点，随着薪酬等级的上升，每一级薪酬的点数范围和相应的薪金范围应逐渐增大。

表 6-16　制级别评点区分表

职级	评点区分
16	695 点—730 点
15	660—694
14	643—659
13	590—642
12	555—589
11	520—554
10	485—519
9	450—484
8	415—449
7	380—414
6	345—379
5	310—344
4	275—309
3	240—274
2	205—239
1	170—204

可以让每一级的薪酬幅度比上一级大20%。到底设定多少个级别，要考虑公司的组织结构和企业文化，既组织结构是扁平型的，还是多层级的，企业文化是官僚的，还是鼓励创新和变革的。还

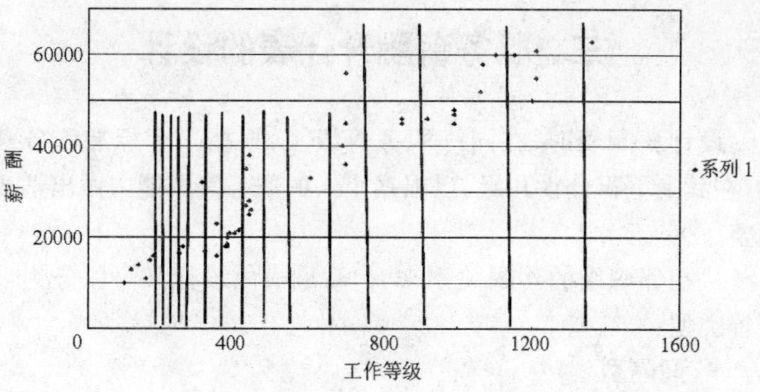

图 6-2　薪酬等级结构图

要考虑员工的职业生涯,既在该种薪酬等级的设定下,员工的薪酬升迁可能经过多少级别,员工进入和离开该工作的平均年龄是多少。设定完薪酬等级后将公司的所有职位安置在相应的等级上。

7. 职务薪酬额决定

根据薪酬结构线可以倒算出每个评价点数的单价,乘以职务的点数即可得到该职位的标准薪酬,而各职级中个别人的职务薪酬在标准职务薪酬的上下一定范围内灵活确定。单价可以根据公司的赢利状况而进行调整,不会影响到不同职务的相对薪酬数额。

职务薪酬=职务评价点数×单价

8. 职务薪酬工表的设计

(1) 一般等级薪酬表

首先确定各职能资格等级中最低级别的薪酬额,然后在各职能资格等级内部,由最低级别薪酬额依次加上一个薪酬提升额,以此来确定同一资格内部各级别的职能薪酬。(见表 6-17)

(2) 薪酬体系内部比例表

薪酬体系内部比例表只给出每一等级下每一级别的薪酬百分比,而不指定具体的薪酬数额。(见表 6-18)

三、职务薪酬升迁表的设计

设计薪酬表时,在同一职务等级上,根据一个标准职务薪酬额,在其上下再分设几级,以根据个人的职务完成能力做出适当的调整。

从相邻职级的薪酬关系来看,薪酬表的设计又可以分为以下四种类型:

- 间隔型

职等与职等之间的薪酬没有重复的情形,且上一职等最低薪

表 6-17　一般等级薪酬表

等级 级别	1	2	3	4	5	6	7	8	9	10	11	12	13	14
	元	元	元	元	元	元	元	元	元	元	元	元	元	元
0	10526	11789	12907	13968	14722	16637	18797	19910	21187	24154	27533	31661	36408	41870
1	10819	12115	13257	14376	15178	17155	19328	20573	22094	25186	28709	33014	37968	43661
2	11112	12442	13608	14789	45638	17674	19968	21235	23002	26222	29890	34373	39528	45456
3	11405	12768	13963	15197	16099	18192	20558	21898	23909	27254	31070	35731	41088	47251
4	11698	13099	14314	15610	16560	18715	21144	22565	24816	28291	32251	37085	42648	49046
5			14669	16018	17021	19234	21730	23227	25723	29328	33432	28443	44208	52842
6				16430	17482	19752	22320	23890	26630	30360	34608	39802	45768	52632
7					17942	20270	22906	24557	27538	31397	35789	41155	47328	54427
8					18403	20794	23582	25219	28445	32429	36970	42514	48888	56222
9								25882	29352	33466	38150	43872	50448	58018
10								26549	30264	34502	39331	45230	52013	59813

表 6-18 薪酬体系内部比例表

等级 级别	1	2	3	4	5	6	7	8	9	10	11	12	13	14
0	90	90	88	85	80	80	80	75	70	70	70	70	70	70
1	92.5	92.5	90.4	87.5	82.5	82.5	77.5	73	73	73	73	73	73	73
2	95	95	92.8	90	85	85	85	80	76	76	76	76	76	76
3	97.5	97.5	95.2	92.5	87.5	87.5	87.5	82.5	79	79	79	79	79	79
4	100	100	97.5	95	90	90	90	85	82	82	82	82	82	82
5			100	97.5	92.5	92.5	92.5	87.5	85	85	85	85	85	85
6				100	95	95	95	90	88	88	88	88	88	88
7					97.5	97.5	97.5	92.5	91	91	91	91	91	91
8					100	100	100	95	94	94	94	94	94	94
9								97.5	97	97	97	97	97	97
10								100	100	100	100	100	100	100

酬高于下一职等的最高薪酬。

表 6-19　间隔型职务薪酬表

职级	标准额(元)	最低—最高(元)
1	8000	7680—8280
2	9200	8800—9760
3	10580	10100—11200
4	12160	11600—12800
5	15640	15000—16600
6	18000	17200—19000
7	20900	20000—22160
8	24040	23000—25480

- 衔接型

上一职等的最低薪酬与下一职等的最高薪酬是相同的。

- 重叠型

上一职等的下边某一部分的薪酬额与下一职等上边某一部分的薪酬额发生重叠。

- 直上型

每一职等的薪酬所能达到的最高薪酬幅度都是相同的。

表 6-20　衔接型职务薪酬表

职级 \ 薪酬等级	1 等	2 等	3 等
22	6597.5	6720	6936
21	6037.5	6195	3597.5
20	5516	5670	6037.5
19	5033	5180	5516
18	4585	4725	5033
17	4175.5	4305	4585
16	3081	3920	4175.5

（续表）

职级 \ 薪酬等级	1 等	2 等	3 等
15	3430	3570	3801
14	3132.5	3220	3430
13	2831.5	2940	3132.5
12	2611	2660	2831.5
11	2387	2450	2611
10	2198	2240	2387

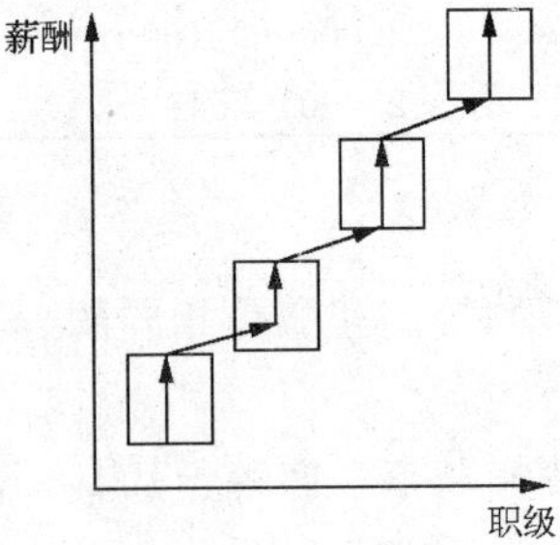

图 6-3 间隔型

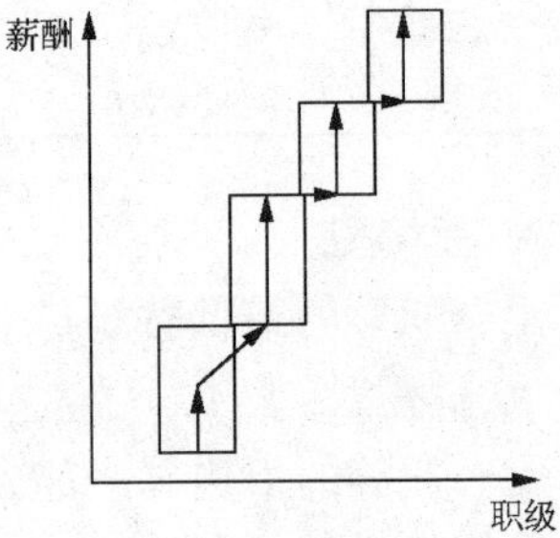

图 6-4 衔接型

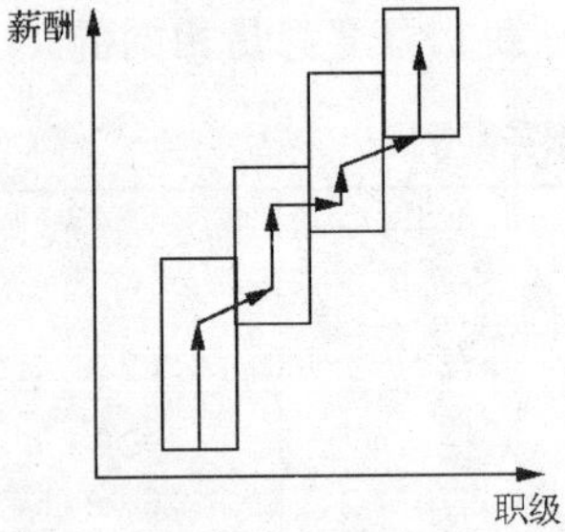

图 6-5 重叠型

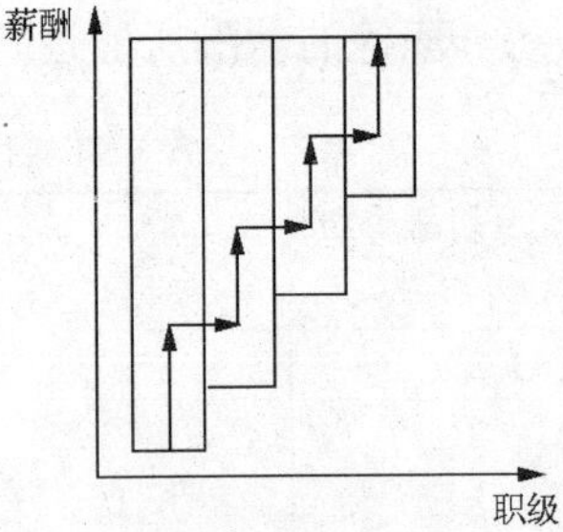

图 6-6 直上型

表 6-21 是一名员工在其职业生涯中的具体的薪酬升迁路线。其中薪酬线 1 是该职等的下 20%线，薪酬线 2 是薪酬回归线，薪酬线 3 是上 20%线。比率为员工的实际薪酬与该等级薪酬的中点值的比。最开始招聘后，根据人事测评的结果将其设定在等级 4 的

薪酬线 1,然后根据绩效考核和以后的人事测评的结果决定该员工薪酬的增加、薪酬线的变动和上升等。

表 6-21　一名员工的薪酬升迁路线

行　　动	等级 4	等级 5	等级 6	等级 7	比率
雇佣:设定在薪酬线 1	13968				85
加薪	14378				88
功能的评价:设定在薪酬线 2	14793				90
加薪	15243				93
根据工作要求进行测试:设定在等级 5		15703			85
功能的评价:设定在薪酬线 2		16213			88
根据工作要求进行测试:设定在等级 6			16733		80
加薪			17253		83
功能的评价:设定在薪酬线 2			17833		86
加薪			18413		89
根据绩效考核的结果加薪			19573		94
加薪			20153		97
根据工作要求进行测试:设定在等级 7				20751	88
根据绩效考核的结果加薪				21947	92
加薪				22545	96
功能的评价:设定在薪酬线 3				23355	96
加薪				24165	102
加薪				24975	106

第六节 职能薪酬制

一、概念与特点

职能薪酬制是根据员工的职务完成能力而不是其工作来决定职务承担者薪酬的制度。其特点是：

● 突出工作能力对个人薪酬的重要作用。

即使不担任某一职务，但其能力经考核评定被认为已有资格担任此项职务，则就可支付与这一职务相应的薪酬。

● 所需划分的职能等级数目较少，便于管理。

由于在相邻等级的职务中，执行职务所需要的知识和技能的类型或性质都是一致或类似的，因此，制订出来的职能等级数目一般只有职务等级的一半左右。

● 需要较好的培训和考核制度。

职能薪酬制强调培训的效果，鼓励员工提高自身的能力。职能薪酬制需要对个人的知识和能力予以评价，因而需要通过客观的标准予以严格的评估。

● 适应性强，弹性比较大。

由于职能薪酬制下员工的薪酬不是直接与员工的职务相连，所以职务内容的变动不会影响员工的薪酬。而且不需要严格的职务评价。

职能薪酬制适用于组织结构比较扁平的公司，这种公司虽然没有很多的提升职务的机会，但是职能等级可以不断提升。

二、建立步骤

1. 职务分析

通过职务调查和职务分析，把职务本身的内容、特点以及履行职务时所必需的知识、能力条件等各项要素明确确定下来，写入职务说明书。

2. 进行职务评价根据此划分职务等级

评价职务的相对价值的职务评价法大多采用点数法，即依据评价要素确定其点数，然后加以汇总，再根据总点数确定职务等级。

也可以采用分类法：首先确定标准职务或代表职务，再以此为基准进行分类。

3. 职能分析与职能基准表

职能分析的重点在于收集和整理实现职务的能力和个人适应性材料，并加以整理分析。

根据职能分析的结果，可编制职能基准表，对职能要件加以列示。例如可以包括达到某一职能等级所必需的知识、经验、判断力、指导力、监督力、统率力、业务处理能力和管理能力。

4. 进行职能评价并划分职能等级

初职收入以学历和经历为依据。其升格则依据其在某一职级的在级年数、升格前的资格等级及人事考核成绩，评价其是否具备上一资格等级的职能资格要求，经上级推荐，并经过升格考试后才可以升格。

5. 根据职能等级制制订职能薪酬制

其原理与职务薪酬制相同。

三、职能薪酬制中能力的界定

1. 员工具备的工作能力

实际工作能力是指与员工的工作有关的能力，如员工的智力、知识、经验、技能、理解、判断、决策、计划、监督、与人交涉的能力，还有职工的精神状态和身体素质等。

2. 员工在实际工作中发挥的能力

员工在实际工作过程中所表现出来的能力水平。员工具备的工作能力高其实际工作能力并不一定高，员工的工作动机、职业兴趣、人格特质、企业的组织结构、文化、团队建设、对员工的培训和发展等，都会影响员工工作能力的发挥。

3. 职工有哪些潜在的工作能力

员工潜在的工作能力是指员工所具备的但在实际工作中尚未表现出来的能力。通过绩效考核、人力资源测评等手段可以有效地诊断出员工的潜能，从而为员工潜能的发挥提供相应的条件。

四、职能薪酬的确定

1. 职能资格标准的制订

通过职能资格标准的制订将全公司的所有职务及职务完成能力划分成高低不同的等级，从而将所有的员工划分在相应的等级内。

职能资格标准的编制分为两个层次,第一层次是全公司共同使用的资格标准,即公司中某一职能资格等级所要求职工具有的职务难度及职务执行能力都要符合某一共同的标准。第二个层次是根据各职种的工作内容,分别将全公司共同使用的职能资格标准进一步细化,得到职种职能资格标准。

2. 升等方法与升等标准的制订

升等不仅鼓励员工增强业务知识,学习和提高业务技能,而且还为职工提高资格等级指明一条可行的道路。

升等方式可以分为"入学方式"和"毕业方式"。入学方式是指尝试让职工承办上一职等的工作,看其是否胜任,如果胜任,即可以升等。毕业方式是在员工对现有工作完全胜任而且还有余地的时候予以升等。

高一等级工作的工作内容、性质、重要程度、工作环境、同事等都会有较大的变化,员工原来的工作完成得出色,不一定能胜任新的工作。所以升等应该依据员工绩效考核的成绩(包括业绩考核和能力考核)和对员工的测评结果是否与上一等级的工作要求相符而定。同时升等应充分考虑员工个人的意愿,而不要强行指定,因为升等有时也会给员工带来很多负面的影响,例如升等可能使员工变成其原来同事的上司,从而和其原来同事的关系变得疏远,而造成员工的心理压力。或者升等后员工不能胜任新的工作,从而造成一种挫折感。

3. 职能薪酬的类型

(1) 单一型

每一职位只设定单一的薪酬。

(2) 界限型

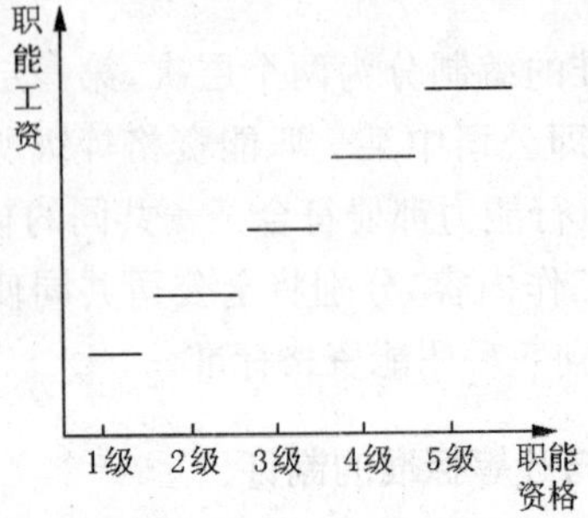

图 6-7　单一型职能薪酬

根据职能资格确定薪酬的增减幅度，然后再把各种职能划分成不同的内部等级并分别确定出相差不大但有一定差距的职能薪酬。

① 界限型职能薪酬有几种形式

● 重合型：各职能资格、各等级之间的职能薪酬存在着一定的重合。

● 连接型：下级职能薪酬的上限薪酬不超过上级职能资格的下限薪酬的类型。

● 间隔型：上级职能资格的最低薪酬高于下级职能资格的最高薪酬。

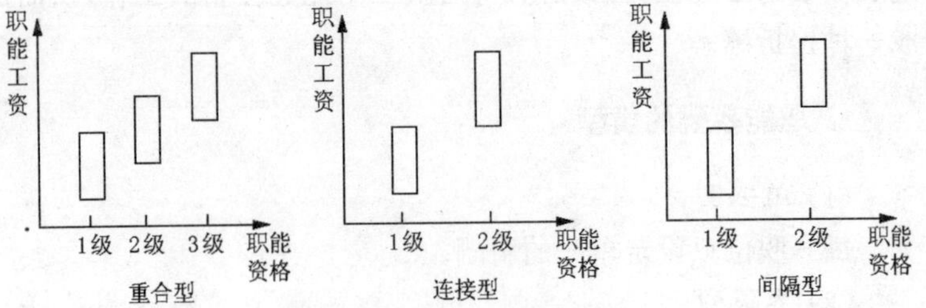

图 6-8　界限型职能薪酬

② 界限型职能薪酬中同一职能资格内的薪酬提升方法

直线型:在同一职能资格内部,始终按固定的数额提升薪酬。

凸型:随着员工在同一资格中停留的时间的延长,其每年的薪酬提升额是递减的。

凹型:随着员工在同一资格中停留的时间的延长,其每年的薪酬提升额是递增的。

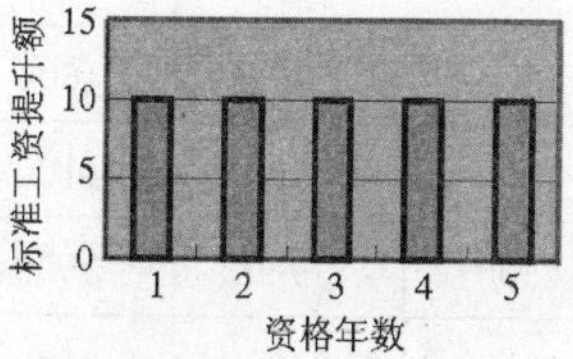

图 6-9　直线型

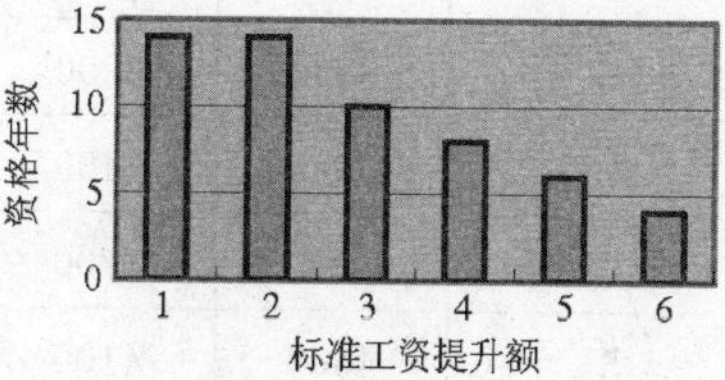

图 6-10　凸型

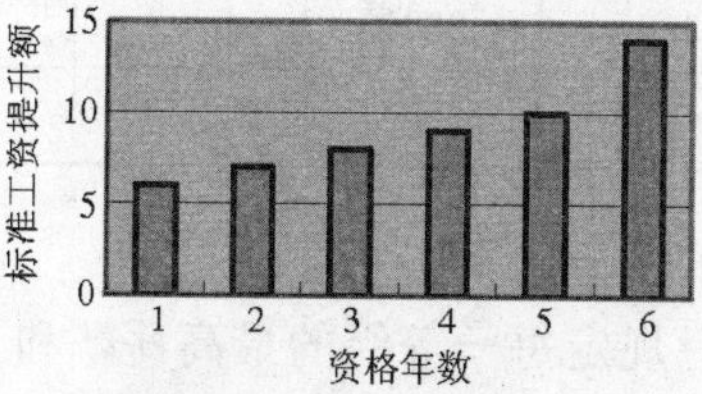

图 6-11　凹型

3. 职能薪酬表

(1) 职能薪酬提升额度表

该表只列出每一职级应提升的薪酬数额,即通过人事考核确定职工是否可以升级,若可以升级,则从薪酬提升表中查出应提升的数额,加到其原来的薪酬上即可。该表并未列出某一职级的员工实际上总共拿了多少薪酬。

表 6-22 职能薪酬提升额度表

等级＼考核结果	非常优秀	优秀	一般	较差	差
12	11700	10800	9900	9000	8100
11	10300	9500	8700	7900	7100
10	9000	8300	7600	6900	6200
9	7800	7200	6600	6000	6200
8	6800	6200	5600	5100	4600
7	5900	5400	4900	4500	4100
6	5200	4700	4300	3900	3500
5	4500	4100	3800	3400	3100
4	3900	3600	3300	3000	2700
3	3500	3200	2900	2600	2300
2	3000	2800	2600	2300	2100
1	2700	2500	2300	2100	1900

(2) 弹性薪酬制

弹性薪酬制只规定每一等级的最高薪酬和最低薪酬，同时规定了在该等级下最小的薪酬增加数，基本上可以说根据员工的绩效和能力，该范围内的任何额度的薪酬都可以达到。

表 6-23 等级 10 的薪酬系统

最小薪酬额	24154
最大薪酬额	34502
最小薪酬增加额	1035

(3) 复数薪酬表

根据人事考核确定职工的工作、能力水平，归入某一职能资格中的某一等级,再据此决定职能薪酬。

A—表现普通,员工符合工作的所有要求。

B—员工表现得比工作要求的一般情况要好。

C—员工表现得比一般的工作要求要好得多。

D—员工表现得非常出色。

E—员工在所有的方面都表现得非常杰出。

表 6-24 职能复数薪酬工资表

等级 11 的与绩效相关的薪酬

等级	11					12
级别	A	B	C	D	E	A
0	27533	28085	286337	29462	30288	31661
1	28709	29285	29861	30723	31579	33014
2	29890	30490	31090	31982	32880	34373
3	31073	31694	32314	33245	34176	35731
4	32251	32899	33542	34507	35477	37085
5	33432	34104	34771	35774	36778	38443
6	34608	35304	35995	37032	38049	39802
7	35789	36509	37224	38294	39370	41155
8	36970	37709	38448	39557	40666	42514
9	38150	38914	39677	40819	41966	43872
10	39331	40118	40906	42086	43262	45230

(4) 阶段等级薪酬

不同职能资格等级内部的各级别之间的薪酬提升幅度不一致,薪酬提升由绩效考核结果决定,而非一年一级。考核成绩好的个体,薪酬提升幅度大。

表 6-25　阶段等级薪酬

资格 / 级	1 等人员		2 等人员		3 等人员		4 等人员		5 等人员	
	金额	级差	金额	级差	金额	级差	金额	级差	金额	级差
1	134100		112700		89200		71200		54400	
2	136300		114500		90800		72400		55200	
3	138500		116300		92400		73600		56000	
4	140700		118100		94000		74800		56800	
5	142900		119900		95600		76000		57600	
6	145100		121700		97200		77200		58400	
7	147300		123500		98800		78400		59200	
8	149500		125300		100400		79600		60000	
9	151700		127100	1800	102000		80800		60800	
10	153900		128900		103600	1600	82000		61600	
11	156100		130700		105200		83200	1200	62400	
12	158300		132500		106800		84400		63200	
13	160500		134300		108400		85600		64000	
14	152700		136100		110000		86800		64800	800
15	164900	2200	137900		111600		88000		65600	
16	167100		139700		113200		89200		66400	
17	169300		140600		114000		90400		67200	
18	171500		141500		114800		91600		68000	
19	173700		142400		115600		92800		68800	
20	175900		143300	900	116400	800	93400		69600	
21	178100		144200		117200		94000		70400	
22	180300		145100		118000		94600	600	71200	
23	182500		145700		118500		94900		72000	
24	184700		146300		119000		95200	300	72800	
25	186900		146900		119500		95500		73600	
26	189100		147500	600	120000	500			74000	400
27	191300		148100		120500				74400	
28	193500		148700		121000				74800	
29	195000		149000						75000	
30	196500		149300						75200	200
31	198000	1500	149600	300					75400	
32	199500		149900							
33	201000		150200							
34	202500		150500							
35	203500									
36	204500	1000								
37	205500									
38	206000									
39	206500	500								
40	207000									

4. 如何将职工个人序列于职工薪酬表

第一步:确定薪酬体系中本人薪酬与职能薪酬的比例。

第二步:根据上述比例计算职工现有基本薪酬中用于职能薪酬部分的金额各为多少。

第三步:通过人事考核,以职能资格要件为依据,对职工的工作、职能水平进行核定,将职工分别归入不同的职能资格等级以及同一资格内的不同级别。

第四步:对归入同一资格内各级的职工,根据第二步得出的职能薪酬额进行分析,按照所选定的职能薪酬表重新制订完整的职能薪酬表,与第二步计算出来的职能薪酬脱钩。

第五步:对各资格等级的薪酬额进行协调,以达到相互融洽的目的,并最终确定职能薪酬表,同时也确定了职工个人在表中所处的序列的等级。

5. 职能薪酬的提升问题

(1) 升职与薪酬提升和资格津贴

① 升职与薪酬提升

● 在重合型和连接型职能薪酬中,随着能力和职能资格的提高,其职能薪酬直接向上一资格等级位移即可。

● 在间隔职能薪酬中,职能资格每上升一级,其职能薪酬都有较大幅度的增加。

② 资格津贴

表 6-26 ××公司的资格津贴

职能资格	资格津贴(元)	提升幅度(元)
一级	60	0
二级	80	20
三级	100	20

（续表）

职能资格	资格津贴(元)	提升幅度(元)
四级	130	30
五级	160	30
六级	190	30
七级	220	30
八级	270	50
九级	320	50
十级	370	50
十一级	470	100
十二级	570	100

(2) 薪酬提升的界限问题

通常职能薪酬制都采用界限型的，而不是单一型的。界限型职能薪酬在同一资格内的提升方式又可以分为不封顶型和封顶型。封顶型规定了每一职能资格等级中最高的职能薪酬。

(3) 绩效考核与薪酬提升

首先确定几个等级不同的薪酬提升额，根据人事考核结果决定员工的薪酬提升额。

第七节　海氏薪酬制

海氏方法是要素比较法中常用的一种方法。海氏系统法又叫做“指导图——形状构成法”，它是由美国薪酬设计专家艾德华·海于 1951 年研究开发出来的。海氏评分法着眼于确定不同工作对实现组织目标的相对重要性。根据海氏方法，可以很客观和科学地给每一职务一个评价点数。海氏薪酬体系特别适用于管理人员的薪酬设定。

海氏法认为所有职务所包含的最主要的付酬因素有三种：

- 智能水平。

- 解决问题的能力。
- 职务所承担的责任。

一、智 能 水 平

智能水平指的是要使工作绩效达到可接受的水平所必须的专门业务知识及其相应的实际运作技能的综合，这些知识和技能可能是技术性的、专业性的，也可能是行政管理性的。智能这一因素包含有三种成分：

- 对该职务要求从事的职业领域的理论、实际方法与专门性知识的了解。
- 管理技巧指的是为达到被要求的绩效水平而具备的计划、组织、执行、控制及评价的能力与技巧。
- 人际技巧指该职务所需要的激励沟通、协调、培养、关系处理等方面主动而活跃的活动技巧。

智能有广(综合性)与深(彻底性)之分，即一个职务是要求了解许多事情，还是要求就少数事情了解得很多。总的智能水平应是深度与广度的乘积。除了最低一级外，每增一级则对应分数随之增大 15%。

二、解决问题的能力

解决问题过程包括考查与发现问题，分清已找出问题的主次轻重，诊断问题产生的原因，针对性地拟出若干备选对策，在权衡与评价这些对策各自利弊的基础上做出决策，然后据此付诸实施等环节。

解决问题的能力可以分解为两个成分：

1. 思维环境：指环境对职务占有者思维所设定的限制程度；从几乎一切都按规定办的第一级(高度常规的)，到只做了含混规定的第八级(抽象规定的),此成分共分八级。

2. 思维难度:指解决问题时当事者需要进行创造性思维的程度,从几乎无需动多少脑筋只需按老规矩办的第一级(重复性的),到完全无可供借鉴的第五级(无先例的),此成分共设了五个等级。解决问题的能力是用其智能的利用率来测量的,用一个百分数来表示。

三、职务所承担的责任

1. 行动的自由度

指职务能在多大程度上对其工作进行个人性的指导与控制。这一方面是从自由度最小的第1级(有规定的)到自由度最大的第9级(一般性无指引的)。

2. 职务对后果形成所起的作用

这方面共分四级:

- 第一级是后勤性作用,即只在提供信息或偶然性服务上做一点贡献。
- 第二级是咨询性作用,即出点注意和建议,补充些解释与说明,或提供点方便。这两种作用都是间接性的、辅助性的。
- 第三级是分摊性作用,即共同负责的,指跟本企业内部(不包括本人的下级和上司)其他部门或企业外部的别人合作,共同行动,因而责任分摊。
- 第四级是主导性作用,即由本人承担主要责任,独立承担或虽然有别人参与,但他们是次要的、附属的、配角性的。这两种作用都属直接性的、主角性的。

3. 职务职责

指可能造成的经济性正负后果，也分为四级，即微小的、少量的、中级的和大量的，每一级都有相应的金额下限，具体数额要视企业的具体情况而定。

利用指导图表评定各职务在三种主要付酬因素方面不同的分数时，还必须考虑各职务的“形状构成”，以确定此因素的权重，进而据此计算出各职务相对价值的总记分，完成职务评价活动。

所谓职务的“形状”主要取决于智能和解决问题的能力两因素相对于职务责任这一因素的影响力间的对比与分配。

从这个角度去观察，企业中的职务可分为三种类型：

- “上山”型：职务的责任比智能与解决问题的能力重要。如公司总裁、销售经理、负责生产的干部等。
- “平路”型：智能和解决问题能力在此类职务中与责任并重，平分秋色。如会计、人事等职能干部。
- “下山”型：职务的职责不及智能与解决问题能力重要。如科研开发、市场分析干部等。

通常要由职务薪酬设计专家分析各类职务的形状构成，并据此给智能、解决问题的能力这两因素与责任因素各自分配不同的权重，即分别向前两者与后者指派代表其重要性的一个百分数，两个百分数之和应恰为100％。

第八节 技能工资制

技能工资不是根据员工的职务，而是根据员工拥有的能够为组织带来效益的技能或知识的范围、深度和类型决定其薪酬水平。技能工资和职务工资制相比有几个特点：

- 职务工资制根据员工的工作决定薪酬，不管其是否具有做好这项工作的能力。而技能工资制根据个人的技能决定薪酬，为了

表 6-27　海氏职务分析指导图表(之一)

智能水平

		管理诀窍														
		起码的			有关的			多样的			广博的			全面的		
人际关系技巧		基本的	重要的	关键的	基本的	重要的	关键的	基本的	重要的	关键的	基本的	重要的	关键的	基本的	重要的	关键的
有关科学知识、专门技术与实际方法	基本的	50	57	66	66	76	87	87	100	115	115	132	152	152	175	200
		57	66	76	76	87	100	100	115	132	132	152	175	175	200	230
		66	76	87	87	100	115	115	132	152	152	175	200	200	230	264
	初等业务的	66	76	87	87	100	115	115	132	152	152	175	200	200	230	264
		76	87	100	100	115	132	132	152	175	175	200	230	230	264	304
		87	100	115	115	132	152	152	175	200	200	230	264	264	304	350
	中等业务的	87	100	115	115	132	152	152	175	200	200	230	264	264	304	350
		100	115	132	132	152	175	175	200	230	230	264	304	304	350	400
		115	132	152	152	175	200	200	230	264	264	304	350	350	400	460
	高等业务的	115	132	152	152	175	200	200	230	264	264	304	350	350	400	460
		132	152	175	175	200	230	230	264	304	304	350	400	400	460	528
		152	175	200	200	230	264	264	304	350	350	400	460	460	528	600
	基本专门技术的	152	175	200	200	230	264	265	304	350	350	400	460	460	528	608
		175	200	230	230	264	304	304	350	400	400	460	528	528	608	700
		200	230	264	264	304	350	350	400	460	460	528	608	608	700	800
	熟练专门技术的	200	230	264	264	304	350	350	400	460	460	528	608	608	700	800
		230	264	304	304	350	400	400	460	528	528	608	700	700	800	920
		264	304	350	350	400	460	460	528	608	608	700	800	800	920	1056
	精通专门技术的	264	304	350	350	400	460	460	528	608	608	700	800	800	920	1056
		304	350	400	400	460	528	528	608	700	700	800	920	920	1056	1216
		350	400	460	460	528	608	608	700	800	800	920	1056	1056	1216	1400
	权威专门技术的	350	400	460	460	528	608	608	700	800	800	920	1056	1056	1216	1400
		400	460	528	528	608	700	700	800	920	920	1056	1216	1216	1400	1600
		460	528	608	608	700	800	800	920	1056	1056	1216	1400	1400	1600	1840

表 6-28 海氏职务分析指导图表(之二)

解决问题的能力

		思维难度				
		重复性的	模式化的	中间型的	适应型的	无先例的
思维环境	高度常规性的	10% 12%	14% 16%	19% 22%	25% 29%	33% 38%
	常规性的	12% 14%	16% 19%	22% 25%	29% 33%	38% 43%
	半常规性的	14% 16%	19% 22%	25% 29%	33% 38%	43% 50%
	标准化的	16% 19%	22% 25%	29% 33%	38% 43%	50% 57%
	明确规定的	19% 22%	25% 29%	33% 38%	43% 50%	57% 66%
	广泛规定的	22% 25%	29% 33%	38% 43%	50% 57%	66% 76%
	一般规定的	25% 29%	33% 38%	43% 50%	57% 66%	76% 87%
	抽象规定的	29% 33%	38% 43%	50% 57%	66% 76%	87% 100%

表 6-29 海氏职务分析指导图表(之三)

承担的职务职责

职务责任 大小等级/金额范围	微小				少量				中级				大量			
职务对后果形成的作用	间接		直接		间接		直接		间接		直接		间接		直接	
	后勤	辅助	分摊	主要	后勤	辅助	分摊	主要	后勤	辅助	分摊	主要	后勤	辅助	分摊	主要
有规定的	10	14	19	25	14	19	25	33	19	25	33	43	25	33	43	57
	12	16	22	29	16	22	29	38	22	29	38	50	29	38	50	66
	14	19	25	33	19	25	33	43	25	33	43	57	33	43	57	76
受控制的	16	22	29	38	22	29	30	50	29	38	50	66	38	50	66	87
	19	25	33	43	25	33	43	57	33	43	57	76	43	57	76	100
	22	29	38	50	29	38	50	66	38	50	66	87	50	66	87	115
标准化的	25	33	43	57	33	43	57	76	43	57	76	100	57	76	100	132
	29	38	50	66	38	50	66	87	50	66	87	115	66	87	115	152
	33	43	57	76	43	57	76	100	57	76	100	132	76	100	132	175
一般性规范的	38	50	66	87	50	66	87	115	66	87	115	152	87	115	152	200
	43	57	76	100	57	76	100	132	76	100	132	175	100	132	175	123
	50	66	87	115	66	87	115	152	87	115	152	200	115	152	200	264
有指导的	57	76	100	132	76	100	132	175	100	132	175	230	132	175	230	304
	66	87	115	152	87	115	152	200	115	152	200	264	152	200	264	350
	76	100	132	175	100	132	175	230	132	175	230	304	175	230	304	400
方向性指导的	87	115	152	200	115	152	200	264	152	200	264	350	200	264	350	460
	100	132	175	230	132	175	230	304	175	230	304	400	230	304	400	528
	115	152	200	264	152	200	264	350	200	264	350	460	264	350	460	608
广泛性指导的	132	175	230	304	175	230	304	400	230	304	400	528	304	400	528	700
	152	200	264	350	200	264	350	460	264	350	460	608	350	460	608	800
	175	230	304	400	230	304	400	528	304	400	528	700	400	528	700	920
战略性指导的	200	264	350	460	264	350	460	608	350	460	608	800	460	608	800	1056
	230	304	400	528	304	400	528	700	400	528	700	920	528	700	920	1216
	264	350	460	608	350	460	608	800	460	608	800	1056	608	800	1056	1400
一般性无指引的	304	400	528	700	400	528	700	920	528	700	920	1216	700	920	1216	1600
	350	460	608	800	460	608	800	1055	508	800	1056	1400	800	1056	1400	1840
	400	528	700	920	528	700	920	1216	700	920	1215	1600	920	1216	1600	2112

获得薪酬提升，员工必须证明自己技能的增加。

● 职务工资制下员工工作调整的同时，薪酬自然也相应地进行调整。技能工资制下员工工作调整并不一定伴随薪酬的调整，除非个体能够证明自己的技能能够胜任新的工作。

● 职务工资制下，薪酬通常随着工龄的增加而增加，而技能工资制则不受时间因素的影响。

● 通常员工在技能工资制下比在职务工资制下有更多的提高和加薪的机会，因为员工技能的提高，使得他们更容易从事不同的工作。

● 工资水平按照市场价值和公司价值而定。

● 技能工资制必须有培训、评估和认证体系作为基础。

技能工资制所需考虑的问题：

● 确定员工技能的广度、深度、支持产品的技术。

● 每个技能从学习到熟练所需要的时间。

● 如何评价技能的价值。

● 培训、再培训、评价和认证体系。

● 有效的沟通。

表 6-30　技能工资例表

薪酬(元)	工作	最高技能水平发展	最低技能水平发展
900		等级 3	
875	包装	等级 2	等级 2
850		等级 1	等级 1
825		等级 3	
800	填充	等级 2	等级 2
775		等级 1	等级 1
750		等级 3	
725	混合	等级 2	等级 2
700		等级 1	等级 1
675		等级 3	
650	原料处理	等级 2	等级 2
625		等级 1	等级 1
600		入门	入门

技能工资制适用范围：

- 制造业，例如制药、食品、电子、机械等行业。
- 扁平的组织结构，等级为 4 层左右。

组织强调培训：

- 员工从事每种工作大约 6 个月。
- 员工大约需要掌握 5 个技巧。
- 组织大约有 10 种工作。
- 组织的薪酬水平比传统职位工资制的组织要高。

技能工资制的利弊：

- 可以使员工掌握更多的技能。
- 可以根据需要灵活地安排员工的工作。
- 由于员工工作技能增加，减少了员工数量，从而降低了人力成本。
- 执行比较困难。
- 员工和组织之间可能产生矛盾，例如更重视培训还是工作。
- 可能由于支付不能给组织带来收益的技能，而增加工资成本。

第九节 管理者的薪酬和专业人员的薪酬

管理者的技能在很大程度上决定着公司的效益，所以提供充足的薪酬，从而吸引和保留优秀的管理人员是非常重要的。但是工作评价只能为管理者的薪酬设定提供部分的信息，而且管理工作更注重决策、问题解决等非量化的工作，所以管理者的薪酬制订更多地依据其能力——依据绩效或者工作能力，而不是以工作要求为依据。对管理者薪酬的设定相对更为复杂，工作评价往往在薪酬设定中处于次要的地位。

第十节　综合薪酬体系

单一的薪酬体系有其具体的使用局限，大多数公司通常会采取综合薪酬体系。综合薪酬体系更为灵活，考虑的因素也更为全面。

1. 综合薪酬体系的组成

● 职务薪酬：根据职务分析确定职务薪酬。职务薪酬包括基本薪酬和津贴。

● 绩效薪酬：通过绩效考核确定绩效薪酬，通常决定员工的奖酬。

● 个人薪酬：根据员工工龄、工作态度、潜力、市场竞争的变化等因素制订个人的其他的现金或非现金的福利。

根据公司的具体情况，各个部分的比重有一定的变化。例如可以设定职务薪酬为总薪酬的一半以上，绩效薪酬和个人薪酬各占剩余部分的一半。

表 6-31　综合薪酬体系的组成

职务薪酬	60%	55%	基本薪酬
		5%	津贴
绩效薪酬	20%	15%	绩效红利
		2%	佣金
		3%	现金项目
个体福利	20%	13%	福利
		3%	额外福利
		2%	个体
		2%	法规福利

2. 综合薪酬体系的管理

模式	评价什么	何时评价	如何评价	如何支付
工作评价	组织机构	机构的周期	职位评估委员会	依据职务工资
绩效考核	工作效果	商业周期	年度计划工作会议 年度工作评审会议	依据考核结果评估
个人的评价	技能和能力	个人的周期	全方位的评价 评价中心	提升到更高职位的潜能 观察个人的市场价值

3. 如何支付职务工资

职务评估委员会对组织的职务进行工作评价，根据评价的结果确定每一职务的工资。当组织机构进行调整或某些职务的工作内容发生较大变化后，则需要重新对部分职务进行工作评价。职务工资除了考虑职务的工作评价外，还需要考虑以下几方面的内容：

(1) 公司的经济条件

- 成本结构/主要比率。
- 总薪酬成本/薪酬的成分。
- 过去和将来的趋势。

(2) 确定根据公司机构图的人力总成本

- 总计年度固定工资的总数。
- 个人的固定工资相对公司内的工资级别。
- 制订公司内的标准工资。

(3) 随着时间做调整

- 预算支付职务工资的年度总数。
- 找出差别。
- 以将来的标准工资为主，制订赶上/减速计划。

4. 如何支付个人因素的工资

(1) 考查个人的因素

- 技能/技巧。
- 忠心/工龄。
- 进步

(2) 考查市场的水平

- 市场竞争。
- 公司竞争。
- 个人激励。

(3) 根据时间观察

- 高或低过标准的薪水。
- 依照市场水平。
- 依照个人的愿望。

5. 如何支付工作表现

(1) 考查营业效果

- 观察工作表现。
- 个人和团队的贡献。
- 优胜和目标完成率。

(2) 定分配的条件

- 资格和分配。
- 根据年度的效果分配预定的红利。
- 根据中期和长期的效果分配预定的奖金。

(3) 其他的奖金安排

- 利润分配。
- 股票期权计划。
- 股份分配。

第七章 培训与开发

培训与开发是现代组织人力资源实务的重要组成部分。当一个组织面临着各种发展需求时,其中最基本的也是最核心的制约因素就是人力资源。组织的发展总是处于一定的社会经济环境之中,适应环境变化的能力是组织具有生命力与否的重要标志。只有在人力资源与各种发展需求相配套时,组织的发展、技术的提高、产品的开发等才会成为可能。要提高组织的应变能力就需要不断地提高人员素质,使组织及其成员能够在发展中适应外界的变化,并为新的发展创造条件。因此,人力资源必须要靠不断的培训、开发,才能与时俱进。现代组织的管理注重人力资源的合理使用和培养,从而使培训与开发成为人力资源管理所必需的手段和方法。

第一节 培训与开发的内涵与目的

培训与开发是指:组织通过学习、训导的手段提高员工的工作能力、知识水平和潜能发挥,最大限度地使员工的个人素质与工作需求相匹配,进而促进员工现在和将来的工作绩效提高。严格地讲,培训与开发是一个系统化的行为改变过程,这个行为改变过程的最终目的就是通过工作能力、知识水平的提高以及个人潜能的发挥,明显地表现出工作上的绩效特征。工作行为的有效提高是培训与开发的关键所在。

任何组织的管理,只要是涉及人员的聘用、选拔、晋升、培养和安置等工作,都离不开培训与开发。一般意义上的培训指各组织为适应业务及培育人才的需要，采用补习、进修、考查等方式，进行有计划的培养和训练，使其适应新的要求，不断更新知识，更能胜任现职工作及将来能担任更重要的职务，适应新技术革命所带来的知识结构、技术结构、管理结构等方面的深刻变化。

组织通过培训与开发的手段，可以明显地改变和提高组织及个人的绩效。实施人力资源的培训与开发可以达到如下几个主要的目的：

- 当组织或个人的工作绩效低于需要达到的水平时，培训与开发可以大大提高工作绩效水平，特别是当一个组织面临着生产率停滞和下降时，通过培训与开发，提高员工的工作能力，可以有效地改变局面。此外，为了适应新的工作技术要求，改变传统过时的工作方式，培训与开发同样可以发挥其相应的功能。

- 培训与开发可以增强组织或个人的应变和适应能力。现代化工业生产，技术更新迅速发展，只有那些具备很强的适应和应变能力的组织，才会保持其长久的生命力，而培训与开发正是在人力资源上做出的保证。重视对人员的培训与开发，就是为了使人员的素质保持在一个较高的水平上，从而满足企业或组织发展对人力资源的需求。

- 培训与开发可以提高和增强组织员工对组织的认同和归属感。培训可以使员工认识到他们自身的能力价值和组织对他们的承认和重视。当他们具有了很强的对组织的认同和归属意识之后，员工的能力和潜能才能够真正得到发挥，进而表现出工作绩效的提高。

- 培训和开发是企业的义务和责任，接受教育培训是职工的权利，这种责任和权利的同一基础是“工作”或做好工作。对企业来说，就是如何使职工具有做好工作的条件、资格、能力和机会；对每一个职工来说，就是如何在这些条件具备情况下，保持或提高客观工作所需要的“工作能力”、“工作态度”和“工作成绩”。具体地说：第一，对新职工进行培训教育，使他们尽早掌握企业的各项方针政策，以及各项规章制度，从而尽早地稳定情绪，融合到职工队伍中去，心安理得地开始他们的职业生涯；第二，通过对新职工技术和技能上的教育培训，让他们尽早地掌握工作要领和工作程序与方法，尽早地达到工作质量标准，为增加工资收入创造条件；第三，通过教育培训，使现有职工的技能和才能得以提高、完善和充实，使现有职工具备多方面的才干，为工作轮换和横向调整创造条件，使现有员工具备更高级水平的工作能力，为晋升或纵向跃进创造条件。

培训与开发贯穿着人力资源管理的各个环节。通常人力资源管理包括五部分：人员的招聘、工作安排、选拔与录用、工作绩效评价和奖酬实施。培训与开发在人力资源管理的各项工作中都起到或多或少的作用。

● 培训开发和人员招聘的关系

任何组织都会从组织外面招聘适合组织需要的各类工作人员。一方面，培训的需求分析可以作为人员招聘的基本标准。在条件许可的情况下，所招聘的工作人员可以满足培训的需求。特别是在内部的人力资源储备不够或不能满足组织的发展需求时，培训人员提出的新标准就成为人员录用的尺度。另一方面，任何已经招聘的各类工作人员都必须接受不同层次、不同类别的岗前培训，以建立相应的职业观念、职业规范和职业能力。因此，可以认为企业所招聘的新人是培训工作的第一对象。

● 培训与安置的关系

工作安排考虑到的是为不同的工作岗位安排适宜的工作人员，它要求人员的素质、工作能力、行为特点等与工作的性质求得最大匹配。而培训正是这样一种寻求工作与人员相匹配的手段和方法。通过培训，使人员的各方面条件满足工作的要求，同时也为不同的人寻找最适合其个人特点和能力发挥的工作。

● 培训与人员甄选任用的关系

组织对人员的选拔和任用是使一些优秀的工作人员进入更高

层的工作岗位。为了使这些人更好地适应和满足新的工作要求，更充分地发挥其工作能力，必须经过不同方式的培训才能上岗。同样，从另一方面分析，以其他标准选拔和任用的人员如果能够很快、很好地满足新的工作要求，就可以减少对培训的需求，减少组织实施培训的开支。事实上，培训对选择和任用犹如一个评价的关卡，只有那些能够达到培训标准的人员才可以真正走上新的工作岗位。由此，可以减少选拔、任用上的失误。

- 培训与绩效考核评价的关系

工作绩效评价是对工作绩效特征的考核。与培训相关的因素是如何确定工作绩效评价的标准。培训与评价的关系是相辅相成的。培训所制订的合格标准就是工作绩效评价的标准。培训可以帮助获得工作绩效的评价标准，而工作绩效评价的结果又决定了对培训的需求和对培训效果的考核与评定。

- 培训与奖酬激励的间接关系

奖酬实施是针对工作绩效的直接结果：既包括工作的正常所得，也包括激励的奖酬部分。培训与奖酬激励的关系是间接的，只有通过培训，提高了能力，带来了工作绩效的改变，才会影响组织对个人的奖酬实施。但是，如果人们认识到培训可以带来奖酬上的利益，无疑会激励他们增强对培训的关注和参与。

- 培训与开发也是一种激励手段

培训开发可以使员工认识到他们自身的能力价值和组织对他们的承认和重视，当他们具有了很强的对组织的认同和归属意识之后，员工的能力和潜能才能真正得到发挥，进而表现出工作绩效的提高。

第二节　企业培训的突出特性

在信息时代和世界经济一体化背景下，中国工商企业界处于从计划经济向市场经济转型的特殊时期，面临着市场竞争压力和新技术革命的双重挑战,能够以最大效率获得成功的力量在于人才。因为,市场的竞争就是人才的竞争,人才是企业赖以生存和发展的根本,是企业活力的源泉。

由于历史的原因,国内企业在人力资源管理与合理开发利用方面,无论是观念上还是制度上都相当不成熟,比较滞后,表现为缺乏对人才培训开发的重视,忽视对员工自我实现和发展需要的满足,从而难以保留优秀的人才,造成人力结构不合理,经济效益受到难以估量的损失。鉴于此,现代企业在其培训与开发工作中必须突出、强调以下几个特性:

- 培训的经常性

信息时代的技术革新速度是前所未有的,企业必须紧跟时代的步伐才能有机会发展,才能立于不败之地。人是新技术、新信息的使用者和操纵者,企业的技术力量在很大程度上由所拥有的技术人员来体现。通过培训可以使员工获得新技能、新知识,并且培训必须具有经常性,通过及时的充实和长期的积累才能使企业人员保持技术上的先进地位,获得最大的技术开发潜能。

- 培训的超前性

区别于以往的传统,国外众多的公司培训越来越强调超前性。许多著名的跨国公司对员工进行超前性的知识和观念的教育,他们关注管理理论研究的最新成果,以及其他学科理论和技术前沿研究,目的在于最大程度地培养、激发员工的创造力,为开发人的最大潜能创造机会,因为他们认识到:人类社会发展到今天,人始终是最活跃的发展因素,人们的思想和观念、人的创造性和革新能力是进步的最大推动力。虽然超前性的培训可能很难像以往的操作训练那样有立竿见影的效果反馈,可能很难用投入和产出的量化比较来评价培训的价值,但超前性培训的作用是渗透到从战略决策到产品开发等企业的各个领域和各个时期,更大范围和更多样性的成效可能也是无法估量的。

- 培训效果的后延性

由于超前性培训的重要性逐渐为企业界所认识，对培训价值的评价思路也有了一定的调整。过去培训强调必须有可预知的成效，才值得去做，并且对培训的设计仅限于短期的具体目标，不能满足企业应付和适应多变的动态环境和市场需求的要求，而现在人们认识到培训效果有后延性。

第三节　培训工作的组织管理

由于培训与开发工作在企业人力资源管理中担任了越来越重要的角色。培训与开发工作由于在目标上有多样性，在设计上要求有科学性、合理性，在操作中要求有规范性，必须要求由一定的专业人员负责和实施，设立培训部或类似的分支职能部门是非常必要的。

人力资源开发与评价中心的培训服务可代理类似于公司培训部的部分或全部工作，可通过各种方式的合作在培训开发的各层面上展开工作。培训部涉及如下职、权、责：

一、培训部的任务

负责组织和实施培训业务，主要任务是：通过对职工有效培养及训练做到：

- 为企业职工丰富专业知识，增强业务技能和改善工作态度，使职工的素质水准进一步符合企业期望的要求。
- 为提高企业的管理水平、产品质量和经营效益服务。
- 提高企业职工的工作能力，提高职工对企业的责任感，减少缺勤、浪费、损失与责任事故。
- 作为激励手段之一，增加企业职工对工作的安全感与满足感，使职工感到工作有动力，以减少职工流失。
- 帮助解决企业经营管理业务中的实际问题，促进企业的生产发展和服务升级。

二、培训部的职能

● 制订企业年度的培训计划,呈交企业主管审批,并检查培训计划的执行情况,定期向企业主管汇报。

● 制订年度培训预算,呈交企业主管审批,并定期向企业主管汇报培训费用的开支情况。

● 了解企业各级各类人员的培训需要,并分别制订相应的培训计划。

● 实施各类培训计划,具体安排各种培训课程或活动。

● 与人力资源部门合作搞好职工培训档案的管理,为培养企业各级各类经营管理人员和开发企业人力资源打下基础。

● 维护训练场地和设施,充分开发与利用各类培训资源,为企业培训业务服务。

三、培训部的组织

培训部的组织结构与编制取决于企业的规模与等级。无论企业的大小如何,培训部的任务与职能规定了企业培训的组织原则。

在规模较大的企业内,培训部可以是人事部下属的分部门,专设一名培训副经理,全面负责企业培训工作的管理业务,培训经理对人事经理负责。培训副经理领导企业培训部开展一切有关培训的业务工作。根据职工人数的多少,培训部的编制要适应工作量的需要。大型企业的培训部,培训副经理下设培训主任或培训助理,负责协调培训副经理组织各级各类培训活动,编写与管理各种培训资料,计划并承担教学工作,或落实师资的聘请等日常事务。

企业培训部开展日常的业务培训活动主要是通过各部门的培

训员来实现的，各部门的培训员可由部门主管、有培训能力的管理人员来担任。大型企业可设置一至二名语言导师负责企业职工的外语培训工作。

中小型企业的培训部，在培训业务范围相对缩小的情况下，人员编制与职位设置可以从实际需要出发，参照大中型企业培训部的组织模式，适当减员与分工、合并职位。

由于企业职工培训的形式是以在职训练为主体的，这个特点要求培训部与其他部门建立良好的协调关系。在各部门的积极支持与密切配合下，建立一支精通业务、善于表达、热爱培训工作的管理人员组成的培训员队伍，共同做好企业的培训工作。

第四节　培训的种类和方法

一、培训的分类

根据培训对象的不同层次、实施培训的不同时间、地点以及培训的不同内容与性质进行分类，形成一个主体的培训分类模式，为企业制订有效的培训计划提供依据。

1. 以对象的层次分类

● 决策管理层

高级管理人员是企业管理决策层的重要人物，包括正、副总经理。作为企业管理中枢，对决策管理层培训的内容主要是如何树立宏观经济观念、市场与竞争观念、销售因素分析与营销策略制订、预算管理、成本控制和组织行为等一系列课题。

● 督导管理层

督导管理人员是企业的中坚力量，包括部门经理以下的各级管理人员，如班组长。这一层次人员在企业管理中起举足轻重的作用。对督导管理人员的培训重点是管理概念与能力的培训，专业知识的深化培训以及如何处理人际关系等实务技巧。

● 专业技术人员及操作人员层

企业各类专业技术人员和各技术工种实际操作人员的素质水平、技术熟练程度与工作态度，直接影响整个企业产品水准与产品质量。对一般人员的培训目标应着眼于提高他们的整体素质，即从专业知识、业务技能与工作态度三方面进行培训。

2. 以时间的阶段分类

● 职前培训

也称就业培训，即企业职工上岗前的培训。通过职前培训可为企业提供一支专业知识、业务技能与工作态度均符合经营要求的职工队伍，这对企业发展产生至关重要的作用。职前培训依其性质与目的的不同，分为两类：一般性职前培训与专业性职前培训。

● 在职培训

在职培训是指企业职工在工作场所与完成生产任务过程中所接受的培训。对职工的在职培训是职前培训的继续和发展，是从低水平或培训的初期阶段迈向中级阶段培训的重要方法与步骤。职前培训为企业职工做好就业的准备，是每个职工加入企业的必经之路；而在职培训则是进一步的深化过程，它持续的时间远比职前培训要长，对一个注重培训的企业来讲，在职培训会始终贯穿每一个职工就业的全过程。在职培训按性质与目的不同可分为下列各类：

i. 补充学能培训：指各企业对所属职工做现任工作所需要的学识技能中的欠缺部分，经由训练予以补足，使其能胜任现职工作和提高效率。参加此种训练的人都是现职职工，按其主要训练课程的不同，又可分为技术培训、学识技能培训、行政管理培训等。

ii. 储备学能培训：指各企业对工作成绩优异以及具有发展潜能的职工，对其将来担当更繁重工作所需的学识技能，先进行培训储备，以便遇到职位空缺时可随时调升并能立即胜任新职。

iii. 人际关系培训：指各企业为增进职工对人际关系的了解，以加强职工相互间的合作、团结以及协调的训练。根据主要课程的不同，又可分为公共关系训练、信息沟通训练、领导系统训练等。

iv. 激发技能训练：指各企业为解决有关问题，召集部分职工，激励他们高度运用智慧思考，提出处理问题的策略、程序与方法，以协助企业领导解决问题。这种训练根据运用智慧与思考方式的不同，又可分为解决问题训练，创造力训练、启发智力训练、模拟训练、激发意愿和发挥潜能训练。

● 职外培训

因企业业务发展的需要或职工因工种变更、职位提升等需要接受的某种专业训练，这种培训要求受训职工暂时脱离岗位或部分时间脱离岗位参加学习或进修，即称为职外培训。

根据受训时间安排、受训职工脱产时间的长短来区分，职外培训可分为全日式、间日式与兼时式培训。

3. 以地点分类

● 企业内培训

在企业的培训部或其他部门的统一安排下，利用企业内设的培训教室，在工作时间外利用企业的生产设备、仪器所进行的培训活动称为企业内培训。培训员可由专职教员担任或外聘。

● 在岗培训

在岗培训也是企业内部培训的方式之一，其特点在于受训职工不离开工作岗位，或以目前担任的工作为媒体而接受训练。培训方式如接受主管经理、督导员、领班或同事的业务指导、出席有关会议、见习或代理工作、工作轮换等。

● 企业外培训

培训的地点不在自己企业内，而是委托社会培训机构代理，或选送职工至企业外接受培训。各企业要充分利用有关院校的教育资源开展企业外培训，也可利用社会上的专题讲座和报告会、参观考查等活动作为企业外培训的项目。培训时间可根据需要采用全日式、间日式或兼时式。

总之，企业的培训部门在制订培训计划时，要根据培训需要、企业生产经营状况、培训对象层次、实施培训的不同时间与地点等，采取不同种类的培训形式。

二、培训的方法

培训的效果在很大程度上取决于培训方法的选择。采用合适的训练方法，可以提高受训人员的兴趣与注意力，并取得最佳培训效果。如果企业各种类型的培训全部采用传统的课堂式讲授法进行，势必使受训人员在下面一味聆听而难以激发学习兴趣，导致培训收效甚微。因而选用培训方法要讲究技巧，才能使培训工作事半功倍。选择培训方法时要考虑培训的目的、培训的需求、培训的内容与教材、受训人员层次与水平、训练的时间、场地与人数等诸多因素，经过权衡加以选用。

培训的最主要目的就是改变受训人员的行为，即包括工作态度、专业知识与业务技能三个方面。而为达到这个目的，重要的就在于培训方法的选择。各种不同的培训方法，尽管技巧不尽相同，但基本原理是一致的。任何方法的培训都应把握好培训的四个阶段：

- 利用确认的培训课题引起受训人员的学习注意力。
- 通过传授观念与技巧使受训人员了解培训的内容。
- 经过培训技巧的应用，使受训人员对培训内容产生反应，并逐步增强反应，使受训人员接受培训内容并变成潜在的行为意向。
- 让受训人员在新旧经验的对照中作出选择而顺应新经验，再经过多次练习后，巩固培训成效，达到改变受训人员行为的目的。

培训方式按对象区别可以分为群体培训与个别培训两大类。各类方式所运用的培训手段与技巧各不相同,现将有效可行的培训方式介绍如下:

1. **群体培训**

● 讲授法

讲授法是传统模式的培训方法,也称课堂演讲法。企业培训中,经常开设的专题讲座形式就是采用讲授法进行的培训,适用于向群体学员介绍或传授某一个单一课题的内容。培训场地可选用教室、餐厅与会场,教学资料可以事先准备妥当,教学时间也容易由讲课者控制。在企业培训中采用这种方法时,特别要考虑如何使受训人员能自始至终保持学习兴趣、专心一意。这就要求授课者对课题有深刻的研究,并对学员的知识、兴趣及经历有所了解。这种培训方法的重要技巧是要保留适当的时间进行培训员与受训人员之间的沟通,用问答形式获取学员对讲授内容的反馈。其次,授课者表达能力的发挥、视听设备的使用也是有效的辅助手段。

讲授法培训的优点是同时可实施于多数学员,不必耗费太多的时间与经费。其缺点是由于在表达上受到限制,因此受训人员不能主动参与培训,只能从讲授者的演讲中,做被动、有限度的思考与吸收。

此种方法适宜于对本企业一种新政策或新制度的介绍与演讲、引进新设备或技术的普及讲座等理论性内容的培训。

● 讨论法

讨论法是对某一专题进行深入探讨的培训方法,其目的是为了解决某些复杂的问题,或通过讨论的形式使众多受训人员就某个主题进行沟通,谋求观念看法的一致。

采用讨论法培训,必须由一名或数名指导训练的人员担任讨论会的主持人,对讨论会的全过程实施策划与控制。参加讨论培训的学员人数一般不宜超过 25 人，也可分为若干小组进行讨论。讨论法培训的效果，取决于培训员的经验与技巧。讨论会的主持人要善于激发学员踊跃发言，引导学员的想象和自由发挥，增加群体培训的参与性；还要控制好讨论会的气氛，不使讨论偏离主题；通过分阶段对讨论意见的归纳小结，逐步引导学员对讨论结果有较统一的认识。

讨论法培训适用于以研究问题为主的内容，对培训员的技巧要求很高。在培训前，培训员要花费充分的时间对讨论主题进行分析准备，设计方案时要征集学员的意见。受训员应事先对讨论主题有认识并有所准备。在讨论过程中，要求培训员具有良好的应变、临场发挥与控制的才能。在结束阶段，培训员的口头表达与归纳总结能力，同样也是至关重要的。讨论培训法比较适宜于管理层次人员的训练或用于解决某些有一定难度的管理问题。

- 案例研讨法

案例研讨法也是一种用集体讨论方式进行培训的方法，与讨论法不同的特点在于：通过研讨不单是为了解决问题，而是侧重于培养受训人员对问题的分析判断及解决能力。在对特定案例的分析、辩论中，受训人员集思广益，共享集体的经验与意见，有助于他们将受训的收益在未来实际业务工作中思考与应用，建立一个有系统的思考模式，同时，受训人员在研讨中还可以学到有关管理方面的新认识与新原则。

培训员事先对案例的准备要充分，经过对受训群体情况的深入了解，确定培训目的，针对目标收集具有客观性与实用性的资料加以选用，根据预定的主题编写案例或选用现成的案例。

在正式培训中，先安排受训人员有足够的时间去研读案例，引导他们产生“身临其境”、“感同身受”的感觉，使他们自己如同当事人一样去思考和解决问题。案例讨论可按以下步骤开展：发生什么问题——问题因何引起——如何解决问题——今后采取什么对策。

案例研讨法适用的对象是中层以上管理人员，目的是训练他们具有良好的决策能力，帮助他们学习如何在紧急状况下处理各类事件。

● 职位扮演法

职位扮演法又称角色扮演法，也是一种模拟训练方法。案例研讨法运用于管理层次人员在静态下模拟决策与解决问题，使学员进入模拟角色；而职位扮演法适用的对象层次为实际操作或管理人员，由受训人员扮演某种训练任务的角色，使他们真正体验到所扮演角色的感受与行为，以发现及改进自己原先职位上的工作态度与行为表现。此种培训方法多用于改善人际关系的训练中。人际关系上的感受常因所担任的职位不同而异。如主管与属员之间，销售人员与客户之间，领班与操作工人之间，由于所任职位不同，感受与态度也常不同。如主管总觉得下属人员工作不够勤奋，工作时想偷懒，而下属人员总感到主管的管制过严，缺乏人情味。为了增进对对方情况的了解，在职位扮演法训练中，受训人员常扮演自己工作所接触的对方的角色而进入模拟的工作环境，以收到更好的培训效果。

采用职位扮演法培训时，扮演角色的受训人员数量有限，其余受训人员则要求在一边仔细观察，对角色扮演者的表现用“观察记录表”方式，对其姿势、手势、表情和语言表达等项目进行评估，以达到培训的效果。观察者与扮演者应轮流互换，这样就能使所有受训者都有机会参加模拟训练。

● 操作示范法

操作示范法培训是职前实务训练中被广泛采用的一种方法，适用于较具机械性的工种。操作示范法是部门专业技能训练的通用方法，一般由部门经理或管理员主持，由技术能手担任培训员，现场向受训人员简单地讲授操作理论与技术规范，然后进行标准化的操作示范表演，学员则反复模仿实习，经过一段时间的训练，使操作逐渐熟练直至符合规范的程序与要求，达到运用自如的程度。培训员在现场作指导，随时纠正操作中的错误表现。这种训练方法有时显得单调而枯燥，培训员可以结合其他培训方法与之交替进行，以增强培训效果。

● 管理游戏法

采用管理游戏法进行培训的对象是企业中较高层次的管理人员，是当前一种较先进的高级训练法。与案例研讨法相比较，管理游戏法具有更加生动、更加具体的特征。案例研讨法的结果，受训人员会在人为设计的理想化条件下，较轻松地完成决策。而管理游戏法则因游戏的设计使学员在决策过程中会面临更多切合实际的管理矛盾，决策成功或失败的可能性都同时存在，需要受训人员积极地参与训练，运用有关的管理理论与原则、决策力与判断力对游戏中所设置的种种遭遇进行分析研究，采取必要的有效办法去解决问题，以争取游戏的胜利。

由于管理游戏法培训对事先准备即游戏设计、胜负评判等都有相当的难度要求，有待进一步研究推广。

● 视听法

视听法培训是指运用电视机、录像机、幻灯机、投影仪、收录机、电影放映机等视听教学设备为主要培训手段进行训练的方法。随着声像资料的普及与广泛应用，许多企业的外语培训已采用电化教学手段，并取得了较好的效果。除了外语培训，有条件的企业还运用摄像机自行摄制培训录像带，选择一定的课题将企业实务操作规范程序、礼貌礼节行为规范等内容自编成音像教材用于培训。

对以上各种群体培训的方法，在培训中可视需要及许可的条件选用一种或挑选若干种并交替应用，使培训效果更符合实际需要。

2. 个体培训

个体培训与群体培训是以受训人员的人数来区分的。传统的培训方式强调单个的一对一的现场个别培训,也可称为师徒式培训。这种培训的做法是,受训人员紧跟在有经验的老职工后面,一边看,一边问,一边做帮手,以学习工作程序。在企业培训实践中,这种师傅带徒弟的个别培训方法仍在运用。然而,企业的培训部必须对采用师徒式培训方法的岗位做有效的培训组织指导,才能确保培训获得良好的效果。组织现场个别培训可以分为四个步骤:

- 准备:制订工作任务表与工作细则,确定培训目标,让受训人员作好准备以及挑选培训员。
- 传授:培训员以工作细则为基准,与受训员一起讨论工作中应该做些什么,然后讲解工作应该怎样做,接着就工作步骤与方法进行示范。
- 练习:受训员对工作熟悉后,开始独立操作,在练习中,培训员在一旁作适当辅导,对准确动作予以肯定与赞扬,为改进动作提出建议。
- 跟踪观察:在受训员独立工作后,培训员仍将继续对受训员进行观察并提供明确的支持与反馈,使受训员对培训保持一种积极的态度。

专门指导也是个别培训的方法之一。在受训员对工作实践进行摸索的基础上,培训员针对其工作情况和特殊的需要实施个别指导。

对以上各种培训方法,可按需要选用一种或选择若干种并用或交叉应用。由于企业人员结构复杂、内部工种繁多、技术要求各不相同,企业培训必然是多层次、多内容、多形式与多方法的。这种特点要求培训部在制订培训计划时,必须真正做到因需施教、因材施教、注重实效。

第五节　培训开发的操作程序和要素

培训开发的操作模式包括五个连续阶段:培训与开发的需求

分析、培训与开发的实施、培训效果的评价、培训的目标和培训与开发的反馈过程。培训开发的操作流程如图 7-1:

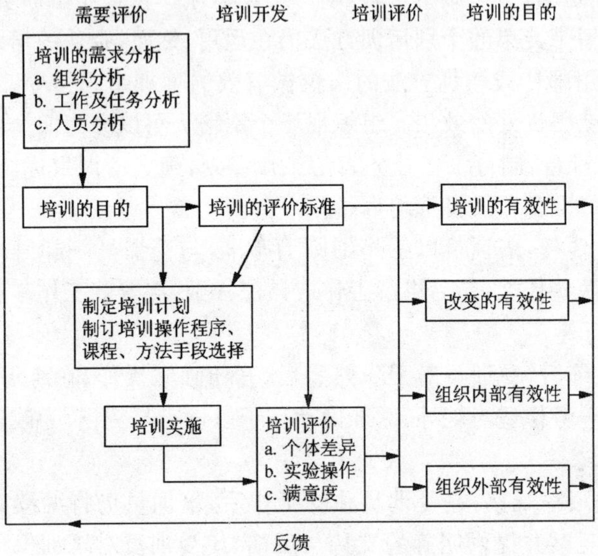

图 7-1 培训开发的操作模式

一、培训与开发的需求分析

任何培训或开发都产生于某种组织、工作任务及人员的需求上。三者之中的任何一种因素在需求上的增加都可以对组织提出培训或开发的要求,以此来满足需求上的不足。组织要经常对这三类因素进行分析和评价,从而保证培训及开发工作的准确性、及时性和目的性。在培训与开发的需求分析及评价明确之后,也就相应地确定了培训满足需求的目的。

通常,培训与开发的需求分析来自三个方面:组织的需求分析、工作任务的需求分析、人员的需求分析。三种需求分析是决定培训需要与否的连续过程,流程如图 7-2 所示:

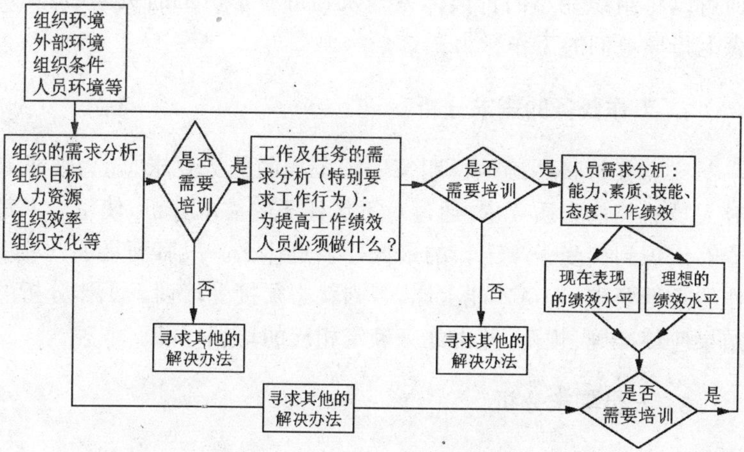

图 7-2　培训与开发的需求分析

1. 组织的需求分析

组织需求分析开始于组织目标设置，长期目标与短期目标决定了开展培训的深度。一般而言，长期的目标对培训要求高，而且持久。组织的需求分析包括三方面。

(1) 人力资源需求分析

它决定了从组织的宏观与微观设计、组织的发展、组织的正常运行等对人力资源的种类、数量和质量的需求状况。从人力资源的角度要求组织的人员能力水平必须满足组织运行与发展的要求。

(2) 效率分析

其中包括组织的生产效率、人力支出、产品的质量和数量、浪费状况、机器的使用和维修。组织可以对这些因素加以分析，制订出相应的效率标准。如有不能达到效率标准要求的，就要考虑使用培训的手段加以解决。同时这些标准也是培训效果的评价指标。

(3) 文化分析

这里，组织文化是组织的管理哲学及价值体系的反映。通过培训可以将组织完整的价值体系输入到每一个员工的头脑中,从观念上指导他们的工作行为。

2. 工作任务的需求分析

这类分析将明确地说明每一项工作的任务要求,能力要求和对人员的其他素质要求。通过对工作任务的需求分析,使每个人都能够认识到接受一项工作的最低要求是什么。只有满足了一项工作的最低要求,人员才能上岗,否则就必须接受培训。工作分析的结果应该准确、规范,并由此来确定相应的培训标准。

3. 人员需求分析

(1) 人员的能力、素质和技能分析

应该说这是与工作分析密切相关的工作。工作分析明确了每项工作所要求的能力、素质和技能水平。从人员的角度进行同样的分析,用以考查评价工作人员是否达到了这些要求,以及其能力、素质和技能达到了什么样的水平,并由此决定对培训的需求状况。此外,对人员的能力、素质和技能加以分析不仅仅是为了满足当前工作的需要,也是为了满足组织发展的未来工作的需要。培训的目的之一就是发挥人的潜能。通过培训,使组织的人力资源系统得到合理的利用和发挥。但这一切都要求对人员的能力、素质、技能状况进行全面准确的分析。

(2) 针对工作绩效的评价

如果人员的工作绩效不能达到组织提出的效益标准,就说明存在着某种对培训的需求。

图 7-2 说明了上述三种需求分析与培训需要的关系。当不需要培训或培训的方法不能解决其中存在问题时,企业和组织就必须寻求其他解决办法。

二、培训与开发的实施

确定了培训目的之后，开始进入到培训与开发的实施阶段。这一阶段的主要特点是，对培训的技术性要求较强，也很具体。培训的最终效果如何，取决于这一阶段工作完成的质量和数量。同时这个阶段还要求时间上的保证。几乎大部分的时间都花费在培训的具体实施上。这一阶段的主要工作有两项：针对培训与开发的需求特点，制订培训的计划与实施具体的培训。

1. 制订培训计划

(1) 计划的任务

制订操作程序，选择和设计相应的培训课程、方法和手段。要求从企业的实际出发，进行思考、设想与规划，以便确定、决定和安排达到培训目的所必需的各种活动以及步骤和方法，体现出我们期望做什么，为什么要做这些事，什么时候做好，谁去做以及如何做。

(2) 计划的步骤

① 长期计划

● 确立培训目标：通过对培训需求的调查分析，将培训的一般需求转变为企业培训的总体目标，如通过培训来达到的各项生产经营目标和提高企业的管理水平。通过对上年度培训计划的总结及分析培训的特殊需要，可以确立需要通过培训而改善现状的特别目标，成为本年度培训的重点项目。

● 研究企业发展动态：企业培训部会同有关的主要管理人员研究企业的生产营销计划，以确定如何通过培训来完成企业的年度生产经营指标。一项生产经营目标的达成往往取决于一个或几个员工是否正确地完成任务；而要正确地完成任务，又取决于员工是否具备完成任务所需的知识、技能和态度。通过检查每一项业务目标，确定要在哪些方面进行培训。

企业培训部还要与有关人员共同研究企业的生产经营状况，找到需要改进的不足之处，寻求通过何种培训可以改善现状，实现培训的特别目标。

● 根据培训的目标分类：围绕企业生产经营目标的培训应列入业务培训方案；围绕提高企业管理水平的培训活动则应列入管理培训方案。因此，培训方案的制订是针对培训目标，具体设计各项培训活动的安排过程。

企业的业务培训活动可分为素质训练、语言训练及专门业务训练。

管理培训活动主要是班组长以上管理人员的培训，内容包括系统的督导管理训练及培训员专门训练等。

● 决定培训课程：课程是培训的主题，要求参加培训的员工，经过对某些主题的研究讨论后，达到对该训练项目内容的掌握与运用。年度培训计划中，对各类培训活动的课程安排，主要是列出训练活动的细目，通常包括：培训科目、培训时间、培训地点、培训方法等。注意培训课程的范围不宜过大，以免在各项目的训练课程之间发生重叠现象过多；但范围也不宜过狭，以免无法真正了解该项目的学识技能，应主要以熟悉该训练项目所必需的课程为限。

● 培训预算规划：培训预算是企业培训部在制订年度培训计划时，对各项培训方案和管理培训方案的总费用的估算。预算是根据方案中各项培训活动所需的经费、器材和设备的成本、教材、教具、外出活动和专业活动的费用等估算出来的。

② 短期计划。指针对每项不同科目、内容的培训活动或课程的具体计划。制订培训活动详细计划，步骤如下：

● 确立训练目的：阐明培训计划完成后，受训人应有的收效。

● 设计培训计划的大纲及期限：为培训计划提供基本结构和时间阶段的安排。

● 草拟训练课程表：为受训人提供具体的日程安排，落实到详细的时间安排，即训练周数、日数及时数。

- 设计学习形式：为受训人完成整个学习计划提供有效的途径，在不同学习阶段采用观察、实习、开会、报告、作业、测验等不同学习形式。

- 制订控制措施：采用登记、例会汇报、流动检查等控制手段，监督培训计划的进展。

- 决定评估方法：通过对受训人员的工作表现评估、命题作业、书面测验、受训人员的培训报告等各方面综合评价受训人员的培训效果。

(3) 关于培训与开发的具体方式

- 主管人员利用会议、面谈等机会向下属实行培训。
- 企业办理的培训。
- 参加选修大专院校、研究所的有关课程。
- 参加国内培训单位所办的培训。
- 参加国内观摩考查。
- 参加国外受训或考查。

(4) 关于培训与开发的课程体系

课程体系的设计参考图 7-3。

2. 实施培训计划

(1) 选定培训时间、地点

培训时间的选定要充分考虑到参加培训的职工能否出席，训练设施能否得到充分利用，做指导及协助的培训员能否腾出时间。培训地点的选定，要注意选择地点适中、交通方便、环境良好、通风光线等条件较为理想的地点和场所。

(2) 准备用具及有关资料

包括报到地点和教室地点的标志、桌、椅、黑板、放映灯具、布幕教学用具的准备，各种训练教材及教材以外的必读资料的准备，编排课程表、学员名册、考勤登记表，制备证书和有关奖品，以及有

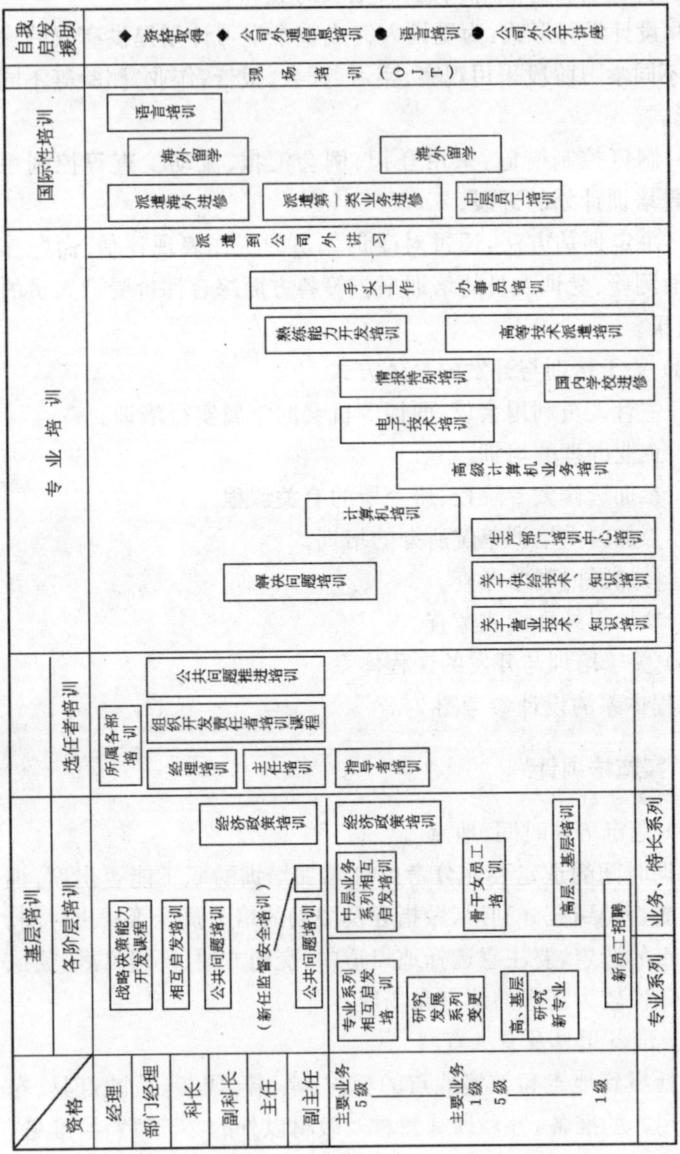

图 7-3 人力资源培训体系

关考评训练成绩用的考评表及试题的准备等。

(3) 培训师的选择

师资质量的高低是决定企业培训工作质量好坏的一个重要因素。培训部除了少量专职人员作为培训师资外,大部分培训师可由企业各部门经理或富有经验的管理人员兼任,也常常聘请其他单位的专家、学者等人员做培训教师。

培训师是受训队伍的领队与教练,职能是执行培训计划、传递信息,而不是控制人员。培训能否获得成功,在很大程度上取决于培训师的素质与能力。所以培训部要把组织和训练培训师或聘请专家为师资作为首要任务,纳入培训计划。

(4) 培训的控制

对培训工作进行有效的控制是指在培训计划中要规定培训课程或活动的结果必须达到什么标准要求。所定的标准既要切合实际,又要便于检查控制;在确定达标人数、成绩、出勤率等数量要求时,要尽量量化。在实施培训工作中,培训部要制订规章制度与控制措施,以监督培训方案的贯彻落实。培训部主管人员还必须通过旁听或参加有关培训活动或课程,监督检查培训工作的正常进行。

对培训工作的控制还包括,将受训人员的参与态度及成绩同奖罚措施挂钩,以鼓励员工积极自觉参加培训;培训部定期举行例会,与部门主管或培训员讨论有关部门的培训事宜,听取有关人员对培训工作的建议、设想等反馈意见;切实做好培训评估也是对培训的一种控制方法。

三、培训效果的评估

培训的最终目的是为了满足某种要求,然后要针对其效果进行评价,以考查培训与开发是否达到了预期的效果。事实上,培训的评价标准在确定了评价的目的时就必须确定。在设计培训的程序、方法和手段的过程中自然要考虑到评价标准的影响。通常,对培训与开发进行评价的途径或方法(即评价的模型)有三种:(1)评价接受培训的人员之间在工作能力、方法、工作绩效等方面的差异,以及在接受培训的人员与非接受培训人员之间的差异,来评价培训的效果。(2) 在接受培训的人员进行实验性操作,即应用培训所学开展工作时,考查培训的效果。(3) 从各方面对培训的满意度评价如何来评价培训的效果,一次有效的培训必然会带来个人或组织对培训的满意度。

1. 培训评价的标准

一般而言,评价应从四方面入手:

- 接受培训的人员对培训的反应。每一个接受培训的人都会对培训做出效果好坏的评价,结合所有人员的总体反应可以得出对培训效果的基本认识。
- 对培训的学习过程进行评价。主要是评价培训过程中实施的具体手段、方法是否合理、有效。培训的每一步学习过程是否满足或达到了培训所提出的要求。
- 培训是否带来了人员行为上的改变。培训的目的是提高能力,而能力是通过行为表现出来的。因此,评价培训的效果就是要观察接受培训的人是否在工作行为上发生可以观察出来的变化,并有利于工作绩效的提高。
- 工作行为改变的结果是什么?培训的最终评价应该以组织的工作绩效为标准。也就是说,工作行为的改变带来的是工作绩效的提高。如果培训能够带来这种积极效果,也就可以说完成了对人员实施培训的目标。

表 7-1 具体说明了如何从上述 4 方面对培训进行评价。

表 7-1　培训评价分析表

评价难度	可评价的内容	评价的范围	评价的数据来源	多种数据的收集法
1. 受训人员对培训的反应 a. 培训适宜程度 b. 培训的条件 c. 受训人的感受	受训人在培训时的反应	a. 培训内容是否适宜 b. 培训的难度 c. 培训的接受程度	a. 受训人员的评论 b. 指导人员的评价 c. 培训中的问题 d. 培训操作的实践	a. 面谈法 b. 观察法 c. 问卷法
	受训人在培训以后的反应	培训的价值 a. 与工作相适宜 b. 提高学习热情	a. 与培训设计中有关的行为 b. 针对培训提出的问题	a. 面谈法 b. 观察法 c. 问卷法
2. 培训或学习的过程 a. 培训操作条件 b. 培训的过程 ——演示性 ——实证性 ——实践性	受训人员在培训过程中的表现	a. 理解性 b. 应用性	a. 培训的时间 b. 培训操作中的表现 c. 演示及其效果	a. 观察法 b. 资料收集法
	受训人员在培训后的表现	a. 理解性 b. 应用性 c. 灵活性 d. 明确性	a. 与培训计划是否吻合 b. 实践中对培训的掌握程度	a. 面谈法 b. 观察法 c. 问卷法 d. 资料收集法
3. 受训人员行为上的改变 a. 相关的行为 b. 行为的复杂性 c. 行为的难度	工作绩效（表现）的提高	a. 行为分析 b. 计划执行 c. 行为结果	a. 讨论 b. 相关的资料 c. 行为结果	a. 面谈法 b. 观察法 c. 问卷法 d. 资料收集法
	问题解决的方法	a. 发现问题 b. 解决问题	a. 讨论 b. 相关的资料 c. 行为结果	a. 面谈法 b. 观察法 c. 问卷法 d. 资料收集法
4. 行为改变的结果（绩效特征） a. 有利于组织 b. 有利于个人	a. 问题的解决 b. 预测和发现潜在的问题	a. 分析问题 b. 发现问题 c. 解决问题 d. 效果	a. 讨论 b. 相关的资料 c. 行为结果	a. 面谈法 b. 问卷法 c. 资料收集法
	工作绩效评价	工作行为的多种结果	工作绩效的改变提高的有关依据	a. 资料收集法

2. 评价的时机

- 培训结束时的评价。对参加培训的人员在培训期间的各种表现做评价，并与参加培训前的技能水平做比较，可以确定经过培训有无成效。主要评价内容是：学识有无增进或增进多少；技能有无获得或获得多少；工作情况有无提高或提高多少。

● 培训结束后回任工作后评价。培训的目的不在于员工在受训期间的表现，而在于培训回任后的工作表现。因此培训回任后的评价，要比培训结束时的更为重要。评价内容有：工作态度有无改变，改变的程度如何，维持时间多久，工作效率有无增进，增进程度如何，培训目标有无达成等。

3. 评价的方法

● 应用学识技能的测验评定培训成效。对参加测验的员工在培训开始和结束时用同样的样本，先后做两次测验，依据两次测验进行比较。

● 应用工作态度调查评定培训成效。对参加培训的职工，在开训和结训时，用同样的方式调查职工对工作的态度。

● 调查职工关于培训的改进建议。在结训时把调查表发给受训职工，征求他们对培训的意见。如职工确能提出有价值的改进建议或其他意见，则表示职工对培训已获得应有的重视，并具有更深的认识，可断定培训已有成效。

● 记录培训期间出席人员的变动情况。在培训期间，可约定若干人员为观察员，平心静气地观察培训的进行情况及受训人员平时对培训工作的反应，在结训时提出观察报告。

● 根据主持指导及协助培训人员的报告评定培训成效。

● 从受训人结训成绩评定培训成效。

● 结训后一段时期，以调查受训者的工作效益来评定培训成效。如结训后每隔六个月，以书面调查或实地访问的方式，调查受训后在工作上的获益情况。

● 实地观察受训职工的工作实况评定培训的成效。如根据实地观察所得，受过培训的职工在工作上确能表现出高昂的工作热诚、良好的工作态度、高度的责任心等,则可认定培训已发生效果。

● 调查或访问受训职工的上级主管或下属,根据所得意见来评定培训的成效。受训职工回任工作一段时间后,以书面调查或实地访问的方式,去了解受训职工的上级主管或下属对受训职工在工作上表现的看法,如主管人员是否认为受过培训的职工的工作有进步。无论是主管或下属的意见,均为评定培训成效的重要资料。

● 分析培训职工的人事记录评定培训的成效。如受过培训的职工的考绩较以前有进步,缺勤和请假次数减少,受奖次数增加,则表示职工对工作的积极性已发挥优异成绩。

● 根据受过培训与未受培训的职工工作效率的比较来评定培训的成效。

● 根据受过培训的职工是否达到工作标准来评定培训的成效。

● 根据可否达到培训目标来评价培训的成效。如回任工作后,职工解决了培训计划中预期需要解决的问题,或达到了培训计划所规定的要求,则说明培训已产生了效果。

四、培训目标的达成阶段

主要从四个方面进行考查:

● 培训的有效性是对培训总体目标达到状况的反映。

● 培训的有效性是指接受培训的人员是否出现了明显的工作绩效提高、工作能力的改变。

● 从组织的角度分析培训目标的达成状况,即要看其对组织内部的影响。

● 同时,也需要分析培训与开发对不同的、相关的或相联系的其他组织会带来什么样的影响。

五、培训与开发的反馈

任何有目的的行动都需将其结果反馈到初始状态以考查其目的的达到与否。培训与开发也是如此。将培训的目标达成状况反馈到培训与开发的需求分析上。只有满足了需求的培训才能宣告一次培训过程的有效终结。

第六节 培训与开发实务举例

一、职前培训

也称为岗前培训。职前培训是培训措施中的一个环节,指的是对于新进人员或初次寻求工作人员所实施的一种任职前的短期培训。其目的在于配合组织特定的需要,传授某种专门知识与技能,以适应任职需要。而在所谓教、考、训、用的人事管理体制中,职前培训是人事任用的前提基础。

1. 职前培训的目的和功能

新进员工即使学识丰富、见闻广博,但由于缺乏特定的实际工作经验与认识,必须加以职前训练,才能配合未来任用的效果。职前培训的主要理想目的,可归纳出下列几点:

● 提高管理效率,以合理提高企业投资之时间、人力、物力、财务与实际成效之间的适当比率。

● 发掘并鉴定新进人员的才能,以补考试方式之不足。其目的在于使人尽其才,量才器使,并使人员适才适所。

● 不断改进求新,以奠定训练制度的基础标准。使任职人员得以活到老、学到老,随时在工作中吸引新的知识、掌握新的技能。

● 建立新进人员与组织之间的情感与友谊，加强团队意识。

● 进一步考查新进人员的才能及专长、品德操守及为人修养。

2. 职前培训的内容

● 讲解公司历史、业务性质、现行政策、产品特质、工作流程等等，以显明组织机构稳定情况、声誉及未来目标。

● 说明工作规章，使新进人员明了工作条件、本身地位、工作职责，以建立员工自尊心及工作重要性的观念。

● 分发工作手册，沟通重要观念，并授予基本技能。

● 表示对员工意见及需求，直接永久接触的意愿。

● 介绍公司环境及物材设备的利用法则。

3. 职前培训的方式

● 推行建教合作：委托学校代为培训、企业学校合作培训、企业自己培训。企业为储备从业人员、提高人才素质，必须与企业外的职业学校或大专院校保持联系，以保人才的源源不断。

● 实施专业培训：为实际培养熟练的技术员工，企业多向外公开招考一批人才，予以一年至二年的专业培训，培训某种专门课程和特殊技能，甚至派赴国外受训。此种专业性职业培训，对于科技性质的工作，尤可适用。

● 新员工的始业培训：此种职前培训方式是对于新进员工予以短期的讲习或培训，使之明了企业的组织沿革及业务概况，并告之其所任工作在本企业全部工作中所占地位及其与其他部门关系。此种方式为期较短，大约是一周至一个月，然后分发到各部门实际作业。

● 学徒制培训：即一面工作，一面学习。详订课程及进度，实地培训，并指定专人指导。可分为巡回实习及指定实习，前者使受训者获得各方面知识与技能，依实际办法及进度，进行定期实习训练,并考核其实际工作成效;后者指定在某部门或数部门实习,期满合格正式任用,不合格则予以淘汰。

二、在 职 培 训

1. 在职培训的类型

员工的在职培训,就其内容及目的而言,可以有三种范畴:改善人际关系的培训;灌输新知识、新观念及新技术的培训;为晋级准备的培训。

(1) 改善人际关系的培训

此类培训主要是使员工对下述人际关系问题有一个比较全面的认识,这包括:员工与员工之间的感情、交往,员工自己本身的社会关系和心理状况,员工对单位、整个组织的认同感或疏离感,以及组织内部门与部门之间的关系等。

关于人际关系,组织方面所要求的,一般是合作、协调、忠诚以及员工具备高度的感受力等。总括来说,就是要求员工的态度必须倾向于组织目标的达成。

(2) 新知识、新观念与新技术的培训

随着时代的进步、科学技术的日新月异,如果要发展、跟上时代的步伐,就必须随时注意环境的变迁,随时灌输新知识、新技术和新观念给员工,否则员工必然会落伍。

因此,新知识、新观念与新技术的训练也就成为公司在职训练的重要形式之一。

(3) 晋级前的培训

晋级是公司中人事管理的必然过程,由于编制的扩充、人员退休、离职等各种原因,较低级的职员一定有机会晋升。

大体上,一个员工在刚刚接任一个新的职务时,总是觉得很生疏,不知所从,这是难免的。然而,我们可以通过培训来减低其生疏感，并增加其信心和适应力，这就是我们对于新进员工要施以职前培训的原因。同理，当一个员工要晋升到未曾担任的新职时，其情况是和新进员工所具备的职务陌生感相同的；因此，为了让即将晋级的员工在晋级之前先有个心理准备，并且获得有关的知识、技能和资料等，组织必须对其施以培训，而此种培训也是在职培训的一种。

2. 在职培训的规划

举办在职培训，必须先明确组织目前的状况及所需要的训练是什么，这些都一定要在事前加以规划妥当。

通常，这方面的工作从以下几个方面进行：

(1) 业务分析

了解组织目前的业务状况，把生产或服务的业务按顺序列出步骤，然后依工作简化法盘查这些步骤，认为无必要的步骤就应该加以删减，务使公司的业务分明，如此才有利于培训课程的安排。

(2) 组织分析

组织的状况会影响个人与集体的工作成绩，如果将组织加以分析，发现它的弱点，就可以找出个人和团体需要培训的线索。组织分析应包括：目标是否达成、计划的执行是否混淆、授权是否不当、纪律是否不严、赏罚是否不清、工作是否有标准、人事是否正常、工作的配备是否合理等等。

(3) 设备分析

了解工作人员操作机器的情况，以决定何种新技术、新知识是为工作人员所必需，同时也可以知道设备是否充足，是否需要更新。

(4) 确定训练的需要

以上述的分析结果作为基础，对员工的实际工作情况加以观察，并举行团体会议、面谈及问卷调查等，再配合人事记录、组织的政策和发展计划，就可以制订出一套符合业务需要的在职培训计划。

3. 在职培训的方法

规划好员工的在职培训计划之后，剩下的就是执行计划的问题，也就是要以何种方式来实施在职培训的问题。关于这个问题极为复杂，可以就两方面加以讨论：

(1) 组织自行实施的培训

一般而言，只要是稍具规模的组织一定会自行举办员工的在职培训。其方式有所谓的工作轮换、指派特别任务、举办团体研讨会、延聘专家或学者演讲或讲课、指定专书阅读并定期要员工写心得报告等。

上述种种培训方式中，有三种方式值得特别指出。

- 指派特别任务。这是在职培训中最有效的一种方法，尤其是要训练员工认识一项新技术或新的工作方法时，采取这种培训方式最佳。

一般而言，当有意晋升某位员工时，指派给他特别任务，不仅可以促使他获取新的能力，同时也可以测验他是否为是一位可造就之材。

- 指定专书阅读。这是使得员工随时获取新知识、新观念或新技术最为有效的方法。其支出成本最少，所得效益却最长远，所以很值得一般组织采用来训练自己的员工。所谓专书阅读，指的是各种有关新书以及杂志。

- 研讨会。这是一项非常传统的培训方法，每次研讨会均有一个很适当的主题，由大家发言询问，相互讨论，再由讨论中延伸出问题，如此循环不已，使员工在研讨会中获益。从而达到培训的目的。

(2) 委托组织以外机构培训

社会上有许多培训机构。这些培训机构自已聘有许多培训专家，并随时举办各种讲习、研讨会以符合组织的需要。同时，他们可以受组织之托,代为培训他们的员工,使之获取新的企业技术和企管知识。

利用委托培训机构代为训练的方式,具有很好效果,它在组织的在职培训过程中起了极重要的作用。

三、管理人员的培训

管理人员是组织发展、生存的中坚力量,对这些人的培训尤为重要,培训管理人员应注意以下几个重点:

1. 熟悉开展工作的环境

对于管理人员,要求他们对公司的经营性质、管理制度和所分配部门的工作性质有充分了解,只有如此才能有效地开展工作。

2. 注意团队生活的培养

在团体中生活,向有经验的老手或干部学习工作经验是最快速有效的方法。所以,培训各级管理人员要先打入团体,成为团体的一分子,直接参加团体活动和生产行列,在工作中获得经验。此外,工作的安排最好是由最基层干起,使他们确切了解基层人员的工作情况、心理状态和工作中可能发生的问题。这在将来的主管工作中是最实用的经验。

3. 提出工作报告

在初期培训工作中要求被训练人员定期提出工作报告,最好以三天或一周为一期。内容至少要有工作日记、心得报告、专案报告和改善建议等。每份报告均需向工作主管呈出并经逐层详阅,使每一级主管人员均能了解该人员的学习进度,以便做必要的调整和加强训练。主管人员必须对每份报告内容进行了解,对疑难问题予以解答或指示如何自行发掘答案。错误的要改正,合理的建议和意见要立即实行。

文书报告在工商业活动中是相当重要的，它是表达一个人的行为、思想和意见的一种工具。有些人极善于此种工作，但大部分人则拙于利用。因此，以工作报告训练其文书表达的能力是最有效的方法。

4. 随时进行工作考核

除了定期的工作报告外，主管应以随机测验的方式作不定期的考核。这种测验方式可使主管更深入了解被培训人员的工作绩效和培训成果。主管人员更可借此机会与他们进行沟通。通常工作考核可由被训练人员的主管进行，主管有必要亲自了解部门内人员的工作能力和绩效。这种随机测验可以用单独会谈的方式进行，使被测验人员不致于因紧张而影响表达。

就是一般工作人员的考核也可采用随机测验的方式，测验的结果要记录，以便前后比较在被测期间的进步情况。

5. 合理的工作调配

在管理人员对某一工作熟悉后，最好能安排其他的工作，特别是一些能力较高、有发展潜力的新进人员尤不可使其长期做同一工作，以免浪费时间和精力，造成士气低落和离职他就的危险。适当调动工作，能在最短时间内学习最多的工作经验。

有了工作经验后要看情形许可和需要，安排职位，培养领导和协作等能力。

第七节 职业生涯管理

一、人力资源职业生涯管理

各种人事活动如人员筛选、培训和绩效评估在组织管理中有两项基本功能：第一，传统角色是为组织提供可用的人力资源——用符合需要的兴趣偏好、能力和技巧的雇员来填补人员空缺；逐渐地，这些活动承担了第二项角色，它保证组织维护雇员的长期利益，特别是鼓励雇员不断成长，最大限度地实现他们的潜能。这种角色的一个基本假设是企业有责任使员工的能力得到最大程度的利用，并给予他们发展和实现潜力的机会，在组织中成功地发展职业生涯。

人事规划、筛选和培训等活动对职业生涯发展过程有重要作用，例如人事规划不仅用于预测职位空缺，而且用于识别潜在的内部职位候选人，确定胜任这一职位所需要接受的培训。同样地，组织通过定期的雇员评估不仅能确定薪酬，而且要确定员工的发展需要和保证满足员工的发展需要。换句话说，所有的人事活动都能够用于满足组织和个人两方面的需要：组织受益于更有认同感的员工，员工工作绩效得以改善；员工受益于更丰富的、更有挑战性的职业生涯历程。

例如表 7-2 说明了传统的绩效评估、人力资源规划用于职业生涯开发所起的作用：

表 7-2 传统目标与用于职业生涯开发目标的比较

活　动	用于传统目标	用于职业生涯开发目标
人力资源规划	工作分析、技术、任务（当前的和将来的要求） 预测需求 相关统计数据	增加关于个人的兴趣、偏好和相关的数据 提供职业生涯发展途径的信息
培训和发展	提供学习与工作相关的技能、信息、态度的机会	增加个人发展的定向
绩效考核	评估和奖励	增加发展规划和个人目标设置
招聘和安置	组织需要和个人品质的匹配	考虑雇员的职业生涯发展兴趣等因素来匹配个人与工作
报酬和福利	对付出时间、产量和才干的奖励，等等	增加对非工作相关的活动的奖励

职业生涯管理中的一些专有概念：

● 职业生涯。是一系列与工作相关的职位，有薪或无薪，能帮助个人增加工作技能、事业成功和满足感。

● 职业生涯开发。是贯穿一生的系列活动，有助于个人探索、确立职业生涯，并最终获得实现和成功。

● 职业生涯规划。是一个深思熟虑的计划过程，通过这个过程，个人能够意识到个体的技能、兴趣、知识、动机和其他特征，获得各种机会的信息并做出选择，确定职业生涯发展的各种目标，并确定行动计划来实现各个目标。

二、职业生涯开发中的各种角色

表 7-3 和表 7-4 总结了个人、管理者和组织在个人的职业生涯开发中发挥的作用：

表 7-3 职业生涯发展中的角色

个人、管理者、组织担任的角色任务
个人
·对自己的职业生涯负责
·评定自己的兴趣、技能和价值观
·寻求职业信息和资源
·确立目标和职业生涯规划
·利用发展的机会
·与上级管理者探讨自己的职业生涯计划
·对具有现实性的职业生涯规划坚持到底
管理者
·提供定期的业绩反馈
·安排发展机会和提供支持
·参与职业生涯开发讨论
·支持雇员发展计划
组织
·组织沟通，制订政策和程序
·提供培训和开发机会
·提供职业生涯信息和职业生涯方案
·提供不同的职业生涯选择

表 7-4　管理者在雇员发展中的四种角色

教练	考核者	顾问	介绍人
倾听	给予反馈	提供多种选择的可能	将雇员与各种资源相联系
解难释惑	阐明标准	帮助确立目标	关于行动方案的咨询
调查	阐明工作责任	推荐/提供建议	
明确重点			

三、职业生涯管理的总体目标

职业生涯管理由职业生涯规划和继任管理两个过程组成。

职业生涯规划是根据组织的需要和对员工个人的工作业绩、潜力和偏好的评估塑造个人在组织内的职业进步。

管理继任规划用于尽可能地保证组织拥有满足将来的业务需要所要求的管理者。

职业生涯管理有以下三项总体目标：

- 保证继任者满足公司管理层职位的要求。
- 承诺为员工提供一系列培训和积累经验的机会，使他们有条件承担他们有能力达到的责任水平。
- 如果员工希望实现他们的潜力，并希望在组织中获得符合他们的才华和愿望的成功的职业生涯，对他们的潜能发展予以指导和鼓励。

四、职业生涯管理程序

1. 职业生涯的动态分析

职业生涯的动态分析描述职业升迁是如何发生的——或通过提拔而向上升，或通过扩大、丰富他们的工作角色，使他们承担更

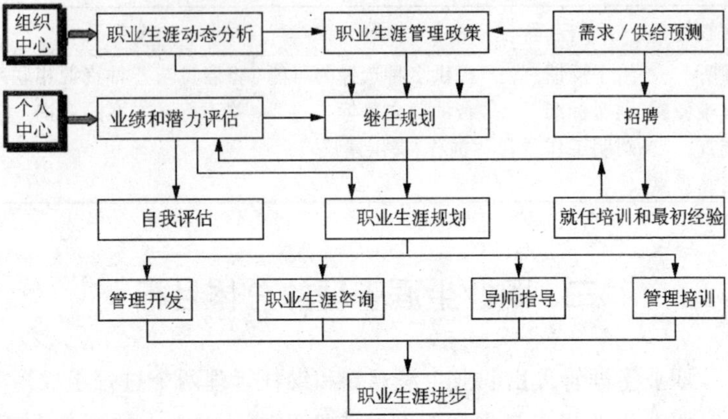

图 7-4 职业生涯管理程序

大的责任，更充分地利用他们的技巧和能力，人们通过这样的方式推进其职业生涯。职业生涯分析对工作梯队和工作族的特征加以分析。

(1) 职业生涯动态分析

图 7-5 说明职业生涯升迁过程的如下阶段：

- 在职业生涯起点的展开阶段。这时需要获得新的技术，知

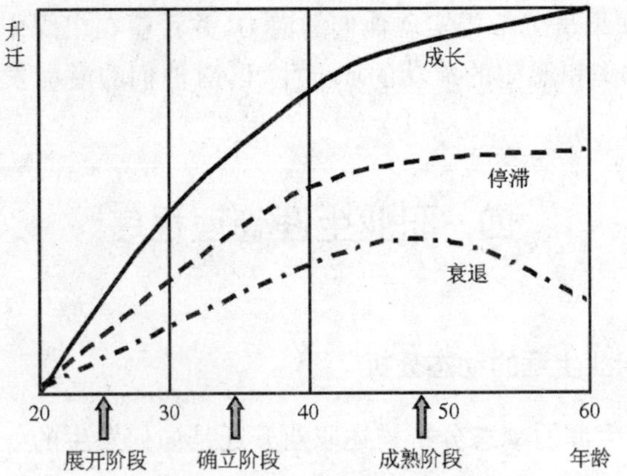

图 7-5 职业生涯推进曲线

识瞬息万变，能力发展迅速，职业意向和偏好都得到分化。

● 职业生涯发展途径确立阶段。这时在展开阶段获得的技能和知识得到应用、检验、修正，并且经验得到强化，已具备了全方位的胜任能力，意向更坚定或加以适当修正。

● 成熟阶段。这时个体已完全确立好职业生涯发展路径，依据他们的动机、能力和机会向前推进。

虽然每个阶段发展和推进的速度不同，这意味着在成熟期他们或继续成长、上升达稳定水平，或停滞和衰减。

职业生涯动态研究是制订职业生涯管理政策和准备管理层职位继任计划的必要的前提步骤。研究通过分析在组织中员工个人的发展而展开——逐个职务地，并与绩效评估相联系，如图 7-6 所示。该图示法可用于追踪与绩效评估相关的典型的职业生涯发展历程。可比较真实情况（趋势 B、C、D）与从经验期望趋势曲线（A）得出的模型之间的差异。详细的职业生涯行动方案可承诺给个人一定的职业生涯途径，当这种趋势发生改变时，职业生涯动态分析也能指出改变所要求的行动的方式。最后，动态分析也指出一些反常的情况，例如过度提升（个别员工被提升到其自身无法胜任的水平）。

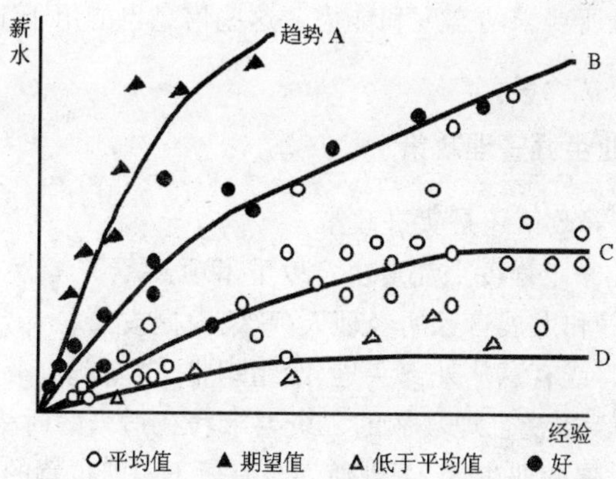

图 7-6　升迁分析

(2) 工作梯队和工作族

工作梯队由个体在工作族中推进他们的职业生涯时所能采取的步骤构成。工作族由那些尽管在工作承担的水平上有显著不同但在本质上基本相同的各种工作组成，例如科学家、工程师、会计和人事专员等可归为一个工作族。

工作族分析通过把工作总体中基本相似的全部工作分成工作族开始，同时确认需要个别特殊处理的工作。

下一步是分析每个工作族，来确立在不同水平上开展该项工作的程度。这样就可分析每个工作族中的不同水平，并且能用术语清晰地做出区分。这样建立一个工作梯队，同时用能力术语来做说明会很有帮助。

一些工作族相互间的区别比其他工作族的更大，这时划分大的工作族会有帮助，如把专业工程师归为与设计工程师、开发工程师和项目工程师同类的一族。这样可开发一套并行的梯队排名。当职业生涯发展不是简单地沿着一系列的并行的梯队上升，而是包括了由于获得不同职位角色经验需要按对角线走或水平移动时，划分大的工作族的方式更为适合。

从分析中所获得的信息能够用于职业生涯规划目的和用于确立各个水平所要求的态度和能力。这些信息也能用于工作评估和薪酬结构的开发。

2. 职业生涯管理政策

(1) 培养政策还是买进政策

组织在一定程度上需要决定以下事项：

- 培养和发展自己的经理人(政策内提拔)。
- 招聘或有意从外部买进(给组织带来“新鲜血液”)，这意味着调整政策、接受合理数额的工资要求和在适当的时机采取措施鼓励人们发展职业生涯，否则他们会有处于停滞位置的危险。
- 供需预测结果指出：由于将来可用的经理人才短缺，必须从外部买进人才。

培养或买进政策的表达如下："我们计划从组织内部的人才中填补约80%的管理职位空缺，余下的20%我们期望从外部招聘获得。"

(2) 短期政策还是长期政策

决定在职业生涯中投资时间比例的政策分成如下的几类：

● 短期绩效政策

企业有意或无意地采用着眼于"当前和当时"的政策。企业招聘和培训那些在目前工作上表现良好的高业绩者，并相应予以奖励。如果他们的表现已经很好了，他们将得以提升——或有许多提升机会——而公司也将得到他们想要的人。在这种政策指导下，公司会认为用心良苦地培训管理职位的未来的候选人，这完全是一种时间上的浪费，更何况这种在将来发生职位空缺时得以继任的情况可能不会发生。在这种类型的组织中，最高层管理者会说："如果我们能够得到好的员工去做好的工作，未来就会顺其自然。他们将在当前的工作中证明他们的能力，并不断地成熟，在机会出现时他们很乐于承担额外的职责，实际上是在热切地盼望着这样的机会。如果这时仍没有合适的人，我们会从外部招聘一些人才。"

● 长期规划政策

有长期职业生涯规划政策的公司往往开发高度结构化的职业生涯管理方法。他们赞成对员工的业绩和潜力进行精细的评估和考核，由评价中心鉴别、确认人才，或证实"有雄心者"的计划和检验依据计划的工作进展与预定的方案是否一致。

● 长期灵活性政策

遵循这一政策的公司赞同必须全神贯注于获得现在的良好业绩，并且为达到这样的目标，他们将在相当大程度上为公司的发展准备人才。在这个程度上，他们的态度与持短期政策的公司相同。然而，他们也认识到应该对潜力做评估，并且通过无工作特定性的培训和通过工作轮换或职业生涯途径的再设计，来有意地丰富经验,从而发展潜力。这种方式避免了短期绩效政策可能有的短视行为和过于死板的缺点,以及长期规划政策生成于结构化系统而缺乏现实性的缺点。在快速发展变化的条件下,长期职业生涯规划在实际上能规划到多远之后?答案一定是在相当受限定的程度上做出,除非在一个静态的组织中,这样的静态组织固有地认为对于大体上愿意等待"论资排辈"的员工提供一种"从摇篮到坟墓的"职业生涯历程就够了——而现在越来越少的企业着手于提供这样"能干一辈子的工作"。

普遍而言,在短小的、快速增长的、"有机组织"起来的行业中,短期系统是更为通用的方式。在这样的行业业务中按系列程序排列职位并且组织是流动性的,具有灵活性。较长期限的系统在更大型的、官僚式的、机械型的组织中更流行。在这样的公司中需要对未来有准确的预测,在技术要求上的变化不太可能显著,并且有一个稳定的人员流量,依据很容易评估的业绩数据,可以向上提升。长期灵活性方法可能被大多数企业所推崇,它不属于以上两类中的任何一类,并且可能是适合大多数情况的最好的方式。

(3) 专家政策还是通才政策

职业生涯管理政策应当包括组织考虑发展越来越好的专家的程度(显然与短期方式相对应),或者是否在发展适宜数量的能够投身于全局管理的通才中赋予同等的甚至是更多的重要性的程度。所有企业都采用这两种方式的混合形式,但对于纯专业人员来说,可能涉及的政策问题是以独立的职业进阶路径来创建双职业生涯结构。纯专业人士是依据技术贡献而不是依据他们在管理级别中的位置来给予报酬。那些不属于管理层的,并且不想进入管理层的最高级别的专家的报酬不一定必须少于那些既有技术又倾向于在管理方面发展的人员。

明确的是,政策依赖于组织的类型,特别是它的技术性和如果它有管理等级制度而同时靠一些兼职专家来支持、补充人才的程度,或是它由科学家和开发工程师所把持的高技术性的、研究取向的运作程度。

(4) 应付处于“停滞”中的管理者

不可避免地，管理者中最大的一部分将最终在组织中处于职业生涯的停滞状态，这种情况更可能发生在平型的、少阶层的组织中。这样的组织中，中层的管理工作在重组和业务程序重设计之后被剥离出来。这样的做法可能造成人浮于事，这相当于用其他的问题替代了人员无法上提而将走向死胡同的问题。留下的那些人中有一些甘心接受发展可能性的终结，而仍能有效率地工作，而其他一些人会感到厌烦和沮丧，他们将不再有高的生产率，并且受到干扰。这时必须采取相应措施，或重塑他们的职业生涯，尽管这些重塑不是提拔，但也能使他们在同一水平上有具有挑战性的工作；对其他人必须加以鼓励，使他们能在新的地方开始新的职业生涯。在这种情况下，组织应提供职业生涯咨询建议，可通过外设的咨询顾问来提供咨询服务。

3. 需求和供给预测

需求和供给预测通过用人力资源规划和模型技术来做。在较大的组织中，模型技术是最有成效的方法，因为它可以对关于未来的不同假设的影响力做敏感性分析(回答“如果怎样”的问题)。

专家系统也可用于有大量的关于人员流动量、特性要求(人员规格说明书)和业绩和潜力的评估数据的地方。这样的系统能建立在职业机会和职位所要求的人员特性之间的关系，以便于职业生涯顾问能把握个人的一系列特点，并确认最适合于他的可行的机会。在职业生涯规划期间，他们也将识别对特定工作来说具有最适合的能力和技术的个人，并提供关于职业生涯管理方案的信息以保证个人特性与工作相匹配，并且以适当的速度在职业生涯上推进。职业生涯管理系统如“ExecuGROW”就是为这一目的开发出来的软件。

然而在复杂性上有局限性。在供给和需求因素中有那么多的变量和不可预测的变化，以致于可能只能做一个年度的检查来看那些在以后的4至5年中将决定退休的管理者的数量和在下一级中有潜力继任的人员的数量之间的关系怎样。如果这样的比较结果指出有严重的不平衡，那么需要采取措施来减少或排除差距，或对那些不太可能上升的人考虑其他类型的部署。这种比较如图7-7所示，其中两个假设的例子说明了盈余(a)，缺乏(b)。

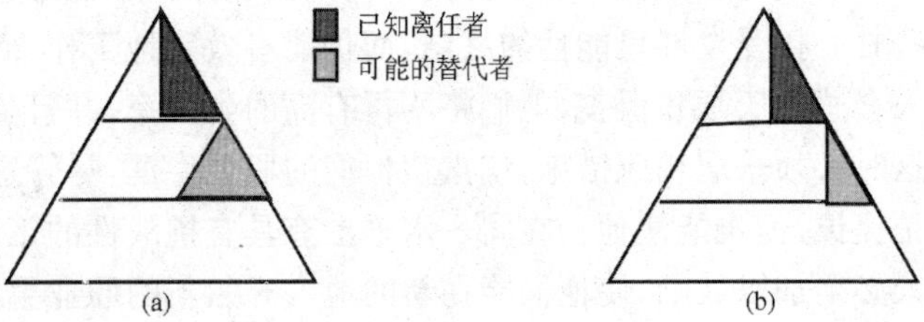

图7-7 需求供给模型

4. 继任规划

管理层继任规划的目标是尽可能保证获得用于填补由提拔、退休、死亡、离职或调离而造成的职位空缺的合适的管理人才。其目标也指向保证候选人能够有效地承担将来可能的新的任命。

组织评估和供需预测提供制订管理者继任规划的信息。继任规划将受组织的职业生涯动态分析的影响，也受绩效和潜力评估的影响。这些评估提供了关于谁现已准备好，并且将在以后去填补空缺的目标职位的信息，这些信息的效度常常是有限的。需要记录这些信息以便做出晋升和安置的决定，以及安排培训或为那些有潜力或已被计划用于提升的人安排额外的积累经验的工作机会。信息的记录不需要非常精确。在实践中，复杂的问卷调查和用不同颜色进行编码和其他标志画出来的详细的继任图是一种时间上的浪费，除非在大型的和有官僚主义作风的组织中会要求这样做。信息可记录在如下的简单的管理者继任进度表上。如表7-5所示。

计算机化的人事信息系统，在能力模型技术的辅助下，可与个体的业绩和潜力评估的数据一起存储技术问卷、个人能力和经验。同时它也存储关键工作任务的特性列表，并且这一信息可与以上提到的其他数据相联系来提供，关于谁可用于填补当前的和将来的职位空缺的指导和关于所需的保证人员潜力得以实现的职业生涯规划的指导。

表 7-5　管理职位继任进程表

管理者继任表			部门		主任/经理				
现任经理和主管人员							可能的继任者		
姓名	职位	年龄	任职日期	评估		如提升指出:何职位何时	姓名(首-次)	职位	何时准备就绪
				绩效	潜力				

5. 业绩和潜力评估

业绩和潜力评估的目标是确定培训和发展的需要，对个体的职业生涯发展的方向提供指导，并指出谁有晋升的可能。这一信息可通过绩效管理部分的工作而获得。（见第六章绩效管理）

潜力评估可由管理者在进行业绩考核之后正式展开。可能要求管理者识别有非常高潜力、有一些潜力和没有潜力这三类人。甚至要求他们指出：什么时候这些人可做好晋升的准备和他们可能升到多高。这种评估存在的问题是评估者很难预测人员在考核以后的绩效——在当前工作上做出好绩效并不保证个体能够应付更大的责任，特别是当这些人被提升到全局的管理层上时，他们的经理们可能没有必要意识到较长跨度的提升所要求的品质，但组织确实需要了解关于有潜力的人员的信息，并且鼓励评估者在他们的评价部分至少指出这么一类人，他们不仅在现任工作中能做出好业绩,而且可能在更高水平的工作中做出好业绩。这一信息可帮助识别哪些可能进入评价中心或开发中心(用于确立潜力规划和讨论职业生涯规划)的人员。

6. 招聘

组织将不可避免地需要招聘新的管理人员,他们将在获得最初知识经验和就任培训中证明他们自己。一旦他们在公司中有足够的时间来展示出他们能做什么,和他们可走到何处,他们的业绩和潜力可得到评估,并且他们可穿越整个职业生涯管理系统。

7. 职业生涯规划

(1) 职业生涯规划的过程

职业生涯规划是职业生涯管理中的重要的关键过程。它运用由组织对需求的评估、业绩和潜力评估和管理继任规划所提供的全部信息,并转化为个人职业生涯发展方案的形式,安排管理开发、职业生涯咨询、导师指导和管理培训。

(2) 职业生涯进步——能力组合方法

依据个人在更高的责任或贡献水平上开展工作所必需的能力来定义职业生涯的进步是可能的。这些水平构成能力组合。

能力可定义为在一个工作族中的不连续的水平上有效完成工作所需要的个人特性和行为的特征。工作族中的水平数量根据在特定工作族中需要的能力范围的不同而不同。每一个能力组合中,达到所要求的能力水平所需要的经验和培训同时加以界定。

这样的界定结合个人的目标点形成职业生涯图。个人要意识到为获得职业生涯的进步,他们必须达到的能力水平。这将帮助他们规划他们自己的发展,尽管他们的管理者、人事专员(如果有人事专员的话)、管理开发顾问、或导师都会提供支持和指导。在适当时候可安排提供额外工作经验和培训的机会,但重要的是要说明,如果个别雇员希望在组织中得到晋升,他们需要自己做这样的安排。

这种方式的优势在于人们有了想像中的目标点，并且能了解为达到这些目标需要做些什么。而造成挫折感和工作不满的一个主要原因就是缺乏这些信息。

能力组合职业生涯发展法可与薪酬结构中的报酬曲线相联系(参看薪酬设定篇)，因而提供了一种完全整合职业生涯和奖酬管理的方式。对能力组合职业生涯进步系统的操作如图 7-8 所示。

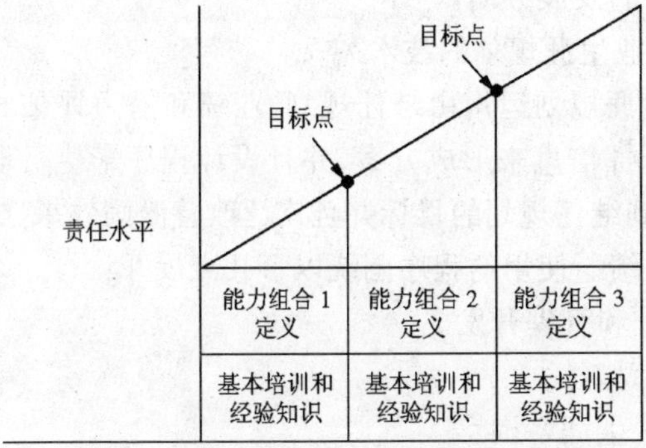

图 7-8 能力组合职业生涯进步系统

(3) 职业生涯规划用于核心管理者和有野心者

职业生涯规划所立足的哲学不仅指推进职业生涯来满足组织和个人的要求，也指在变化的条件下从生产力和员工满意度的观点来看待使组织中员工的潜力得到最大程度发挥的必要性。有时发展不是必然地意味着晋升，可用多种形式来满足人员的个人需要，帮助他们实现个人目标。对于有发展野心的人和加速晋升者的特别关照会导致对大多数雇员造成被忽略的印象，他们也需要得到驱动、鼓励和获得其技术和能力可胜任的发展机会。

(4) 职业生涯规划用于个人和组织

职业生涯规划程序总是基于组织需要什么而制订，但必须认识到如果个人的需要被忽略，那么组织的需要将不会得到满足。职业生涯规划必须是多样化的管理。

因此职业生涯规划必须确认以下各项内容：

- 组织应接受每个员工有个人的需要、愿望和不同能力的认识。
- 组织对员工个人的追求和需要做出反应，能使员工受到更大的激励和驱动。
- 如果个人得到了适当的机会、鼓励和指导，他们会成长、变化和寻求新的发展方向。

(5) 职业生涯规划的技术

职业生涯规划运用由继任规划、业绩和潜力评估和自我评估所得到的全部信息来形成方案，并且设计程序来执行职业生涯管理政策，达到继任规划的目标并且广泛改善激励效果、提高员工的认同感和业绩。使用的程序围绕以下几点展开：

- 培训和管理开发。
- 导师指导。
- 职业生涯咨询。

此外，职业生涯程序会考虑通过快速提升来对待突出的人物。即别有用心地破格提升，给予他们展示和充实其才华的机会。但这些程序应尽可能同样关注那些走稳健的中间路线的管理人员的进展情况。

(6) 职业生涯咨询

绩效管理程序应在个人和他们的管理者之间安排咨询会议。这些会议应给个人以机会来探讨他们的要求，并给管理者有评价的机会。这样的沟通很有帮助。应在后期提出详细的职业生涯发展目标来贯穿到整个职业生涯管理方案中。

发展中心能够提供有价值的职业咨询手段和规划。

然而职业生涯咨询是一种技术性工作，虽然所有管理者应当在相关技术上得到培训，但离雇员最近的管理者总不是做咨询的最好人选。一些大公司中有委任的专家来做咨询，专家的惟一工作是提供职业生涯咨询服务来支持员工的直线管理者的努力，并提供关于需要为个人做什么的建议，或更广泛地建议组织作为一个整体应为员工做什么。导师指导的方式可用于这一目标。

相关的个人也需要提高自我意识水平，学会更好地使用有关职业生涯发展的机会和改善决策技巧。

8. 减阶层组织中的职业生涯管理

“减阶层”，如改变管理和主管的层次，创建平型组织，它暗示了经由等级体制个人职业生涯向上发展的机会大大减少。有研究估计在英国的公司有约95%的公司已实施减阶层实验或正准备这样做。这对于“工作：一辈子的工作”观念的消亡起了主要的作用，并且公司中的雇员必须调整他们在组织中职业生涯发展的期望，并要认识到他们不可能通过晋升而确定一生的职业历程。

在平型结构中，职业生涯管理要求明显地兼顾组织需要和雇员利益的方式。这种方式将围绕招聘、个体发展规划、横向迁移、跨国任命、开发职位、职业生涯过渡、横向迁移和对抱有发展愿望的员工的支持而进行。在提供发展机会和加强雇员忠诚度的方式确定上十分强调要具有创造性。

第八章　激　　励

第一节　激励的概念

员工的能力和天赋并不能直接决定他对组织的价值，其能力和天赋的发挥在很大程度上取决于动机水平的高低。而激励员工的工作动机，则成为组织管理者要从事的首要任务之一。

动机是指人们从事某种活动、为某一目标付出努力的意愿。激励动机就是通过满足员工的需要而使其努力工作、从而实现组织目标的过程。也即是说，激励员工动机就是要设法使他们看到自己的需要与组织目标之间的联系，使他们处于一种驱动状态，在这种状态下所付出的努力不仅满足其个人需要，同时也通过达成一定的工作绩效而实现组织目标。

激励并不是无条件地简单满足员工的任何需要，而是要以能在一定程度上导致组织绩效提高的方式来满足员工需要，要对需要满足的方式和程度予以控制。员工也许有些需要很迫切，但是如果方式不妥当，满足后对于员工的工作业绩没有明显的促进效果。例如员工在上班时间有社交的需要，他可能通过打电话聊天来满足这种需要，这种需要的满足不仅不会导致组织绩效的提高，反而对组织有害。而且有些需要被过度满足后反而会导致绩效下降。

第二节　激励的理论

以往关于激励的理论非常多,概括来说,在管理实践上应用比较广泛的理论主要有以下11种。

一、需要层次理论

马斯洛认为人的动机由低到高可以分为五种类型(后来又有所增加,但并未得到广泛的应用):

● 生理需要:包括食物、水、掩蔽所、性等身体需要。

● 安全需要:保障身心免受伤害。

● 归属和爱的需要:包括情感、归属、被接纳、友谊等需要。

● 尊严的需要:包括内在的尊重如自尊心、自主权、成就感等需要与外在的尊重如地位、认同、受重视等需要。

● 自我实现的需要:包括个人成长、发挥个人潜能、实现个人理想的需要。

这种需要层次理论认为低层次的需要在一定程度上得到满足后,个体才会追求高层次的需要。也即组织用于满足低层次的需要的投入的效益是递减的,当员工低层次的需要得到一定程度的满足后,公司仍以原来的激励方式来激励员工,效果会很小,但如果着眼于员工更高层次的需要,则对员工的激励可以使组织绩效明显提高。按照这种理论,如果要想激励员工,首先需要了解员工目前的需要处于哪一个层次水平,从而提供相应的激励措施。

一般来说,随着员工职位的上升,其需要层次也会有所变化,而且很有可能需要的层次有所上升,需要满足方式也逐步由主要依靠外在奖励和刺激(例如薪酬)到主要依靠内在的满足(如工作符合自己的兴趣,能够发挥自己的潜能)。例如,生产线上的工人可能相对更容易注重生理和安全等低层次的需要,他们在工作中更看重工作条件、福利待遇和住房等物质方面的条件。而相应于高层管理者来说，他们更为看中的是能否在工作中实现自己的价值，更多地考虑工作是否符合自己的兴趣，是否有挑战性。

二、X 理论和 Y 理论

麦格雷戈概括了两种相互对立的动机理论：X 理论和 Y 理论。X 理论认为人是经济人，人天生是懒惰的，生活的目的就是追求物质方面的满足，不负责任，没有志向，在允许的条件下会消极怠工，所以必须强迫他们工作。这种理论在很长一段时间是西方工业国家管理员工的出发点。Y 理论是后期比较流行的理论。这种理论认为人是自我实现的人，工作是人们的一种需要，员工通过工作才能实现自我的价值。员工能够自我监督和控制，能主动承担责任，具有创造精神。

相对来说，X 理论更适合那些简单、机械、不需要很多创新性、挑战性低的行业和工作岗位，例如流水线上的工作。而 Y 理论更适合那些工作本身对个人具有很大的吸引力，能够体现个人的能力和才华的工作，例如科研设计工作。

三、激励-保健理论

传统的观点认为满意的反面是不满意。但赫兹伯格认为，满意与不满意并不是或此或彼、二择一的关系。满意的反面是没有满意，不满意的反面是没有不满。也即令人满意的因素虽然被去除，并不一定会导致员工不满意，同样，令人不满意的因素虽然被去除，并不一定会导致员工满意。

为此，赫兹伯格区分出了激励因子和保健因子。赫兹伯格的研究发现：

- 成就感、别人的认同、责任、进步等因素可以归为激励因素，具备这些因素可以令人满足，但不具备也不致招人不满。

- 组织政策、管理者的行政措施、监督方式、工作条件等因素可以归为保健因素，具备这些因素只能使员工不产生不满情绪，但并不能起到激励的作用。

四、ERG 理论

奥德弗尔提出了 ERG 理论，认为人有三种核心需要：

- 生存需要：指维持生存的物质条件。
- 关系需要：指维持重要人际关系的需要。
- 成长需要：指追求自我发展的欲望。

ERG 理论认为，各种需要可以同时具有激励作用，这与马斯洛主张的低层需要满足是高层需要的先决条件有所不同。而且奥德弗尔提出了“挫折—退化”理论，认为如果较高层次需要不能得到满足的话，对满足较低层次需要的欲望就会加强。

五、三重需要理论

麦克里兰提出了三重需要理论，认为人有三种重要的需要：

- 成就需要：追求优越感的驱动力，或者在某种标准下追求成就感、寻求成功的欲望。
- 权力需要：促使别人顺从自己意志的欲望。
- 亲和需要：寻求与别人建立友善且亲近的人际关系的欲望。

在对员工实施激励时需要考虑这三种需要的强烈程度，以便提供能够满足这些需要的激励措施。例如，成就动机高的个人更希望工作能够提供个人的责任感、承担适度的风险以及及时得到工作情况的反馈。

六、认知评价理论

该理论认为激励因素可以分为两类：

- 内在激励因素：即工作的目的就在于工作本身，人是为了工作而工作，如追求成就感、责任、胜任工作所产生的愉快等。
- 外在激励因素：即工作的目的不在于工作本身，而是在于获得工作外部的奖赏，工作只是获得这种奖赏的工具，如获得薪水、晋升、良好的工作环境等。

认知评价理论认为，过分强调外在的激励因素会导致内在激励因素的萎缩。当员工是出于喜欢某种工作而非常投入地工作，如果管理者对他的工作业绩过分看重，并对工作结果进行奖励，可能会导致员工工作动机下降。因为对工作业绩进行奖励可以会使员工感到自己是为了物质利益而工作，而不是为了自己的爱好和兴趣，觉得自己丧失了对自己行为的控制。

依靠内在动机促使员工工作，可以确保员工工作比较稳定和持久地保持较高的质量；而外在激励因素促使员工工作是刚性的，一旦减少外在的激励因素，员工工作动机可能会大大下降。

七、目标设置理论

洛克提出了目标设置理论，认为工作目标的明确性可以提高工作的绩效。因为人有希望了解自己行为的结果和目的的认知倾向，这种倾向可以减少行为的盲目性，提高行为的自我控制程度。明确的工作目标可以使人们知道他们要完成什么工作，以及付出多大努力可以完成。

特别地，当目标相对于员工的能力有一定的难度，但又是通过一定程度的努力可以实现的，这种目标能提供一种挑战性，同时通过目标的完成，员工获得成就感，也满足了自我成长的需要。

目标设置理论非常强调及时地给予员工工作情况的反馈，使得员工对自己的工作完成情况有清楚的认识。

八、强化理论

强化理论认为行为的结果对行为本身有强化作用，是行为的主要驱动因素。这是一种行为主义的观点，认为当人们做出某种行为后，若看到所希望的结果，这种结果就会成为控制行为的强化物，增加刚才的行为。

强化理论并不考虑人的内心状态，而是注重行为及其结果。

九、公平理论

员工所负的责任、权职和员工所获得的薪酬、晋升等因素所造成员工的公平感，对员工的激励起着重要作用。

公平的评判有许多因素和角度：

- 纵向比较：包括员工在同一组织中把自己的工作和待遇与过去的相比较，也包括员工将自己在不同的组织中的待遇进行比较。
- 横向比较：包括员工在本组织中将自己的工作和报酬与其他人进行比较，也包括与其他组织员工的工作与报酬进行比较。如果员工通过比较认为自己的付出与收益不成比例，则会强烈地感到不公平，从而挫伤工作的积极性。

十、期望理论

弗罗姆认为人们之所以采取某种行为，是因为他觉得这种行为可以有把握达到某种结果，并且这种结果对他有足够的价值。用公式表示期望理论就是：

动机激励水平＝期望(效果的可能性)×效价(效果的价值)

以奖酬为例,虽然公司规定达成某一工作指标可以得到丰厚的奖励,但是如果员工认为达到这一指标的可能性很小,则不会付出较大的努力。

十一、能力和机遇

动机和绩效的关系并不是绝对化的,能力和机遇对于绩效也有非常重要的作用。可以认为员工的工作绩效是能力、动机和机遇三者相结合作用的结果。因此,在寻求通过激励提高绩效时,还必须对员工的能力和现实条件进行评估,为在激励与绩效之间建立较为密切的关系创造条件。

第三节　激励理论的应用

一、目 标 管 理

目标管理的理论基础是激励理论中的目标设置理论。目标管理强调组织群体共同参与制订具体的、可行的而且能够客观衡量的目标。目标管理有四个要素:目标具体化,参与决策,限期完成,绩效反馈。

- 目标具体化指明确、具体地描述预期的成果。
- 参与决策要求制订工作目标时,涉及目标的所有群体共同制订目标,并共同规定如何衡量目标的实现程度,而不是上级单方面地指定下级的工作任务。
- 目标管理要求规定目标完成期限和每一阶段任务完成的期限。
- 要不断地给予员工目标实现程度或接近目标程度的反馈,

使员工能及时地了解工作的进展，掌握工作的进度，从而及时地进行自我督促和行为矫正。

二、行为矫正

行为矫正又称组织行为矫正，是强化理论在管理实践中的应用。它分为五个步骤：

- 确认与绩效有关的行为。
- 测量有关的行为。管理者要确定绩效的基线水平，也就是要找到行为的基础效率水平。
- 确认工作行为的情景因素。采用功能分析法鉴别工作行为的各种情景因素，以便管理者了解出现各种行为的原因。
- 拟订并执行一项策略性干预措施。
- 评估绩效改进的情况。

案例：柯林斯食品公司在会计部门采用行为矫正法，将会计人员的登录错误率由8%降到0.2%。具体方法是，首先由管理人员和会计人员开一次检查会，指出目前的错误率，设定改进目标，并把结果定期画直方图。当错误率低于标准时，主管上级给予夸奖和物质奖励。标准石油公司、爱默森电子公司等许多著名企业都采用了组织行为矫正法，在提高员工的生产力，减少错误率、旷工率和意外事故发生率等方面有明显的效果。

三、参与管理

参与管理与X理论和Y理论、激励—保健理论和ERG理论等激励理论都有关系。参与管理就是让下属人员实际分享上级的决策权。参与管理尤其受到年轻一代和高学历员工的重视。其理由有以下几个方面：

- 当工作比较复杂，管理人员无法了解员工的所有情况和各个工作细节时，通过员工的参与决策可以让了解更多情况的人有所贡献。

● 现代的工作任务相互依赖程度很高，有必要倾听其他部门的意见，而且彼此协商之后产生的决定，各方面都能致力推行。

● 参与决策可以使参与者对作出的决定有认同感，有利于决策的执行。

● 参与决策可以提供工作的内在奖励，使工作更有趣、更有意义。

质量监督小组是一种常见的参与管理模式。质量监督小组通常由八到十位员工及一名督导员组成，定期集会——通常每周一次——讨论质量方面的难题，分析问题的原因，并提出解决方案，监督实施修正计划。

案例：美国东方航空公司曾经实行这样的计划：允许作业人员对直接影响他们工作的决策有更多的发言权。在实施这项决定之后，仅仅机械技工的生产力就大有提高，价值合计 5000 万美元。

四、绩效薪酬制

绩效薪酬制将绩效与报酬相结合。绩效薪酬制同期望理论关系比较密切。期望理论认为如果要使激励作用达到最大程度，就应该让员工相信绩效和报酬之间存在紧密的联系。绩效包括个人绩效、部门绩效和组织绩效。

常见的绩效薪酬制有多种形式，例如：计件工资、工作奖金、利润分成、利润分红。

绩效薪酬制重要的优点之一是它可以减少管理者的工作量，员工为了获得更多的利润会自发地努力工作，不需要管理者的监督。如下两个实例：

● 绩效薪酬制是许多公司采用的薪酬制度，例如考尔特实业公司的总裁马格里斯的基本年薪为 44 万美元，此外根据绩效他可以拿到 55 万美元的分红。

● A&P 茶叶公司的门市店员分布在费城 60 家百货公司从事销售，他们薪酬的一部分是根据绩效发放的。结果既提高了营业额，又增加了个人收入。

五、弹性福利制

弹性福利制是指，允许员工在各种可能的福利方案中选择自己所最需要的。因为每个人的具体情况不同，需要的福利也不同，有的员工可能更关心子女入托的问题，而有的员工更希望得到住房补贴。

弹性福利制是由公司根据每个员工的薪水层次设立相应金额的福利账户，每一时期拨入一定金额，列出各种可能的福利选项供员工选择，直至福利金额用完为至。

六、双轨薪酬制

双轨薪酬制的精神是：对同样内容的工作，新员工的薪水永远低于老员工。也就是说，对年资不同的员工，实施不同的付酬方式。

双轨薪酬制有两种形式：

● 把薪水暂时定在较低的水平，然后缓慢提升，直至最高薪水。一般来说，这需要三到十年的时间(在中国往往时间会更长)。

● 让年资短的员工薪水永远低于年资长的员工。例如，美国航空公司同驾驶员和空中小姐工会签订协议规定，新进的驾驶员年薪只能领到资深驾驶员的一半，而且不管他以后服务多少年，都维持这个比例。

虽然双轨薪酬制可以削减人事费用，但是由于和公平理论背道而驰，会造成员工的不满，降低他们的忠诚度，增加离职率。

七、弹性工作制

弹性工作制是指,在工作时间长度固定的前提下,灵活地选择工作的具体时间方式。

弹性工作制有以下几种形式:

● 缩短每周工作天数。例如,在美国,有的人每天工作十小时,一周工作四天,而不是传统的每周五天工作制。这种方法可以使员工有更多的休闲、娱乐的时间,提高了员工的工作热情和对组织的认同度,增加了生产力和设备运转率,减少加班和旷工率。

● 弹性工作时间。公司只规定每天工作总的时间数,但员工上下班的时间可以自己掌握。通常来说公司会规定一段必须当班的共同时间,以避免员工之间没有机会沟通。弹性工作时间可以减少旷工率,提高生产力,减少加班费,给员工私人生活提供方便。它给予员工更多的自主权和责任感,顺应了员工成长的需要,符合ERG 理论。不过统计表明,这种工作制主要被小公司采用。

八、工作设计

工作设计是指将任务组合构成一套完整的工作方案,也就是确定工作的内容和流程安排。通过这一设计,使员工对工作内涵和程序有新的认识,提高对工作的认同。

九、科学管理

科学管理也是早期流行的一种工作设计方法。科学管理采用动作时间分析等科学方法确定工作中的每一要素,减少动作和时间上的浪费,降低工作疲劳度,提高工作的专门化程度,降低工作的复杂性,提高生产率。

十、工作轮换

工作轮换是让员工在能力要求相似的工作之间不断调换,以减少工作的枯燥单调感。现在有些公司从长期培养员工的角度出发,在录用新员工后的一至两年内会让员工在公司主要的部门都工作一段时间。这种方法能非常有效地提高员工的能力。

十一、工作扩大化

工作扩大化是指在横向水平上增加工作任务的数目或变化性,使工作多样化,但工作的难度和复杂程度并不增加。例如,邮政部门的员工可以从原来只专门分捡邮件增加到也负责分送到各个邮政部门。

十二、工作丰富化

工作丰富化是指在纵向上赋予员工更复杂、更系列化的工作,参与工作的规则制订、执行、评估,使员工有更大的自由度和自主权。有以下一些实施的方式:

● 任务组合。把现有零碎的任务结合起来,形成范围较大的工作,增加技能多样性和任务完整性。

● 构成自然性的工作单元。员工能从事完整的工作,从而看到工作的成果、意义和重要性。

● 与客户建立联系。从而增加工作技能多样性、自主性和反馈度。

● 纵向扩充工作内涵。赋予员工一些原本属于上级管理者的职责与控制权。

● 开放反馈渠道。使员工不仅可知道自己的绩效,也可知道是否进步、退步或没有变化。

● 组织自主性工作团队。自主性工作团队对例行工作有很大的自主管理权，包括集体控制工作速度、任务分派、休息时间、工作效果的检查方式等，甚至可以有人事挑选权，团队中成员之间互相评价绩效。组织自主性工作团队有三个特征：整个团队对最终产品负责；成员拥有各种技能，从而能执行所有或绝大部分任务；绩效的反馈和评价以整个团队为对象。

第四节 激励因素的分类

综观种种激励模型，所有的模型都有其合理的一面，在实践中也有应用，但都有其片面性，没有一种模型能包含所有的激励因子，也不存在能适用于各种不同行业的激励模型。总结所有可对员工的工作动机产生作用的因素，可以分为以下几类：

一、工作条件和环境

工作时间过长、工作条件过差、工作有一定的危险性、从事有毒或有害身体的工作、缺乏必要的办公设备等，都会降低员工的工作热情，产生焦躁、紧张等不良情绪，影响员工的工作动机和工作绩效。

二、工作本身的特性

● 工作目标的具体化程度：具体化的工作目标可以使员工预期自己行为的目的和结果，减少行为的盲目性，提高员工自我控制的程度。

● 工作目标的难度：如果工作目标设定的难度超出员工个人的能力水平，则会令员工产生挫折感，丧失信心；如果过于简单，又会缺乏挑战性。

● 工作稳定性:过于频繁地变动工作,会使个体总是对工作环境和人际环境处于一种陌生的状态,总需要去适应新的环境,不利于员工完全放松地投入工作。

● 工作的社会地位:工作有较高的社会地位,如大学教授,使员工感觉自己更为优秀,对员工的工作动机有促进作用。

● 工作任务的完整性:员工能从事相对较完整的工作,而不是某一阶段的工作,则能够得到工作结果的反馈,对于工作的结果也有更大的责任感。

● 工作内容丰富性:丰富的工作内容可以保持员工工作的新鲜感,激发员工不断的学习和探索,而不至于对工作产生厌倦的情绪。

● 工作与个人道德标准符合程度:员工的工作如果与个人道德标准不相符合也会降低员工的工作动机。比如如果员工认为烟草是有害健康的,销售烟草与自己的道德标准是相违背的,则很可能不愿意全力推销烟草。

● 工作的责任感:工作能够带给员工强烈的责任感,可以使员工工作更为负责。

● 技能的多样性:如果工作要求使用多种技能,而非单一技能,则可以更充分地发挥员工的能力。

三、组织的特性

● 企业知名度:企业如果有较高的知名度,对员工是一种激励,员工以在这样的企业中工作为荣,认为自己比在普通企业中工作的员工更为优秀。而且有在知名企业工作的经历,为员工今后事业的发展打下了良好的基础。

● 组织层级的多寡:层级过多,容易造成官僚作风,压制个人的创造力;层级过少,则员工晋升的机会就比较小。

● 规定与管制的复杂程度：过于繁复的规定和严格的管制会使个体产生压抑感。而缺乏必要的规定和管制，会导致员工行为的盲目性。

● 公司的组织结构：官僚性的组织结构不利于员工及时地反映自己的主张和意见，不利于培养员工的创造性和独立性。过于松散的组织结构可能会导致对员工管理上失控，不利于激励员工努力工作。

● 公司的文化：公司的文化如果与个人的特点不相适合，则会对员工的激励产生不良作用。比如，如果员工喜欢自由，不希望较多的约束，希望发挥自己个人的创造力，则这样的员工会不适合管理严谨、强调个人对集体的服从的企业文化。

四、员工实现价值和发展潜能的需要

现有工作能否充分发挥员工的潜能，对于有较高学历的员工尤其重要。当员工有较高的收入后，往往会考虑从事的工作是否符合自己的兴趣，是否真能发挥自己的潜能。

结合员工能力、兴趣、人格等方面的因素，结合组织的需要，为员工设计合理的职业生涯规划，可以使员工对于自己的将来有比较明确的期望，激励员工向这个方面努力。

五、物质待遇

工作所提供的薪酬、福利、住房补贴等对于员工无疑是重要的激励因素，也是过去企业关注的重点。但遗憾的是，许多企业过分注重物质待遇的数量，但考核管理、薪酬分配、晋升制度等方面未能很好地做到客观和公平，未能充分发挥其激励的作用。

六、领导特性

● 组织的领导方式。有的人主张命令式的领导方式，而有的人则更喜欢领导对工作给予支持和指导。

● 员工参与决策的程度。一定程度的参与决策可以提高员工工作的责任感和努力程度。

● 员工与主管的关系。员工与主管之间良好的关系对于保持员工积极的心态有重要作用。

● 领导者的个人素质。高素质的领导者往往更有个人魅力，更容易让员工服从。

七、团队特性

团队是组织运作的重要基本单位。大部分的工作任务都需要团队努力才能实现。员工的工作也离不开团队的支持和配合。因此团队的特性对员工的工作动机有很大的作用。

● 团队沟通的情况。良好的团队沟通可以给员工提供充分的信息和技术支持，使员工对自己的贡献和应起到的作用有清楚的认识。同时，员工可以感到被理解和接纳。

● 团队的人际互动情况。团队成员之间良好的人际关系，可以满足员工归属和爱的需要，使员工处于一种积极的工作心态，不致于使员工将很大的精力投入到处理过于复杂的人际关系，不能全部投入工作。

八、员工生活

● 密切员工家属与企业的关系。通过定期召开员工家属联谊会等方式可以有效地获得员工家属对员工工作的理解和支持。

● 提供休闲娱乐的机会。公司通过组织旅游，实行弹性工资制等方式，可以帮助员工放松紧张情绪，缓解工作压力。

九、规 章 制 度

● 合理公平客观的绩效考核制度、薪酬制度、晋升制度和福利待遇制度，对于员工的公平感和激励员工努力工作有重要作用。

● 户籍和档案管理制度。户籍和档案是许多员工非常关心的问题，也是很有中国特色的一个方面。合理地解决这一方面的问题可以促进员工的工作热情。

● 员工意见的反馈制度。良好的员工意见反馈制度，可以很好地发掘员工的创造力，及时消除员工的不满情绪。

十、员工的心理感受

● 工作压力：如果员工的工作压力过大，往往产生紧张、焦虑等不良情绪，从而降低创造力。所以，设定工作任务时，应该注意如何使工作任务既能充分发挥员工的工作能力，又不致于使员工觉得过于困难，因工作量过大而时刻担心无法完成。

● 工作兴趣：如果工作符合员工的职业兴趣，则员工工作不单是为了得到物质酬劳，还可以满足自己探索的需要。而与员工兴趣相去甚远的工作，会让员工感觉非常枯燥和乏味。

● 工作成就感：如果工作能使员工感到自己很有成就，则会在很大程度上促使员工努力工作。

● 工作业绩得到认同的程度：时常通过物质奖励和表扬等方式来肯定员工的工作，可以激励员工更好地工作。

● 工作的意义：员工如果认为自己的工作很有意义、有价值，则会更努力工作。

● 亲和需要的满足程度：员工如果不能得到其他员工和组织

的关照，会对组织产生疏远感，不会全力为组织服务。

● 权力需要的满足程度：给予权力动机较强的个体一定的权力，会促进个体的工作。

● 自尊需要的满足程度：员工如果感觉自己不被尊重，其积极性会受到极大的挫伤。

● 权威感：工作能否使个体觉得自己是某一方面或某一领域的权威，自己的作用是别人无法替代的。

● 独立性：工作是否使个体感觉自己对自己的行为起着控制和主导作用，而不是完全听命于其他人。

以上我们对各种影响激励的因素做了逐一描述，为了更方便起见，可参考附录中"员工激励因素调查问卷"的问题内容，其中1—7题属于工作条件和环境；8—21题属于工作特性；22—27题属于组织特性；28—40题属于员工价值实现和发展的需要；41—47题属于物质条件；48—51题属于领导特性；52—55题属于团队特性；56—57题属于员工生活；58—63题属于规章制度；64—73题属于员工心理感受。

第五节 激励的模型

一、理论的选取

第二节列举了11种激励的理论模型和方法，每种模型有其特定的适用范围。就企业来说，为了选择合适的激励理论进行员工的激励，首先需要了解不同激励理论的侧重点和适用的具体条件。

● 认知评价理论强调外在奖酬对内在激励的负面作用，反对将酬劳与绩效完全挂钩。但是这种理论只适用于那些外在奖酬对员工工作动机比较重要，而工作本身又有一定内在激励作用的工作。而大部分的低层工作都不太能提供内在性的激励，只有部分专业性与管理性的工作才有这种作用。

● 目标管理理论应用的前提是必须能够对员工的工作设定明确的、可测量的目标和要求。但有些工作，如科研工作，很难设定明确的工作目标。而且目标设置理论需要员工个人的努力与工作结果之间有很强的必然联系，而不应受客观环境太多的限制。

● 行为矫正的方法需要将工作分解为具体的行为，而且行为的好坏有非常量化的测量方法，行为的每一个步骤都能得到反馈，对于家电组装、文字录入等工作可能比较适合，但许多工作并不能满足这种条件。

● 参与管理需要员工掌握相关领域的知识，了解决策所必须的信息，否则无法做出正确的决策，而且参与决策容易造成意见的分歧，不利于具体行动方案的实施。不适合军队等需要决策迅速、行动一致的团体。

● 强化理论只注重个体行为的效果。对于团队作业来说，团队的配合比个体的努力更为有效，所以不能完全对员工个人的业绩予以奖励，从而导致员工只考虑自己的工作，而不愿意帮助其他员工。

在特定的情景下采用哪种或哪几种激励理论才能产生更大的效果，需要考虑组织、团队和个人的三方面情况。在具体的实践中，往往以一种理论模型为依据，结合其他理论的特长。

1. 组织情况

组织情况首先需要产业类型、组织规模、组织的发展期、人员构成情况、资产构成情况等方面。

● 产业类型不同的产业有不同的特性。劳动密集型和技术密集型的产业差别很大。例如制造业和咨询业就有很大差别，制造业更强调产品的质量和产量，工作设计和科学管理的方法往往能收到比较明显的效果；而咨询业更强调创造性的工作，强调员工潜能的开发，对员工的工作应该给予更多的指导和培训，而应较少地监控员工具体的工作行为。

● 组织规模:组织的规模对激励方式有很大的限制。小型公司就很难进行工作轮换、职业生涯规划、海外培训等激励措施,而大型企业集团则有能力做到。

● 组织的发展期:在组织发展的早期,技术和资金是关键性的问题,如何激励员工奋斗创业对于企业能否站稳脚跟非常重要。而组织发展中期,管理规范和队伍建设成为企业能否发展壮大的关键环节,此时,设定能够充分调动员工积极性的考核管理体系、薪酬体系、职业发展规划等,成为企业必须解决的问题。在组织的衰退期,如何激励员工发明创新,重新使组织获得活力,便非常重要。特别是当企业出现亏损时,如何妥善地处理裁员问题,对于稳定员工的情绪非常重要。

● 人员构成情况:以高学历、年轻人为主的组织和以低学历、中年职工为主的组织有很大差别。

● 资产构成情况:外资企业、合资企业、民营企业和国有企业情况差别很大。

2. 团队情况

从团队的角度需要考虑团队的规模、团队成员互相配合的情况、工作结构化程度、工作的内容、团队的人际关系和团队大小等方面的特点。

● 团队成员互相配合的情况:如果需要团队成员密切的合作,则激励可以以团队业绩为主;如果团队结构比较松散,个体的工作主要依靠自己的努力,则评定薪酬主要考虑员工个人的工作业绩。

● 工作结构化程度:如果工作是高度结构化的,对工作行为有明确的要求和界定,则行为矫正的激励方法可能会有比较好的效果。

● 工作的内容:如果工作内容比较单一、枯燥,则可以考虑采用工作丰富化的措施。

● 团队的人际关系:如果团队人际关系对于员工工作有重要的影响,则应该注意团队的建设,可以通过团队合作练习等方式来建设良好的团队关系,可以使员工在一个很好的人际氛围内工作。

3. 个人情况

从个人层次需要考虑年龄、性别、工种、学历、家庭状况、个人的专业、能力、兴趣、人格等方面的因素。

● 年龄:(1) 对于年轻的员工,往往是刚进入一个组织,应更多地注重企业文化和成就动机的培养,帮助他确定职业目标,并通过指派辅导员来指导员工的工作,使员工尽快适应工作要求。同时应非常注重员工的培训和能力的开发。(2) 对于中年员工来说,他们往往进入一个事业的平台期,而且家庭的负担也比较重。此时在薪酬设定时应考虑到这个因素。他们面临提升的机会比较有限,但对企业的情况比较熟悉,可以通过更多地让他们担任新员工的辅导员,更多地倾听他们对企业的建议,来使他们保持成就感。同时要及时地进行新技术的培训,以免他们不能适应变化了的工作要求。而对于年龄较大的员工,会更多地关注自己退休后的生活,此时应注意员工的养老保险等方面的事宜。

● 能力:能力较强的个体可以考虑工作的挑战性。

● 兴趣:员工所从事的工作与自己的职业兴趣相符能有效地调动积极性。

● 人格:人格方面需要考虑员工的权力动机、风险动机、成就动机、人际亲和动机等特点,考虑工作与员工动机的匹配程度。

二、激励的模型以及具体因素的选择和权重

一个完整的激励模式需要从企业的内部环境和外部环境两方面入手来建立。

1. 企业外部环境

企业的外部环境包括政府和行业的法律法规，企业所从事的产业的产业特征，企业所处的市场情况。

- 政府的法律法规可能会限制某些激励方案的实施。例如外资企业不能够通过提供户口来激励员工。
- 企业所从事的产业有产业自身的特征，例如简单的加工和制造业比较容易推行计件工资制，而会计师实行的薪酬体系更多

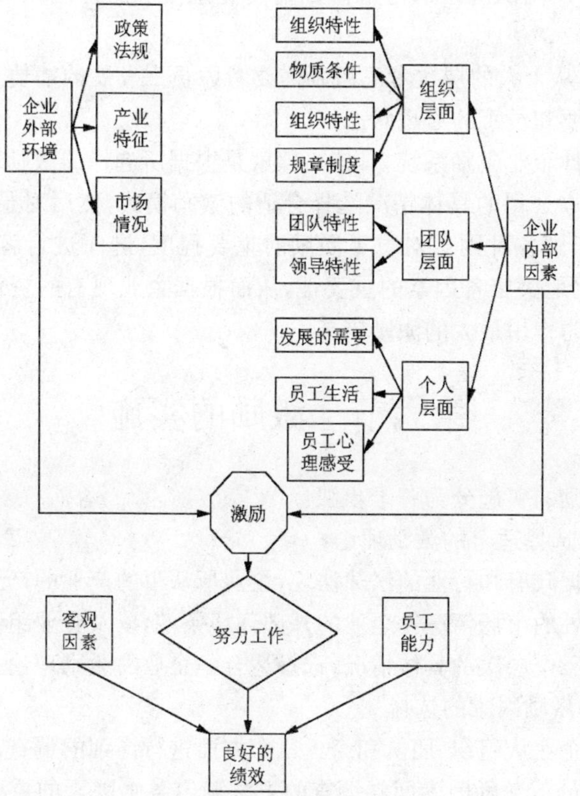

图 8-1 激励模式

地考虑员工的资力。

● 市场的情况也对激励方案有所要求，以薪酬设定为例，必须考虑同行业员工的薪酬水平，而不能单以员工的工作业绩来考虑薪酬，这样可能无法充分起到激励员工的作用。

2. 企业内部环境

● 从组织的层次考虑激励需要注意组织特性、组织提供的物质待遇和组织的规章制度等几个方面。

● 从团队的层次考虑激励需要注意团队的特性和领导的特性。

● 从个人的层次考虑激励需要考虑员工发展的需要、员工生活的需要和员工的心理状态。

设计企业激励系统，具体步骤就是根据所选择的激励理论，首先结合本公司的具体情况选择合适的激励模式，然后对员工进行调查，了解各种因素对员工激励的重要程度，进而进行客观的分析，量化地决定各因素的重要性，从而根据企业现有的资源，选择员工认为作用最大的激励措施。

第六节 激励的实施

激励的实施分为若干步骤：

● 选择适合的激励理论

根据政府和行业的法律法规，企业所从事的产业的产业特征，企业所处的市场情况等企业的外部环境条件，以及企业组织、团队和个人三个层次的具体情况，选择适合本企业的激励理论。

● 激励因素的选择

对企业从组织、团队和个人三个方面进行详细的调查，并结合对企业员工激励因素问卷调查的方法确定各个因素的重要程度，以及不同部门、不同年龄、不同性别的员工对激励的不同要求。

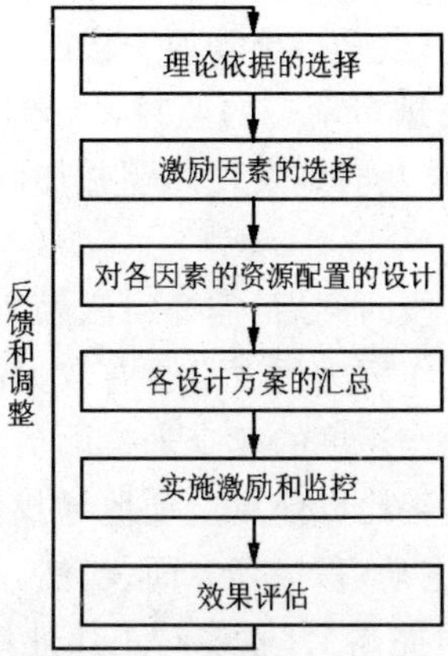

图 8-2　激励的实施步骤

● 对各因素的资源配置的设计

结合企业现有的人力、物力和财力等资源状况，为重要的激励因素设计实施方案。例如，如果员工看重自我的开发，则可以通过培训、职业生涯规划、海外教育等手段来进行激励；如果管理人员注重权力动机的满足，则企业可以选派能力优秀的管理人员任分公司的领导。

● 各设计方案的汇总、整和

将所有的激励方案汇总，制订一个整体的实施方案。从组织、部门和个人三个层次来考虑方案的可行性和效率。

● 实施激励和监控

按照制订的激励措施具体实施激励。根据部分强化理论，为了更有效地强化员工的行为，可以采取间隔强化的激励方式，即不是每一次员工出现企业期望的行为就立即给予强化，而是间隔一定期限对员工的行为进行强化。这样员工为了探索怎样的行为能够得到强化，会更多地表现出企业期望的行为。例如月薪、年薪和季度奖金，并不是员工某一天工作出色，就立刻给予奖励，而是一个月甚至在更长的时间里都表现出色，才给予奖励。

激励措施的实施需要一贯性和连续性。激励的效果往往不是立刻能够见效的,所以激励措施需要一段时间的持续性。

实施方案时需要进行动态的监控,以确保方案按设计要求得到完全落实,而且能够及时地发现问题并加以解决。

- 效果评估

激励措施实施一段时间后,需要对激励实施的效果进行评估。首先需要评估员工工作努力程度是否有较大的提高。可以通过绩效考核部分的员工工作态度的考查来检测员工工作努力程度的变化。例如考查员工是否比以前更主动地寻找信息来解决工作中的问题,是否工作更为主动、积极等方面。当然,激励措施的效果最终要落实在工作业绩的提高上,通过对工作业绩的考查可以很直观地掌握激励措施的效果。但需要注意的是,工作业绩受到员工工作能力和客观条件的制约,工作努力程度提高,并不一定导致工作业绩上升,所以激励还需要和员工的培训以及提供良好的工作条件相结合。不能简单地认为如果员工业绩没有明显变化,激励措施就没有效果。

- 反馈和调整

员工的激励措施不是一成不变的。企业的内外部环境会不断变化,激励方案在实施过程中也会遇到各种问题,所以需要根据员工工作态度考核和业绩考核的结果,结合对员工的调查,以及企业内外部环境的变化,决定是否对现有激励措施进行改进,需要对哪些方面进行改进以及如何改进。

附　　录

员工激励因素调查问卷

下面列举了许多和工作有关的条目,您认为这些因素对于激励您努力地工作有多大的重要性,请在重要程度一栏用 1—5 表示

(1代表非常不重要,5代表非常重要)。

非常不重要	比较不重要	无所谓	比较重要	非常重要
1	2	3	4	5

您认为这些因素在多大程度上已经符合您的要求,请在符合程度一栏用1—7表示(1代表完全不符合,7代表完全符合)。

完全不符合	非常不符合	稍有不符合	无所谓	稍有符合	非常符合	完全符合
1	2	3	4	5	6	7

个人资料

年龄:______性别:______职位:______学历:______部门:______

家庭状况:______任职年数:______从事工作:______

No	激励因素	重要程度	符合程度
1.	工作地点		
2.	工作时间		
3.	工作场所的舒适性(如温度、噪音、粉尘等)		
4.	办公设备		
5.	工作繁忙程度		
6.	工作量		
7.	工作安全性		
8.	工作目标具体化程度		
9.	工作目标的难度		
10.	工作的稳定性		
11.	工作复杂程度		
12.	工作的社会地位		
13.	技能的多样性		
14.	任务的完整性		
15.	任务重要性		

（续表）

No	激励因素	重要程度	符合程度
16.	工作的反馈程度		
17.	工作的自主性		
18.	工作目标设计的难易程度和明确程度		
19.	工作内容的丰富性		
20.	工作的责任感		
21.	工作与个人道德标准符合程度		
22.	组织层级的多寡		
23.	规定与管制的复杂程度		
24.	公司的组织结构		
25.	公司文化		
26.	企业知名度		
27.	公司政策和行政管理		
28.	充分发挥个人潜能		
29.	提升的机会		
30.	贡献的重要程度		
31.	学习新的知识		
32.	工作挑战性		
33.	职业生涯规划		
34.	个人能力得到施展的程度		
35.	工作的创新性		
36.	成长的机会		
37.	承担重要的工作		
38.	专业技能的培训		
39.	个人素质的培训		
40.	学历教育和海外培训		
41.	安全保障		
42.	薪酬的高低		
43.	福利待遇		
44.	休假		
45.	住房补贴		
46.	保险		

（续表）

No	激励因素	重要程度	符合程度
47.	户籍和档案政策		
48.	组织的领导方式		
49.	员工参与管理和决策的程度		
50.	员工与主管的关系		
51.	领导者的个人素质		
52.	团队合作的情况		
53.	团队沟通情况		
54.	员工在团队中的重要性		
55.	团队的人际互动关系		
56.	密切企业与员工的家属的关系		
57.	提供休闲娱乐的机会		
58.	绩效考核制度		
59.	薪酬分配制度制度		
60.	员工晋升制度		
61.	员工户籍和档案管理制度		
62.	员工意见反馈制度		
63.	员工福利待遇制度		
64.	工作的意义		
65.	工作压力		
66.	工作兴趣		
67.	亲和需要满足程度		
68.	权力需要满足程度		
69.	自尊需要满足程度		
70.	工作成就感		
71.	权威感		
72.	独立性		
73.	工作业绩得到认同的程度		

第九章　加入 WTO 后的人力资源管理

在全球经济一体化、知识经济的趋势下，人力资源已成为组织取得和维系竞争优势的关键要素。如何提高人力资源管理的水平，是一个关乎组织战略成败的问题。这已经是全球的共识。至于在中国，一个更紧迫的形势是，加入 WTO 在即，探讨相应的人力资源管理对策已成为迫在眉睫的重要任务。

要分析新经济时代以及加入 WTO 后中国的人力资源管理，首先必须分析新的环境将对人力资源管理带来什么样的变化，也就是说，分析新经济将给各类组织带来什么、造成什么、要求什么，由此才能进而探讨相应的人力资源管理对策，才能做到有的放矢。

在新经济时代，所有组织都面临更加开放的市场，都融入到更大的系统中交互作用，它超越行业、产业，跨越地区甚至国家。例如中国加入 WTO 后，将面对一个开放的市场，将直接参与到世界经济一体化的进程中。受此影响，经营管理将进入一个特殊的时代环境，它具有三大主要特征：竞争激化、迅速变化、高度多元化。

新经济也好，加入 WTO 也好，将带来的是更大、更残酷的竞争。更多更强大的对手将以更直接的方式展开竞争，充斥任何一个经济舞台，不仅带来崭新的技术、庞大的财力、一流的经营和管理方法，也带来空前的竞争威胁。这也将对中国现有的企业带来巨大挑战，将使中国的竞争进入真正国际性的白热化阶段。

由于激烈的竞争，市场将越发瞬息万变，不存在任何静止的东西。变化性——作为竞争性的孪生姊妹——同样将成为最流行的特征。不思进取，故步自封，或者难以适应变化的环境，就必将被淘汰。

经济一体化、国际化的另一个必然趋势，是汇聚各种经营性与非经营性要素，单纯性的环境和单一化的条件不复存在。当这一趋势随 WTO 进入中国后，以往任何一种经营管理模式都将显得单薄。没有应对高度复杂性、多样性的准备，将难以驾驭局面。

由于上述三大特征，人力资源管理与开发的所有领域都必须有针对性地进行调整、转移，以适应竞争、变化和多元化的环境。本章将从八个方面讨论相应的新对策。每一个方面都是围绕竞争性、变化性和多元化展开阐述的。

- 人力资源规划

为了适应竞争环境，人力资源规划仍须进一步加强成本控制，包括提高个体工作效率和减少冗员，尤其是通过提高员工素质压缩人力成本规模。然而，更有前瞻性的做法，是雇佣超前型人才，或者说，聘用未来型人才，这是使组织提前跨越时代的关键。

面对变化的环境，传统意义上的工作分析可能成为陈旧的手段，有机而灵活地组织工作、流动而富有弹性地设计工作将成为新的潮流。美国西南航空公司在过去成功地实践了这一模式，得到学术界和业界的高度关注和首肯。

随着世界经济一体化，人力资源也会不可避免地产生多样性。尤其是，专业技术人才和管理型人才市场将越来越国际化，本地人力资源将面对国际性竞争，这将给人力资源规划提出全新的课题。

- 招聘与选拔

抵御竞争的最有效的办法之一，是提高人员招聘与选拔的效率和成功率。高标准选拔人才是赢得竞争的基础，而科学精确地筛选人才是获得高质量人才的保障。那种随意对待招聘选拔而期望胜出的态度，是不理智的。在发达工业国家，严把进门关，人事甄选科学化，是一个极其严肃的事情。可以预言，基于心理测量学的精确化的人事测量与评价将成为时尚和基本程序。

由于迅速变化的竞争环境，人事招聘必须善于为组织提供具有应变能力且富有组织承诺的人，特殊的甄选技术应得到深入开发和运用。而这一方面也和组织所面对的多元化环境相关。组织越来越依靠多样化的人力资源胜任各种复杂的任务，因此拥有和使用系统化的甄选评价工具，用现代人事测量技术武装企业，势在必行。

● 培训与开发

面对新经济环境，虽然日常的工作培训不可或缺，但培训与开发的焦点应当主要定位在开发首创精神，培养多样化技能，提升敬业精神，这是涉及关键竞争力的培训。

应付变化性环境的培训要领在于强化“特异性开发”和“超前性开发”。特异性开发是指针对特殊行业组织的特殊需要(包括能力与非能力性因素)进行的开发，它强调强化组织的特有竞争力，它能够抵御变化带来的混乱和衰退。不仅如此，这种特异性开发也是竞争对手很难效仿的。超前性开发则是强调为未来准备人才，而这是应付变化的最强有力的方法。

结合中国国情、切中中国人特征的开发，将是关注的热点。尤其是需要关注中国文化特有的某些与WTO、世界经济一体化不相适应的特征。例如，有研究表明，中国人相对缺乏非真实性思维，具体表现为缺乏或不愿意进行超现实想像。这对培养领导市场的先驱精神和能力来说，是致命障碍。

培训的另一个重要特征是因应多元化的需要，由以往主要以工作取向，转为更多以人取向，因人而不是因任务而异。人都是不同的人，培训更多针对人而设计，同时，开发人成为优于开发工作的更高境界。

● 晋升与职业规划

面对竞争环境，晋升作业面对两难困境，一方面，由于机构精简和有机化，结构化重组和扁平化，晋升的机会似乎被压缩；另一方面，在竞争中人们更需要晋升的激励、来自晋升的职业支撑和应付竞争的前途信心。晋升必须有机地与职业生涯设计结合在一起。强化心理契约，开发多种形式的承诺和支持，是可能的途径。

变化的环境对组织导致的最直接、明显的结果之一，是更大的人员流动。缺乏稳定的员工队伍将可能是未来最基本的特征。组织必须适应这种局面，并着力控制和弱化这种情形。为了适应变化的环境，组织必须加强继任规划，准备未来的接班人。中国人相对更崇尚稳重、平和，而不喜欢也不适应变化。组织必须设法消除这种惰性，在关键岗位上尤其要杜绝这种惰性。

至于应付多元化时代，最有效的方法之一是优化团队搭配。人力资源是互动的，个体效率会受到群体的制约。协和的团队搭配，可以达到总体大于部分之和的效果。

- 考核与绩效管理

竞争势必改写组织的绩效管理与考核规则、标准。虽然绩效结果一向是决定竞争输赢的直接指标，影响这一指标的却是输入和执行过程。广义的绩效概念既包括结果，也包括过程。评价是全程的。只看结果不看过程、只看输出不看输入的做法，已经过时，更不科学。然而，过程的评价可能比以往已经很困难的结果的评价更难。有关测量、评价技术的开发必须得到高度重视，尽早提到议事日程上来。

变化性的环境对组织作业的直接影响是造成任务的不确定性。每一个员工都可能随时面对任务的量的变化和质的变化（工作转换等），其结果是要求员工具有超常的应变力，并愿意和能够承担额外任务。在这种情形下，输入（员工的能力和动机）往往更重要。

绩效概念变化的另一个重要内容是拓展到包括员工、组织、股东和社会。而且，即使是在员工这一方面，多元化也使人—事匹配变得空前复杂，绩效会成为日益针对个体而胜过针对事务的概念。这个拓展使绩效评估更加困难。开发相应的新技术方法是突破绩效评价困境的关键。

● 薪酬福利

竞争为人力资源领域所带来的最直接的效果，莫过于薪酬的动荡。由于所有竞争对手竞相支付高于市场平均价格的薪水，价格会滚动攀升。而另一方面，利润的分配格局会变革，知识智有所值、人才劳有所得的呼声会越来越强烈，收益将被更广泛地分享而不是过分集中。组织必须对人力资源采取更严肃而慷慨的态度，对人力资本付出更大的投资力度。

与以往不同，在变化的情境中，薪资将更多反映市场而不是工作本身的价值。那种靠工作分析计算工作价值的做法属于传统技术时代，而不属于知识市场化的时代。变化是主导的，是永恒的主题。所有的分析都必须反映动态特性，否则没有现实意义。

再加之环境以及人力资源本身的多元化，薪酬福利的弹性设计和多轨制将更加流行，其中蕴涵的规则将更加复杂，“分化”现象将更加普遍。值得特别一提的是，薪酬管理中的人文化设计，在这方面，心理学原理而不是经济学原理起更重要的作用。正如美联储主席格林斯潘所说，“对于我们正生存在新经济中的提法，有一个重要的警告，即它其实是关于人类心理学的。”同理，面对新的时代，薪酬同样不是纯粹经济学的计算问题，而更主要是人的心理学问题。薪酬的含义将更注重人的价值而不是工作的经济价值。而这对于主要基于脑力劳动的知识经济时代，尤其有重要意义。

● 领导

面对新经济的竞争，魅力型领导再度成为业界宠儿。虽然当今许多人蜂拥评说新经济领导的特征，但从竞争、变化和多元化角度来诠释，未来领导的魅力主要是来自“首创与进取”、“乐观而坚定”、“开放而亲和”。

首创与进取是钳制竞争的法宝。首创精神引领组织占取先机，进取精神推动组织不断变革。需要反思的是，中国传统的教育和计划经济体制似乎并不利于培养首创和进取。缺乏“第一个吃螃蟹的人”，“枪打出头鸟”……都会成为今后组织适应 WTO 的障碍。未雨绸缪，尽早启动系统的开发计划迫在眉睫。

乐观而坚定，能预测未来而处变不惊，能耐受高压和挫折，是领导魅力的另一个支柱。一切都在变化，惟有变化是不变的。领导者必须提升自己的适应力，能面对各种不测而保持自信。

开放而亲和是领导魅力中最有人性味的内涵。这也是人本管理取向的要求。富有人性关怀将是领导者取得影响力的主要法宝。开放，能容纳各种人、各种思维方式、各种文化习俗，亲和、关注而感召下属，是领导者打动人心的魅力之源。

- 文化

文化是最后也是最困难的策略。无论是环境竞争性、变化性，还是多元化，都要求文化变革，塑造新的文化。这也应该成为文化本身的特性之一。事实上，对于现代组织管理而言，组织文化存在的意义就在于被变革。

面对竞争性环境，组织文化必须塑造新价值观。包括对人力资本、对价值、对管理、对世界经济、对组织变革的观点，都需要重塑。新经济本身就是新价值观的产物和体现。就像知识经济与人本管理互为动力一样，新价值观和组织成长也是相辅相成的。

变化环境下，文化的功效源自它的引导性而不是跟随性。文化的变革是文化发展的契机，而只有发展的文化才是可延续的文化（固结的文化只能是日趋凋亡的文化）。在变化之中，必须处理好模糊与精确（模糊的文化适应力强但难于把握）、弹性与刚性（弹性文化适应力强但现实支撑力不确定）、离散与统合（离散的文化适应力强但总体规范性弱）的辩证关系。

由于环境的多元化，文化单一性时代已经结束，多元组织文化成为必然。不同文化的交融协调，尤其是中西文化的整合，势在必行。毫无疑问，哪个组织文化融合得最好、最协调、最完美，这个组织的生存和发展就越好，竞争胜出的机会就最大。否则，文化的冲突碰撞可以使整个组织休克。

归纳上述未来人力资源管理与开发的要点与对策，可以总结为表 9-1。它可以理解为两个维度：环境维度和人力资源操作维度。充分理解和把握这两个方面的关系和相应的操作，关系到人力资源管理与开发乃至整个组织的成败。

表 9-1 加入 WTO 后中国人力资源管理与开发的环境特征及对策

	竞争性	变化性	多元化
规划	成本控制 超前型人才	工作分析遭挑战 有机组合工作，强调流动性	多样性资源
招聘与选拔	宣传 高标准 科学精确筛选	特殊甄选 组织忠诚	系统工具 全面
培训开发	首创精神 多样化技能 工作动机态度	特异性开发 超前性	因人而异(不仅因工作而异) 差异性与协同性
晋升与职业规划	满足心理期望 职业关怀	准备未来的接班人 继任规划	团队搭配
考核与绩效管理	过程-结果并重	额外任务，超常应变力	因人而异 对事更对人
薪酬福利	高于市场价格 利润平均化分享	反映市场而不是工作本身	弹性设计，多轨制 人文化设计
领导	首创性，进取性	预测能力、控制力 处变不惊、压力耐受性	开放性，包容性 人性关怀
文化	新价值观	引导而不是跟随 模糊性与弹性，一致性 人文关照	交融协调 中西整合

主要参考文献

1. Dessler G（1994）. *Human Resources Management*（6th ed）. Englewood Cliffs，NJ：Prentice Hall

2. Henderson R I（1997）. *Compensation Management in a Knowledge-based World*（7th ed）. Upper Saddle River，NJ：Prentice Hall

3. Newstrom J W & Davis K（1997）. *Organizational Behavior：Human Behavior at Work*（10th ed）. New York：McGraw-Hill

4. 付亚和，许玉林（1993）. 劳动人事管理事务. 北京：中国人民大学出版社

5. 王垒等（1999）. 实用人事测量. 北京：经济科学出版社

6. 王垒，董克用（2000）. 人力资源管理专业知识与实务. 北京：中国人事出版社